これからの国語科教育はどうあるべきか

編著　藤森裕治

東洋館出版社

巻頭言――オムニバスで語ることばの学びのこれから

東洋館出版社の西田亜希子さんから本書の編集を依頼されたのは、まだ残暑厳しい二〇二三年八月二八日のことである。対面での打ち合わせに先立ち、企画原案がメールで送られてきた。その目次を見たときの驚きは、新鮮なものだった。

こう書いてあった。

「第1章　国語科教育に未来はあるのか　第2章　国語科教育の功罪……」

これからの国語科教育を考えるというのが本書のタイトルだが、国語科教育に「これから」なんてあるのか？この点についていろんな方に問いかけてみたいというのである。そのために、国語科教育関係者のみならず、さまざまな領域・分野で活躍する文化人・研究者の方々にも寄稿していただきたいというのが、編集者としての西田さんの考え（野望？）だった。その執筆者を推薦するのが、編著者としての私の役目というわけである。

かなり刺激的な本の編集である。これは腰を据えて取り組まねばならぬと、気持ちを新たに対面での編集打ち合わせに臨んだところ、西田さんから驚愕のことばが告げられた。「二〇二四年一月には出版する予定です」と。私の経験知からいって、単行本として世に出る書籍は、どんなに短くとも企画してから一年はかかるはずだ。なによりも目次構成を綿密に練っておかなければ、執筆者の選びようがない。執筆期間は、最低でも半年はほしい。

「こんなタイトな条件では無理だ」企画書から顔を上げ、対面する西田さんに向かってそう告げた。そのとき私は、彼女の瞳が素敵に輝いているのに気付いたのである。執筆者に無理なお願いをすることは、もとより承知している。それでも実現してみたいという熱意が、彼女の心の芯を貫いていた。これは安易に断れない……。

再び企画原案を読み直した。すると、ある一言が、鮮烈な印象をもって私の目に飛び込んできた。

「国語科教育の功罪を問い直し、これからの国語科教育のあるべき姿を、……**オムニバスで**提案したい。」

オムニバス。このことばが、私に本書のコンセプトと構成とをひらめかせた。西田さんにこう提案してみた。

「この際、編集側の枠組みに沿った章立てはやめましょう。国語科教育、広い意味では、ことばの学びがどうあるべきかについて、是非この人に聞いてみたいという執筆候補者を挙げ、自由にエッセイを書いてもらって五十音順に並べるのです。読者はどこからどう読んでもかまわない。そういう本にしたい。」

恣意的な章や節の構成はしない。執筆者を肩書きでそろえることもしない。読者のみなさんには、目次にあるタイトルと執筆者名、エッセイ冒頭に記した執筆者紹介を参考に、心ひかれた方の文章を読んでいただく。読んだ順番によって、読者それぞれの「構成」が浮かび上がる。編集段階のエネルギーは、すべて誰に書いていただくかに注力する。

ただちに、執筆候補者の人選と依頼が始まった。この短い執筆期間に、一人残らず多忙をきわめる方々への依頼作業は、不安だらけであった。だが幸せなことに、五五名もの方々が快諾してくださった。国語科教育にかかわる行政、実践、研究のエキスパートはもとより、幼児教育や特別支援教育の専門家、教育心理学者、米国出身で京文化に精通するタレント教授、文学研究者、会社経営者、番組プロデューサー、ジャーナリスト、金メダリストを育てたコーチ、児童文学作家、財団の事業局長などなど、自分で言うのもなんだが、きわめて多彩で魅力的な執筆陣が集まったのである。無理な依頼にもかかわらず、珠玉の文章を寄稿してくださった方々に、この場を借りて、心より御礼申し上げる。

それぞれのエッセイのタイトル部分下には、編集部と私とによる執筆者紹介を載せた。これをお読みいただくと、本書の視野が保育・幼児教育から社会教育まで、執筆者が若手の実践家から学会の大御所まで、過去に例を見ないほど、広範囲に及ぶことをご理解いただけるはずである。これからの国語科教育はどうあるべきか。この巨大な問いへの答えは、本書を手に取ってくださった読者のみなさんが、ご自身で展望することになるだろう。

令和六年一月

文教大学教育学部　**藤森裕治**

これからの国語科教育はどうあるべきか

――新時代の国語科を見つめる56の提言

新時代の国語科を見つめる
56の提言

言葉のフレームの見え方・もたせ方

教材を丸ごと読む「フレームリーディングの国語授業」を提唱。教材に対する目のつけどころをもたせることで、主体的な学び手を育てている。

昭和学院小学校長 青《あお》木《き》伸《のぶ》生《お》

1 小学校国語授業の三つの問題点

小学校の国語科授業には、三つの問題があると考えている。一つめは、指導に系統性がなく、全体像の見えないまま行き当たりばったりの授業が展開されていることである。二つめは、授業における小中接続の難しさである。三つ目は理解と表現の関連性が薄いことである。以下詳述する。

1 指導の系統性

今までにも言われてきたことだが、言葉の学びには系統性をもたせにくい。多くの教師は、教科書に「ごんぎつね」が出てきたからそれを授業する、というような行き当たりばったりの指導計画で進んでいる。学校や教師自身に国語科として身につけさせるべき力の全体像が見えていないから、教科書会社の指導計画通りに進めざるを得ない。国語科に関するカリキュラム・マネジメントが成立しないのだ。小学校の国語科として、どのような力を、いつ、どのような単元によって身につけさせるか、という系統指導の見通しをもつことは、大きな課題である。

2 小中接続の難しさ

現在の学習指導要領では、小学校国語科の週当たり授業時数は、低学年九時間、中学年七時間、高学年五時間である。読む文章が長くなり、書くことにおいても時間がかかりそうな高学年になるほど国語科の授業実数は短くなる。にもかかわらず、授業は未だに、場面ごと、段落ごとの丁寧な読解が行われている。これでは、高学年の授業時数が不足するのも無理はない。さらに、中学校国語科の週当たり授業時数は、一、二年生が四時間、三年生に至っては三時間である。中学校の先生は、わずかこれだけの授業時数で読むこと、書くこと、話すこと・聞くことの授業を行い、さらに文法的な言語事項を扱わなければならない。読むことの授業は当然文章を丸ごと全文を扱い、さあこの作品の主題は何だとか、筆者の主張は何だとかを問うことになる。場面ごと段落ごとに範囲を限定して細かく読み進めてきた小学校の授業とは大きく進め方が変わる。そのために授業について行けなくなる生徒が出てくることは想像に難くない。小学校六年間の中で、文章を丸ごと捉える力をつけていかなければならないのだ。全文掌握力と、細部の読解力とのバランスのとれた力の育成が重要になる。

3　理解と表現の関連

小学校の国語科の授業、ことに読むことにおいては、作品主義的な授業が多いように感じる。いかに「ごんぎつね」で感動体験をさせるか、いかに「大造じいさん」の心情に迫るか、というような授業がいまだに横行しているのだ。「ごんぎつね」は、確かにいい作品だから何十年にもわたって教科書に記載され続けているのであろうが、そこで身につけた言葉の力が、今後どこで発揮されるのか、といった見通しがないまま、指導が通り過ぎているのが現状であろう。とりわけ、読んだことを活かして書く、とか、説明文の説明の仕方、論理の展開を活かしてスピーチする活動に応用してみる、などというインプットとアウトプットの関連が薄い。前述した作品主義的授業展開が、「作品を」教える授業になってしまっていて、「作品で」教える授業になっていないという弊害につながっていると考えられる。

以上のような課題を解決するための一つの手がかりが、「フレーム思考」にあると考える。

2　フレーム思考

フレーム思考とは、フレームリーディング、フレームライティング、フレームスピーキングの総称である。子どもが、「フレーム」（目のつけどころ）をもとに、文章を読み書きしたり、聞いたり話したりするという言語活動を展開できるように言葉の力を系統的に身につけていく。そのための総括的、系統的な授業展開を模索している。本稿では、フレームリーディングを中心に紹介しながら、国語科における問題点解消のための糸口を考えたい。

1　フレームリーディングとは

フレームリーディングは、今のところ次のように定義している。

「自分のもっているフレーム（目のつけどころ）を生かしつつ、そのフレームを更新したり、新たなフレームを獲得したりしながら文章のつながりを捉える読みの手法」

そして、説明的文章と文学的文章それぞれに、小学校で身につけるべき目のつけどころをそれぞれ十二ずつに整理している。

2　文章の展開や構造に関するフレーム

例えば、小学校六年間で学ぶ説明文は大きく四種類に分類できる。時系列型と、頭括型、尾括型、双括型の文章である。時系列型は、二年生の教科書学習材として掲載が集中している。「○○の作り方」などの説明書や、「○○の一生」などという、時系列で展開する型の文章である。頭括型や尾括型の文章は、まとめや筆者の主張が書かれている場所によって分類される。時系列型の文章は、尾括型の文章と合体して書かれている場合もある。こうした、文章全体の展開パターンを、子どもにフレームとしてもたせるのである。すると、次の説明的文章を読んだ時の初発の感想が変わっていく。「この文章は○○型だと思う」などという感想が、最初からノートに記される。子どもの頭の中に、文章展開に関する目のつけどころがフレームとして身についてきている証拠となる。そうなると、授業の課題は、「この文章は本当に○○型なのか確かめよう」と設定できる。子どもの初発の感想が、そのまま単元の学習課題につながっていくことになる。

文学的文章も同じことが言える。物語の展開パターンは大きく三つに分類できる。「おおきなかぶ」のような〈繰り返し型〉、「モチモチの木」のような起承転結の〈事件型〉、そして、その二つが組み合わされている「大造じいさんとガン」のような〈ミックス型〉である（型の名前は、子どもがつけたもの）。

さらに、物語はジャンルによって四種類に分類できる。学校や家庭生活が物語の舞台になっている〈生活童話〉、これには、「帰り道」「たずねびと」「川とノリオ」などが含まれる。次に、「スイミー」や「お手がみ」「やまなし」のように、設定自体が非現実世界である〈メルヘン〉。それから、「注文の多い料理店」「きつねの窓」のような、現実と非現実の両方が描かれている〈ファンタジー〉がある。

この三つの中に含まれない作品は、今のところ〈その他〉としている。

これだけの目のつけどころをもっているだけで、子どもの読みに対する構えが変わってくる。

3 内容に関するフレーム

説明文の内容に関しては、中心文や要点、要旨といった目のつけどころを子どもにもたせていく。中学年の子どもに、こうした学習をすると、子どもはその後、目を輝かせて自分の力で中心文を見つけようと読み進めるようになる。

物語では、低学年で登場人物を学び、その次に中心人物を学ぶ。物語は、はじめと終わりで何かが大きく変わる。変わるのは主に中心人物である。ここで注意したいのは、変わるものは「気持ち」だけとは限らないということだ。低学年の物語では、「お手紙」のがまくんのように、悲しい気持ちから幸せな気持ちに、「気持ち」が変容すると考えてよい。中学年になって「モチモチの木」を読むと、夜中に外に出られなかった豆太が、じさまの腹痛をきっかけに、山の麓の医者様を呼びに行くことができた。これは、豆太の気持ちが変わったとも読めるが、「行動」が変わったと捉えることもできる。「ごんぎつね」では、ごんと兵十の「関係」が変わった。「一つの花」は、ゆみ子を中心とした家族を取り巻く「状況」が変わった物語と捉えられる。「大造じいさんとガン」は、大造じいさんの、残雪やガンに対する「見方・考え方」が変わった。「海の命」は、太一の「生き方」が変わった作品である。このように、物語で変わるものは、気持ちだけではない。学年の発達に応じて、変わっていくもののスケールも大きくなっている。こうした目のつけどころをもつと、子どもの作品や言葉に対する「見え方」が変わるはずである。

3 まとめとして

子どもに系統的にフレームをもたせていく授業を意識して指導計画を立てると、前述した三つの課題は解決できると考えている。読むことで身につけたフレームは、話したり書いたりするときにも活かすことができる。

最終的には、自分のフレームをもとに、それらを更新しながら自力で読み進めることのできる子どもを育てていきたいし、またそれが可能になるはずである。

単元的発想で拓く小学校国語科の未来

単元的発想で、魅力的な授業を創造する小学校国語科教育界の第一人者。各地の研究会や学会に引っ張りだこの逸材。デジタル国語教科書の開発にも携わる。

筑波大学附属小学校教諭　青山由紀《あおやまゆき》

1 理想の国語授業

理想の国語授業とは、「子どもが自ら追究したくなるような課題や目的に向かい、それを追究する過程で言葉の力を身につけていく授業」である。これは国語単元学習と重なる。さらに単元学習では、「学習者の言語生活を基盤とした学習者中心の授業」を目指す。

国語単元学習における授業づくりは、学習者の発達段階と実態から以下の点を捉えることから始まる。

①言葉の力について…新たに身につけたい力と、活用する場を設けて定着させたい力

②国語学習力について…問題発見力（問題意識や課題を設定する力）・学習構想力（単元全体を見通しながら学習計画を立てる力）・学習調整力、学習推進力（学習中に立ち止まり、振り返るなどして試行錯誤しながら学びを調整して進めていく力）・言語生活力（学習で培ったことを生活の中で活かす力）などの現状と本単元で目指す姿

③これまでに経験した言語活動

④学習者の興味・関心、他教科や総合的な学習の時間の学習との関連

①～④から、子どもが主体的に追究しそうな学習材を探したり適切な言語活動を考えたりして、学びながら力がつくように単元を構想する。学習者主体の授業には、②の「国語学習力」に挙げたような資質・能力が必要不可欠である。また、このような資質・能力を育成することが、近年求められている。

2 言語活動の捉えの変化

国語科において言語活動がどのように捉えられてきたのかをたどると、特に二〇〇八年以降の変化が大きい。

二〇〇八年（平成二〇年）版の学習指導要領で全ての教科領域に「言語活動の充実」が掲げられ、国語科に初めて言語活動例が示された。当初は活動させることが目的となりがちで、言語活動を通して言葉の力をつけるという「単元を貫く言語活動」の理解に時間を要した。

二〇一七年（平成二九年）の改訂の頃になると、「つけたい言葉の力」を明確にして、それに適した言語活動を設定するようになった。たとえば、低学年の物語の学習で紙芝居を作るのは、場面分けという必然を伴って登場する人物や時、場所、出来事、結末などの「話の筋を捉える要素」を理解させるためである。このように、各言語活動の特性と、それに必要な言葉の力との適合性を見極めるようになった。

そして今、学習者主体の授業では言語活動は当然のように仕組まれ、言葉の力と資質・能力を育むものと捉えられるようになった。

3 単元的発想の授業

単元学習というと、かつては独自の学習材や多資料を使って言語活動を行うものだと思われてきた。しかし学習者主体の力をつける授業は、特別な学習材を使わなくても実現できる。教科書教材を中心学習材として、学習者に合わせたねらいや言語活動を考えて展開するのでも十分である。むしろ、だれもが一定の時数で展開できる単元的発想の授業が増えると予想される。以下、実践例を示す。

・実践例「うちの近くの名人、はっけん」（二年生）

説明文「どうぶつ園のじゅうい」（光村図書二上）を中心学習材に展開した単元である。本教材は、獣医である筆者が、自分の一日の仕事を時系列で説明した文章である。仕事について、筆者がしたこととその理由が述べられている。「ひとあんしんです」「ようやく、長い一日がおわります」のように、筆者の思いや心情が記されている特徴をもつ。

単元を構想するにあたり、教材文を読むだけに終わらせず、子どもに時系列で説明する文章を書かせることでより確かな力を身につけさせたいと考えた。二年生が本教材のまねをして書くには「仕事」が適しているが、本やインターネットで調べるのでは、再構成するのが難しい。単に仕事を説明するのではなく、その子らしさが表れる文章を書かせたい。そこで、生活科の町探検と関連させ、実際に働いている人にインタビューして、「町の名人とその仕事を紹介する」ことを単元のゴールとした。

まず、単元のゴールまでの流れを子どもたちに考えさせた。すると「『どうぶつ園のじゅうい』の書き方で、まねできるところを見つける」「インタビューの仕方は、総合の『スーパーとコンビニの違い調べ』でしたことを思い出せばよい」「メモの取り方は『ともだちをさがそう』（光村図書二上）で学習した」「『どうぶつ園のじゅうい』を読むときに作った〈時・仕事・理由〉の表が、インタビューのメモに使えそう」と、これまでの言語経験から活用できそうな言葉の力や方法を単元の流れの中に当てはめていった。二年生なりに学習を構想することができたのである。

夏休みを利用して、名人探しとインタビューを行った。休み中も「まなびポケット」（本校使用のプラットフォーム）を利用して、「お豆腐作りの名人を見つけたよ」「人形焼き名人を紹介しようかな」と互いに情報交換をしながら調査を進めていった。

夏休み明け、取材してきた名人の仕事紹介を書き上げた。中心学習材を読むのに五時間、自分が調べた名人の説明文を書いて互いに読み合うのに三時間と、単元全体の総時数は八時間に収まった。

・実践例「安全リーフレットを作ろう」（五年生）

本単元は、「学習者が主体的に学びながら、資料を伴った文章の読み方と書き方を身につける」ことをねらいに、「必然を伴った『要旨をとらえる』活動を仕組む」と「文章と資料とを結びつけて読む文章を多読する」も加えて構想した。本実践の対象学級は、総合的な学習の時間で校内外の「安全」について追究し、その成果を休み時間に〈安全フェスティバル〉と称して自主的に催すなど積極的に取り組んできた。さらにより多くの児童に伝えたいと、リーフレットに書きまとめて図書室に置くことになった。

すぐにレポートにまとめた子どもが、「みんなに見てもらい、検討して欲しい」と言ってきた。そのレポートは［動機］［調べ方］［わかったこと］などの見出しを立てて書かれていたが、［調査結果］は複数の写真を並べただけであった。この点について、ほかの子どもたちから「写真を並べただけではわかりにくい」と指摘された。そして

「資料はどんな役割を果たしているのだろう」「資料の効果的な使い方とは？」と問いをもつこととなった。

これらを解決するために、複数の資料が使われている教科書教材「固有種が教えてくれること」（光村図書五年）を使い、資料の役割と効果を学ぶことにした。「固有種が教えてくれることは何か」「筆者が伝えたいことは何か」という課題も生まれ、それらも追究しながら読み進めた。

本教材から子どもたちは、【資料の役割と効果】を次のように整理した。〈論を進める上で前提となる証拠を示す〉〈データで証拠を示し、読者を納得させる〉〈読者の知識を補う〉〈文章では表しきれないことを示し、読者の理解を助ける〉〈筆者の主張を支え、読者を説得する〉。

ここで、「資料の役割はこれで全てなのか」という新たな問いが生まれた。指導者の構想では、資料を使った複数の説明文を使い、資料の役割と効果を調べる予定であった。ところが、子どもたちは「四年生のときに学習した『ウナギのなぞを追って』に使われていた資料について調べよう」と言い始めた。想定外の事態であったが、内容は既に理解しており、資料の効果と役割を検討するのに二時間あれば可能と瞬時に判断した。そこで、急きょ既習教材「ウナギのなぞを追って」（光村図書四下）の資料を検討した。

キャプションや表題がないことに驚き、それらを自分たちで付け、新たに〈読者の気づきを促す〉〈事例のまとめを示す〉という効果と役割を見つけた。

「ほかの説明文も読んで検証したい」と、さらに意気込む子どもたちに、次の四つの説明文を選択教材として示した。「動物たちが教えてくれる海の中のくらし」（東京書籍五年）、「天気を予想する」（光村図書五年・平成二六年度版）、「町の幸福論〜コミュニティデザインを考える」（東京書籍六年）、「雪は新しいエネルギー」（教育出版六年上）。グループごとに、選んだ説明文の【資料の役割と効果】を検討し、グループ同士で相互に発表した。この学びを活かして、最後に安全リーフレットを作成した。

以上、教科書教材を中心に、子どもが追究したい問いや思いを軸として単元的発想で展開した実践を紹介した。学習者主体の授業の実現に向け、つけたい言葉の力や資質・能力、興味・関心、環境など目の前の学習者をよく見ることが今後一層求められる。それは、私たち教師の進むべき道標はいつも学習者の中にあるからである。

今こそ基本に戻ろう

西東京スポーツセンター株式会社代表取締役社長　新井《あらい》浅浩《あさひろ》

元城西大学副学長。現在は西東京市で総合スポーツセンターを経営する傍ら、地域貢献に打ち込む。イギリスの人格教育・市民性教育に精通。

1 はじめに

今、小さな企業の一経営者として学校教育を考えてみると、学校時代に子供たちに身に付けて欲しい力は、人生の長いスパンで捉える必要性を強く感じている。学校時代よりもその後の人生の方がずっと長いからである。仕事に必要な認知能力は身に付けておくべきであるが、同時にそれ以外の、協力する力、主体性、問題解決力など近年では非認知能力と呼ばれるものが重要であることは言うまでもない。これらが急速に変化する社会において必要とされていることは、様々に言われてきているが、特にコロナ禍というかつてない事態に直面し、その都度、判断を下していった中で実感しているところである。また、SNSの浸透や生成型AIの発展は各職業においても多大な影響を及ぼし始めているし、そうした中で、我々が求められている能力がどう変わっていくのか見通すことは難しい。

しかしながら、私が学校教育に改めて期待したいことはもっとオーソドックスなことである。いわゆる「読むこと」「書くこと」「話すこと・聞くこと」が、それぞれ学校時代に徹底して鍛えられていれば、実社会で生きていく上で、そう困らないのではないかとすら思う。

2 国語科への期待

その意味で、国語科には大いに期待したい。

「読むこと」については文章を正確に読み取ることができるようにして欲しいと切に願うが、「読むこと」でそれ以上に期待するのは、読書習慣を身に付けることであり、とりわけ小説を読むことである。小説を扱う場合には文章を正確に読み取ることとは違った読み方を期待したい。そこでは、精緻な読み取りに注力するだけではなく、名作に触れ、自分の生き方と対話をすることによって、自分の価値観をみつめることになる。いわゆる名作を読むことは、本人のその後の人生に影響を与えるための価値教育としての側面があることを確認したい。名作を通して、教え手と学び手は、お互いの人生観をぶつけ合うような魂の高め合いすら期待したい。教師はそうした価値判断を伝えることは避けるべきであると考える向きもあろうが、自分が絶対に正しいという独りよがりにならず、相手の受け止め方を十分尊重した上で、自分の信じるところを示すことができれば、それはお互いの魂に響くものとなるのではないか。学び手にとっては、そのようなやり取りの中で自分の中にしみ込んできた価値観はかけがえのないものとなるだろう。混迷あるいは激動する社会において仕事をしていく上で、その判断基準となり得るような、ぶれない価値観を練り上げていくためにも、小説を読むという読書習慣は一生の財産となるだろう。

「書くこと」については、徹底的な文章作成指導はできないものなのだろうか。小学校の国語では、きめ細かな作文指導がされていると思うが、中学校・高校では、どうなのだろうか。少なくとも、高校卒業までには、きちんとした文章が書けるようになる指導を望みたい。大学進学の際に、推薦入学試験等では小論文試験があり、その対策としてのきめ細かな作文指導があるようだが、それが必要なのは入学試験だけではあるまい。むしろ、社会人になってから様々な場面で必要となる。今ではそれさえも、AIが肩代わりする時代になってきたのかもしれないが、自信をもってAIを活用していく上でも、この力の育成は望まれよう。

「話すこと・聞くこと」については、プレゼンテーション能力といわれるものの指導もさることながら、基本的な話すことと聞くことの訓練を、もう少し徹底してできないだろうかと思う。国語科だけでなく他の教科においても、ペアになっての一対一での対話やグループでの対話などが考えられる。一対一のコミュニケーションにおいて、ただ単に情報を伝達交換するだけではなく、相手とのコミュニケーションの中で相手の考えや価値観を受け止め、また自分の考えや価値観を問い直す柔軟性が求められるのである。

こうなると、国語科としての「話すこと・聞くこと」だけではなく、他の教科をも通じての人格教育としての実践が望まれる。それは、国語科の範疇を超えるのかもしれないが、現実の世界は教科別ではない。

3 高峰秀子さんと「読むこと」「書くこと」

「読むこと」と「書くこと」にまつわるものとして、女優でありエッセイストであった故高峰秀子さんのことを紹介したい。高峰秀子さんは、五歳の子役としてデビューし、五十年にわたり映画界で活躍した昭和の大女優であったが、連日の映画撮影で小学校には六年間のうち延べ一か月も通えなかったという。したがって八歳ころまでは台本の字を読むことすらできず、助監督が音読した台詞を養母（この養母も文字は読めず自分の名前を書くのがやっとであった）が丸暗記して口移しで高峰さんに伝えたそうだ。高峰さんの養女でありエッセイストの斎藤明美さんによれば、自分から望んだわけではない女優業と、自分を金銭製造器としか見ていない肉親とによって「外では仮面をつけ、家では鎧をつけていた」高峰さんを救ったのは、「読む」という行為と「書く」という行為であったという。

「読む」という行為については、小学校にろくに行けなかった高峰さんが文字を覚えたのは、当時の担任の先生が、ロケなど地方出張のたびに駅まで見送りに来て、必ず一、三冊の子供の本を渡してくれたことによる。高峰さんはそれらの本を抱きしめて穴が開くほど繰り返して眺めては一つ一つ字を覚えていった。それらの本はまさに高峰さんが後にエッセイで「神様が渡してくれたもの」と書いている。

「読む」という行為が高峰さんを救ったのは、文字を読めるようになった高峰さんが読書を通して、「感情が流れ出し、思考が会話を始めた」からであると前述の斎藤さんはいう。高峰さんは、志賀直哉の『小僧の神様』を読んだときに、涙があふれだして困ったと、ご自身のエッセイに書いている。そして少女のころから今日に至るまで、一貫して自分の心に住み続ける短編小説だという。心の落ち着く時間もなく一人の友人もなく、まったく孤独であった高峰さんが、時たま天から降ってくるような人の親切や愛情に接すると、その人を「神様」としか思えなかったことや、親切にされた行為につけ上がることを極端に恐れ、辛いとき、悲しいとき、自分にふるまわれたおりおりの行為を思い出すだけで、自分の心に温かい灯がともったようになることが、『小僧の神様』の主人公の仙吉と同じだという。

高峰秀子さんに起こったこの読書体験は、彼女の波乱万丈の生涯ゆえのこととも考えられようが、学校教育の国語科の中で、あるいは、それをきっかけとして、一人一人がいずれかの文学作品を通して、自らの志や生き方に影響を受けるような読書体験ができればと思う。そうして、それが読書習慣となれば、本人の人格形成にどれほど影響を与えるか知れない。

そして、「書く」行為が高峰さんを救ったというのは、高峰さんは実は口数が少なく、できれば人とも付き合わず、「深い穴の底でじっとしていたい」というのが理想の人であったが、斎藤さんによれば、書き手の人間性を隠しおおせようもない随筆というものを書くことによって、高峰さんは紛れもない〝私〟と対峙し文字で意思を表明した。「それがなければ、たとえ他者の行為を心の灯に己を励まし続けても、高峰さんの精神は、いつか瓦解していなかったか」と斎藤さんは指摘している。ちなみに高峰さんの半生を描いた自伝的エッセイ『わたしの渡世日記』は、ある経営学者が「人生を決めた本」として雑誌で取り上げ、同氏の価値基準の奥底にあり続けているという。折に触れ高峰さんならどうするかを同書との対話のなかで自問し、それでだいたい間違いはないと喝破している。高峰さんのエッセイは「おそるべき随筆」と紹介されることもあったが、それも宜なるかなである。

今、SNS等によって、私たちが自分の考えを発信する機会は、格段に増えたと言えるだろう。自分の言わんとすることを正確に伝えられるような技能を持つことで、SNS等の場を活用して、それぞれが大いに自己主張をして欲しいものである。相手や他者の立場を踏まえた上で、自分の考えや意思を的確に表現できる能力を国語科によって身に付けてもらいたい。

4 仕事が難しくなったが・・・

AIやDX、コンプライアンスや透明性、消費者主権など様々な圧力にさらされ、仕事はかつてないほど難しくなったと言われる。そこでは、専門的知識を含めた様々な職能が要求されている。それでもなお、「読むこと」「書くこと」「話すこと・聞くこと」の基本を学校時代にしっかりと身に付けることができれば、この難しい社会を生き抜いていくことができるのではないだろうか。

「誤用」を疑う

国語辞典編纂者　飯間《いいま》浩明《ひろあき》

『三省堂国語辞典』編集委員。『辞書を編む』光文社新書、『日本語をつかまえろ！』毎日新聞出版、『日本語はこわくない』ＰＨＰなど著書多数。

1 「誤用」は排除すべきか

学校教育の目的のひとつに、正誤についての判断能力を養うということがあります。数学的思考のためにはミスのない計算能力が必要であり、自分なりの歴史観を持つためには歴史的事実の正確な把握が必要です。「1足す2は3」「平城京よりも平安京のほうが後」と正しく判断する能力は、定期考査などを通じて試されます。

国語教育も例外ではありません。ことばによる正確な表現と理解のためには、正誤の判断能力を高めることが必要です。事実に基づかない表現や、認識の誤りなどを排除して、コミュニケーションを成り立たせる能力を養うことは、国語教育の主要な目的のひとつです。

ところが、ここで注意すべきことがあります。「正誤」に関連する概念として「誤用」がありますが、いわゆる「誤用」は学校教育から排除すべきかということです。

「誤用」には「誤」という文字が入っているので、これもコミュニケーションの阻害要因であり、当然排除すべきだという考え方は成り立ちます。しかしながら、「誤用」とされることばの中には、会話を行う双方の間でよく通じ、支障なく使われているものが少なくありません。「誤用」と指摘されていても、はたしてその指摘は妥当かどうか、一度立ち止まって考えてみるのは意味のあることです。

一般に、誤りは正すべきものです。誤った方向に歩いている人は引き返す必要があります。「1足す2は5」「平城京よりも平安京のほうが先」と判断した学習者がいた場合、その誤りを修正するよう指導されます。

一方、「誤用」とされていることばは、「1足す2は5」などを正すのと同様に正すことは、しばしば困難です。かえってコミュニケーションを阻害したり、ものが言いにくくなったりすることがあります。いわゆる「誤用」を一概に「誤」の名で呼ぶべきかは疑問があります。新しい表現の場合、むしろその表現が生まれたことにも意味があるのではないかと、注意を向けてみることが建設的です。

2 「正反対」と「真逆」

例として、まず、国語辞典では「誤用」としないが、一般に誤りと言われる場合があることばを見ます。

21世紀になって、「真逆《まぎゃく》」ということばが広まりました。『三省堂国語辞典』第8版（2022年）では〈まったくの逆。正反対〉と意味を説明しています。

当初、「真逆」は俗語的に使われました。強い違和感を示す意見も多く、2011（平成23）年度の文化庁「国語に関する世論調査」では「正反対」を「真逆」とは言わないという人が全体の8割近くに達していました。

やがて、「真逆」は硬い文章の中でも使われるようになりました。学術書にも〈動詞が示す動作と意味的に真逆の状況を示すコンテクスト〉などの使用例が珍しくありません。2023年のNHK全国調査では「真逆はおかしくない」という人の合計が全体の7割弱に達しています。

「真逆」はなぜ広まったのでしょうか。理由のひとつとして、「正反対」にはない強い評価性の意味を込めようとした、ということが考えられます。

このことを確かめるには、「正反対」「真逆」の両方が使われている書物を検討するのが有効です。たとえば、中村幸弘『日本語の形容詞たち』（右文書院）では、それぞれの語が以下のように使い分けられています。

〈その単語の意味が対《つい》の関係であったり、正反対の関係であったりする単語を相互に対義語といいます〉

〈「ろくでもない」の「ろく」は「平坦」の意味だが、それが、どういう事情あってか、真逆の「碌《ろく》」字（＝石がごろごろする意）で書かれてしまったようです〉

前者では「正反対」が「ちょうど反対」という客観的な意味合いで使われています。一方、後者では、「真逆」が「驚くべきことだ」という評価を込めて使われています。「真逆」に込められた筆者の意図は、前後の〈どういう事情あってか〉〈書かれてしまった〉という表現から推測できます。「真逆」には「正反対」にはない情感がこもっていると説明してもいいでしょう。

3「煮詰まる」の意味

今度は、国語辞典によっては「誤用」とすることがある表現を取り上げます。

「煮詰まる」ということばを国語辞典で見ると、複数の意味が載っています。『新明解国語辞典』第8版（2020年）では〈㊀煮えて鍋の中の水気が（ほとんど）無くなる〉〈㊁会議などで、議論が出尽くして、結論が出せる状態に近づく〉の2つの意味を挙げます。

注目すべきは㊁のほうです。ここに〈問題の解決処理に行き詰まる意に用いることもあるが、誤り〉とあります。これは「頭が煮詰まってアイデアが出ない」などという用法を指していると考えられます。

「煮詰まる」は本来「結論が出せる状態に近づく」という意味だ、とよく言われます。しかし、これは事実に反します。「本来」を言うなら、「鍋の中の水気がなくなる」こそが本来の意味です。そこから、「自然の美が作品に煮詰まる」など「凝縮する」の意味が派生しました。

さらに、20世紀後半に「結論が出せる状態に近づく」や「行き詰まる」の意味が一般化しました。意外かもしれませんが、両者の意味は、それぞれさほど変わらない時期に広まったのです。

「凝縮する」「結論が出せる状態に近づく」「行き詰まる」のいずれも「煮詰まる」の派生的な意味です。どの意味が正しい、間違い、という話にはなりえません。

鍋の煮物を加熱し続けて、水気が少なくなると、煮物は完成に近づきます。したがって、「結論が出せる状態に近づく」という意味が派生したのは自然です。一方、鍋をあまり加熱し続けると、水分が必要以上に飛ぶおそれもあります。そこから、限界に近づくイメージで「行き詰まる」の意味が現れたのは、これもまた自然なことです。

昭和以降の「煮詰まる」の用例を観察すると、ほかにも「突き詰められる」「気持ちが固まる」などの意味に理解すべき例もあります。「どれかひとつの意味が正しい」と考えて、その他の意味を無視してしまっては、多様な文章を理解することはできくなります。

4 思考停止を超えて

冒頭に述べたとおり、ことばを扱う上で、正誤の判断能力はきわめて大切です。土曜日に行われた体育祭について「日曜日に行われた」と説明するのは事実に反します。また、「キャンセルは可能です」と言われて「キャンセルは不可能です」と受け取るのは誤解です。こうした誤りを排して、ことばを正確に表現し、また理解することは、誰もが目指すべきことです。

一方、いわゆる「誤用」と呼ばれる表現の中には、本当に「誤り」と考えるべきかどうか、疑わしいものが多く含まれています。「誤用」という指摘はいろいろなところから出てきますが、それらの指摘をすべて受け入れると、表現が痩せ細ることにもつながります。

「正反対」と「真逆」とは、意味的には重なりながらも、一方はより客観的、もう一方はより主観的なニュアンスを表すことができます。客観的な説明文では「正反対」がふさわしい場合が多いでしょうが、「真逆」を使うという選択肢をあらかじめ放棄してしまうと、表現の幅が狭まります。ちなみに、「真反対」ということばも100年以上前からあり、これも選択肢のひとつとなりえます。

「煮詰まる」の意味は「結論が出せる状態に近づく」が本来であり、それ以外は誤用だと考えるのもナンセンスです。実際は、「鍋の中の水気がなくなる」という意味から、さまざまな比喩的意味が派生したので、「結論が出せる状態に近づく」はそのひとつにすぎません。複数の意味を場合によって使い分けることで、表現の可能性が広がります。

今回はわずかな例を挙げたに止まりますが、「誤用」と呼ばれる表現で、場合によっては使えるもの、むしろ堂々と使っていいものは多くあります。検討した結果、「やはり使わないでおこう」と考えるのもまた自由です。「誤用」という意見に接し、思考停止するのではなく、本当に「誤用」かどうか疑ってみるのは有意義なことです。

教科書で物語を読むということ
——国語教育に期待をこめて

作家　石《いし》井《い》睦《むつ》美《み》

児童文学作家、翻訳家。第八回新美南吉児童文学賞、第五一回日本児童文学者協会賞など、数多くの受賞経験を持つ。光村図書国語教科書編集委員も歴任。

わたしの作品が教科書にはじめて掲載されたのは三〇年近く前のこととなる。それから今にいたるまで、なにかしらの作品が掲載されるようになった。国語教科書、国語教育に、多少なりともかかわらせていただくようになって長い時間が経ったことになる。

とは言っても、最初の掲載作はすでに出版されていた短編集のなかの一編であったこともあり、〝かかわっている〟という気持ちを持つことはほとんどなかった。その作品が「教材」としてどう読まれるのか、どう扱われるのかを意識することもないままだった。

それは文学教材とはどういうものかを、わたしがなにもわかっていなかったことがいちばん大きな理由だと思う。そしてつぎの、というかもうひとつの理由には、先にも述べたとおり、その作品がすでに書かれたものだったことにある。教材に限ったことではなく、これはどの作品にも言えることだけれど、いったん手を離れてしまえば、その作品は作者の書いたものであっても、完全には作者のものとは言えない。それは、どう読まれるかが読み手に委ねられるからだ。作品はどう読まれてもいい。ずいぶん乱暴な言い方に聞こえるかもしれない。投げやりな言葉のようにも思われるかもしれない。でもそうなのだ。

書き手は書きたいことがあって書くわけだから、こういうことが伝わればいいなとか、ここはこう読んでもらえたらうれしい、という思いは当然ある。でもそれと同じくらい、好き勝手に読んでもらってかまわないと思っている。

こう読んでもらわないと困る。そういう読み方はちがう。

なかにはそんなふうに思う書き手もいるのかもしれないが、多くはそうではないはずだ。

自分が書く側になってからもそれまでも、わたしは物語を読んできた。好きな作品は繰りかえし読む。もう一度その世界にはいり、同じ体験をするために。同じ感情を味わうために。けれど、再読が与えてくれるのはそれだけではない。「ああ、ここにはこんなことが書いてあったのか」とあらたな発見をしたり、前に読んだときとはあきらかに違う印象を受けたりすることもある。物語そのものは最初から最後まで一字たりとも変わらないというのに。どうしてそんなことが起きるかといえば、わたしのそのときの状況――前に読んだときよりおとなになった等、変わったのはわたしのほうということになる。つまり、物語は変わらずそこにあって、読み手のそのときの状況によって受け取るものがちがってくる。そのことをわたしは読者として、身をもって知っていた。

ずいぶんくどくどと書いてしまったけれど、それが冒頭に書いた「教材」としてどう読まれるかを意識しなかった正直な理由だ。

教材となったものがその作品だけで終わっていたら、わたしの国語教科書への距離感といったものは変わらなかっただろうし、もっといえば国語教育への関心度も低いままだったはずだ。

ところが、それからしばらくして、こんどは教科書に書き下ろしの作品を書くことになった。ご存じのかたもいらっしゃると思うけれど、国語教科書の書き下ろしというのは、たとえば「二年生の四月の教材に」とか「九月の教材に」といったように、その作品を学習する学年やその時期まで指定される。具体的な内容にまで言及されることはないものの、わたしの場合だと等身大の子どもを描くことが必須だった。

児童文学は、低学年もの、中学年もの、高学年もの、YA（ヤングアダルト）と対象年齢を分けている。おとなはみんなおとなだけれど、子どもは低学年と高学年では精神構造がまるでちがうからだ。だから、そのあたりは意識して書く。けれど、教科書はもっと厳密だった。そうたしかに、一年生と二年生ではちがうし、同じ学年のなかでも四月と夏休みあけではちがっている。

そうした成長の度合いの厳密さばかりではなく、実際に教科書で書き下ろしを書く段になってようやく、わたしは国語教科書に作品が掲載されることの重大さに気づくことになった。

わたしの文章で日本語を習う子どもたちがいる。ずいぶんとおこがましい思いだったけれど、そう思ったら、既存のものを採用されたときには感じなかった緊張がにわかにわき上がってきた。

地の文を書くには神経質になることはなかったものの、こんな言葉遣いはよくないのではないかと、会話文の言葉遣いが気になってしかたない。けれど行儀のいい言葉遣いでは物語の勢いは削がれ、面白みは薄れる。登場人物のほんとうの声でなければ、物語の真実からも離れていくように思えて、教科書に書き下ろしをすることの難しさを存分に味わうこととなった。それと同時に、それまで自分の外側にあった国語の世界の内側にはいった心持ちもした。

わたしはわたしが書いた物語で国語の学習をする子どもたちに思いを馳せ、自身の子どもだったころを思い返した。小さいころから物語を読むのが好きで、それは教科書に載っている物語も例外ではなかったことを。

すばらしい物語のなかに身を置くと、あたかも自分が実際に経験したようにこころがふるえる。あるいは、実際に経験し、けれど自分でさえわからなかった気持ちに、ああ、あれはこういうことだったのだと気づかされる。物語とともに、自分の世界が広がるように思える。いや、ほんとうに広がるのだ。すばらしい物語はそういう力を持っている。

子どもだったわたしにとって、自分をとりまく世界と自分自身をきちんと感じるためにも、そしてその世界を広く豊かなものにするためにも、物語は必要だった。そのときは、そんなことはおそらく意識もせずに、物語の世界にはいりこんでいただけだったのだろうけれど。

押しつけがましい考えかもしれないけれど、子どもだったわたしに物語が必要だったように、子どもはだれでも物語が必要だと、わたしは思う。そしてその物語に出会う機会が、国語の時間だけの子どももいるだろうと。

そう思うと、子どもたちひとりひとりのこころに届くもの、伸びやかで、読んでいる子どもたちの想像の翼が広がるような物語を書きたいという気持ちになる。そして、教科書で出会った物語をきっかけに、物語の面白さ、豊かさに目覚めてほしいという欲もでてきた。そんなふうに思えるようになったのも、わたしが国語教育という世界にまた少し深くはいったことだとひそかに自負している。

書き手としてのわたしの役目は、その時点でできうるかぎりよい作品を書くことだ。それを教室で読んでもらう。教科書に長い作品を掲載することは不可能なので、掲載作は高学年の作品でも四百字詰め原稿用紙七、八枚ほど。例外的に二十枚ほどの作品があるにはあるが、書き下ろしではそれはない。あっという間に読めてしまうそれらの作品を、授業では何時間かかけて読んでいく。一曲に何時間もかけるピアノのレッスンのように。

そういう授業のやりかたが、作品を細切れにしていると思う書き手もいるという話を聞く。わたしはそうは思わない。教科書の文学作品は作品であると同時に教材なのだ。いささか乱暴な言い方になるけれど、材料なのだから、勝手に読めばよろしいというわけにはいかない。丁寧に読み込んでいく必要がある。子どもたち全員が、物語を読めるとは限らないのだ。文字を覚え、物語に書かれた文章を読むことができても、それだけでは物語を読めたことにはならない。だから国語の授業は、文章を読めるようになるためのレッスンの時間でもあるのだと思う。

詩人で学者でもあった大岡信さんは、本を読むことは一大事業だとおっしゃった。一朝一夕になし得るものではないと。まさにそのとおりだ。

時折依頼される講演で、わたしはいつも一冊の本を紹介している。新潮文庫から出ている『空が青いから白をえらんだのです――奈良少年刑務所詩集』だ。詩人で作家の寮美智子さんが、少年刑務所で行なった詩の授業。その授業で受刑者の少年たちが書いた詩を集めたものが本書なのだが、授業を重ねていくうちに、はじめはなにも書けなかった彼らが次第にそのこころの内を表現できるようになっていくことがわかる。言葉を獲得することは、荒れはてたこころを耕すことでもあるのだと思う。幼稚園にさえまともに通うことができなかった子どもたち。もし彼らが、きちんと教育を受けていたら、きっと違った人生があったのではと思わずにいられない。

読む力とは、言葉を知り、選び、さらには言葉が自らの血肉となっていくことだ。そしてそれは、物語を読む力だけにとどまらず、書く力ともなる。書くことは、自らを表現することだ。だから読むことは、生きる力そのものを育むことになるのだとわたしは信じている。そのためには、やはり良き導き手が必要になる。国語という授業の根底にはそれがある。それがなければならないと思う。

「逆向き設計論」で構想する国語科の授業
―実社会で生きて働く言葉の力を育むために―

現役教員の傍ら、大学での教員養成やEテレ「現代の国語」講師も務める高校国語教育界のホープ。明晰な発信力と生徒の言葉の力を伸ばす力量は、全国各地の実践人から注目されている。

灘中学校・灘高等学校教諭　井上《いのうえ》志音《しおん》

　実社会で生きて働く言葉の力をどのように育むのかというテーマを考えるにあたり、「逆向き設計論」で構想する国語科授業の事例を示します。「逆向き設計論」とはウィギンズとマクタイという教育学者が提唱した教育理論で、授業や指導の最終的な結果から遡って教育活動を設計していくというものです。具体的には、「目標」「評価」「活動」の順で授業づくりをしていきます。

　「目標」「評価」「活動」の順で授業をつくるといっても、特に目新しさは感じないのではないでしょうか。この順番は実のところ、旧来の学習指導案の項目の並びそのものだからです。しかし、例えば「目標」から始めるといっても、目標設定時には初めから扱う教材（コンテンツ）が年間計画で決まっていたり、扱う内容が決まっていたりすることが多いものです。私たち教員は、「受験で問われるから」「教科書に載っているから」「年間計画で使うことが決められているから」という観念にとらわれて、実のところ「実社会において、学習者はいま何ができなくて、国語科の授業を通じて何をできるようにするのか」という課題発見・課題解決の視点が抜け落ちがちです。「私たちは学習者ファーストではなく、授業者ファースト・教材ファーストになっていないか」。私の問題意識の根幹はここにあります。

　実社会で生きる言葉の力といっても、「実生活で役に立つ」という狭義の実用性に陥らないよう注意を払わなければなりません。受験で点が取れる、日常生活で活かせるなど、学習者の近視眼的な合理主義を助長してしまっては意味がありません。実社会で生きるとは、目先の実用性をこえた領域をも包含しています。実利・実用に拘泥する学習者の価値意識を変えることも必要だということです。

では、学習者ファーストの教育目標とはどのようなものなのでしょうか。「逆向き設計論」を実装した授業をつくろうとすると、いつもこの根源的な問いが立ち上がります。できないことをできるようにすることが教育の目標であるならば、学習者ファーストの授業とは一体どのようなものなのか。昨今「個別最適化」という言葉が飛び交っていますが、生徒個々の持つ課題というものは千差万別で、四〇人いれば四〇通りあるわけです。しかし、日本の学校という枠組みのなかで、限られた人員で教育を行うならば、集団授業が前提になってきます。個別最適化と集団授業のジレンマを公教育のなかでいかに乗り越えていくのかという問題は、教科教育においても大きなトピックです。

言うまでもありませんが、公教育の現場で学校教員として国語を教える以上、自分の好きな教材を好きなように教えられるわけではありません。公教育には学校教育法や教育基本法といった法令があり、学習指導要領もあります。そこから教科の目標や内容の大枠が定められ、それに根差した検定教科書が作られます。地域・学校レベルに焦点をしぼっても、自治体や学校単位の理念もあり、とりわけ私学では建学の理念やスクールミッションも重んじられます。さらには学校内でも学年目標・コース目標・クラス目標があり、教員個々が理想とする教育観も絡んでくるでしょう。このように、学校教育法第一条で定められた、いわゆる一条校で教育するためには、国家・地域・学校の掲げる教育目標や、教員個々の教育観、さらには目の前の学習者の課題などを統合していかなければなりません。こうした国語科教育の多面的な目標を、学習者ファーストで設定していく際にヒントになるものが「概念」です。

また、「逆向き設計論」にはもう一つ大きな特徴があります。それは目標設定時に「本質的な問い」もあわせて考えるというものです。例えば「現代の国語」で説明的文章を教材に授業をする際にも、教材の読解だけにとどまらず、「本質的で転移可能な問い」をもとに、教育内容を教材の外に広げていきます。教材の内容そのものを軽視したり、いたずらに社会生活での実用性を目指したり、あるいは短絡的に「教材を／教材で」という二分法に収束させたりするということではありません。個別具体的で限定的な学びを、「問い」の力を借りながら外のアクチュアルな事象に紐づけ、深化させていくということです。

　では、ここでいう「概念」や「問い」とは具体的にどのようなものなのでしょうか。例として、私が研究している国際バカロレア（ＩＢ）を引き合いに出して考えてみることにします。ＩＢ教育では、初等教育から中等教育にかけて、所定の「重要概念（キー・コンセプト）」を用いた学習をします。例えばＭＹＰ（ミドル・イヤーズ・プログラム）という前期中等教育にあたるプログラムでは、「美しさ」から「時間・場所・空間」という一六個の概念をあらゆる教科グループが協力しあいながら深掘りしていきます。また、ＤＰ（ディプロマ・プログラム）という後期中等教育にあたるプログラムでは、「知の理論（セオリー・オブ・ナレッジ）」の授業で、さらに抽象度が高い「エビデンス」から「責任」の一二個の重要概念を駆使して探究していきます。

　このようなＩＢの重要概念のリストは、リン・エリクソンの「概念型カリキュラム」を背景に形成されています。私も灘中高でこうした「概念型カリキュラム」を参考に、授業実践をしてきましたが、こうしたＩＢの概念リストが絶対的に正しいとは思いません。本来的には、こうした概念リスト・概念マップを、各学校でつくることができればよいと思います。教科縦割りで考えず、例えば、国語は「文化」と「論理」を、社会は「発展」と「共同体」を取り上げる、といったように、教科ごとに扱うべき概念をリストアップして学校全体で総合できれば効果的でしょう。「全教科でこういう概念を分け持ち、理解を深めていきたい」という合意形成さえ図れれば、多様な概念理解を目標に据えて授業を展開し、生徒の汎用的な力を伸ばすこともできるのではないでしょうか。


MYPの重要概念（IBO（2015）『MYP；原則から実践へ』p.67）

美しさ	変化	コミュニケーション	共同体
つながり	創造性	文化	発展
形式	グローバルな相互作用	アイデンティティー	論理
ものの見方	関係性	システム	時間・場所・空間

DP-TOKの重要概念（IBO（2020）『「知の理論」（TOK）指導の手引き』p.8）

エビデンス	確実性	真実	解釈
権力	正当性	説明	客観性
ものの見方	文化	価値観	責任

以前、私は灘高で山崎正和『水の東西』（『現代の国語』所収）を教材に、「創造性」という概念を中心に据えた授業を行ったことがあります。私が授業で掲げた「本質的な問い」は、「特定の文化を独自のもの、オリジナルなものと認める場面の条件はどういうものか」です。この文章は、西洋文化と日本文化とを比較する文章ですが、「そもそも『日本文化』というものはあるのか」「『比較する』と言うけれども、日本文化は自明なものなのか」という問いです。この問いをさらに抽象化すると「ある文化を、独自の文化と認めるための条件とは何か」という問いに繋がります。「比較しましょう」ではなくて、比較する上で私たちが前提としている考え自体を問い直す授業です。今日でも「パロディ」「インスパイア」「オマージュ」といった言葉がありますが、どこからが創造的な営みで、どこからがそうでないのか。「クリエイティブなもの／そうでないものの境界線はどこにあるのか」ということを考えることは、「創造性」という概念そのものをクリティカルに捉え直す営みになります。

ここまでＩＢ教育を例に取り上げつつ、「概念」や「問い」の力を援用しながら実社会で生きて働く言葉の力を育む授業の事例を示してきましたが、まだまだ課題は山積しています。「逆向き設計論」をもとに、概念ベースで授業をつくるといっても、理解すべき概念とは何か。はたして自分の授業は目の前の学習者全員を置き去りにしないものになっているか。生徒の最大公約数の課題を拾っているだけなのではないか。そういう葛藤が日々頭をもたげます。

こうした課題の解決のヒントが、カリキュラム・マネージメントや地域に開いた教育課程にあります。単一教科の、特定の授業だけで誰一人取り残さない授業を行おうとするのではなく、学校・教科のみならず地域社会をも巻き込みながら、ボーダーレスに言葉の力の伸長を目指していく。生きた言葉の育成を全ての教科・科目で担っていくためにはどのような方策が必要なのか。いま各学校ではその具体化が求められています。

【参考文献】

奥村好美・西岡加名恵編著『「逆向き設計」実践ガイドブック』日本標準二〇二〇

Ｈ・リン・エリクソン他著（遠藤みゆき、ベアード真理子訳）『思考する教室をつくる概念型カリキュラムの理論と実践』北大路書房二〇二〇

教材から学習材へ
──学習者が生み出す学習材の可能性

実践女子大学専任講師　井上陽童《いのうえようどう》
小学校教諭を経て現職。教室の言葉、子どもの学びを支える教材・学習材について実践と理論を深める。二〇二二年度全国大学国語教育学会優秀論文賞を受賞。

1 はじめに

学習者は自らが学ぶべきもの、すなわち、学習材を自身で生み出しながら常に学んでいる。教師は、読むことの授業において、教科書を中心とした教材研究及び授業研究ばかりに力を傾けるのではなく、学習者の生み出す学習材の可能性を含みこみながら授業を構想し実践することが、学習者の主体性を育む授業に欠かせないだろう。

右記の問題意識のもと、本稿では授業における「学習材」に論点を絞って、その可能性について論じたい。

2 教材から学習材へ（倉澤、一九六五）

教師にとっての「教材」から学習者にとっての「学習材」へ概念を拡張する必要性を訴えたのが倉澤（一九六五）である。倉澤（一九六五：一〇一頁）は、「教科書の紙の上に印刷されてそこにある文章を、教師が下調べをして、その教材としての役割や価値を認めていく」過程を教材化として位置付けた。次に、「子どもたちが一定の状況下で、（中略）この文章を読みとったり読み味わったり、または、文章に述べられていることをもとに、書いたり話したりなどした」一連の過程を学習材化の段階とした。

3 学習材化の類型（藤森、二〇〇九）

その後の学習材論（塚田、一九九九：安居、二〇〇二：石黒、二〇〇四）を継承・発展させたのが、藤森（二〇〇九）である。

図　学習材化の類型と「行為次元」における三者関係

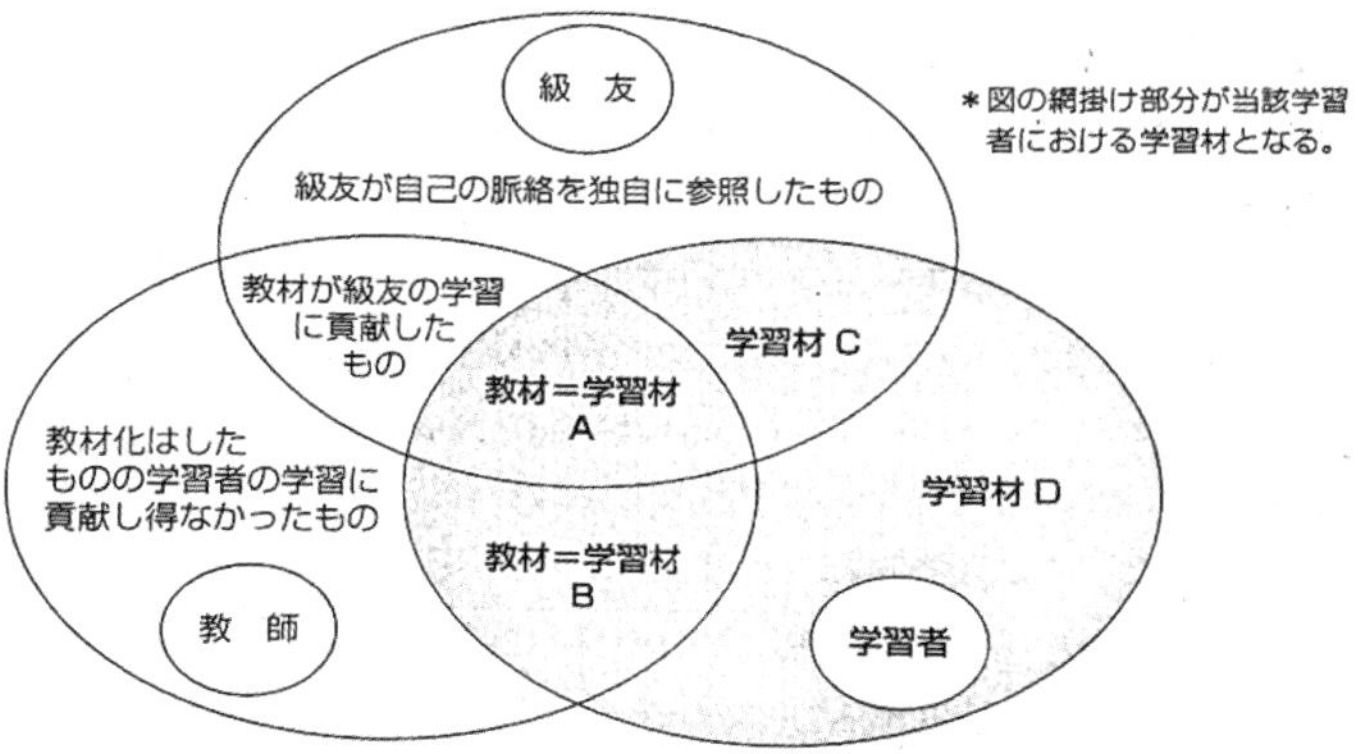

藤森（二〇〇九）は、「学習材」を「教育実践場面の『行為次元』において、教師や学習者自身あるいは級友らによって準備・選択・生成された媒材（言語作品・言語媒材・言語活動等）、及びそれらと結びついた諸情報のうち、当該学習者の学習にとって意味あるものとして認知されたもの（二二九頁）」と定義し「学習材化の類型」を次の四点に整理（二三〇頁）した（図）。

A：教師によって教材化され、かつすべての学習者の学習に貢献し得たもの

B：教師によって教材化され、一部の学習者の学習に貢献し得たもの

C：学習者・級友の間で提供され、それぞれの学習に貢献し得たもの

D：学習者の対自的脈絡における経験や知識が出力され、当人の学習に貢献し得たもの

藤森（二〇〇九）は、授業者である教師には把捉が難しいであろうC・Dの学習材化の過程をいくつもの事例研究を通して精緻に解明した。

4　先行研究のまとめ

学習者の主体性を伴った読むことの授業の実現に向けて、二つの過程、すなわち教師の教材研究を通した教材化の過程と、学習者が目的意識をもってテキストを含む教材を価値付け、自ら学ぶべき材料を生み出しながら読みを深めていく学習材化の過程の接続が重要となる。次項では、稿者が行った文学的文章の授業実践において顕在化した、学習者による学習材化の過程に焦点化して報告する。

5 単元の概要

(1) 単元名「リテラチャー・サークルで読み深めよう！」

(2) 教材名「たずねびと」『国語五　銀河』光村図書

(3) 対象学年・実施時期：小学五年生・二〇二二年十二月

(4) 単元の目標

人物像や物語などの全体像を具体的に想像したり、表現の工夫を考えたりしたことをもとに、お互いがまとめた意見や感想を共有し、自分の考えを広げることができる。

(5) 教材文「たずねびと」のあらすじ

小学五年生の綾が、ある日、駅に貼られた「原爆供養塔納骨名簿」ポスターの中に、自分の名前（実は同姓同名で年齢も同じという偶然）を見つける。そのことをきっかけに広島の原爆供養塔を訪ねる中で、様々な人々と出会い考えを深めていく物語。

(6) 言語活動「リテラチャー・サークル」の概要

個々の読み深めの活動では、四つの役割を分担して読み進め、その後の交流につなげた。交流の場の様子とリテラチャー・サークルにおける四つの役割の概要は、上の写真1の通りである。

写真1　交流の場の設定とリテラチャー・サークルの役割

①思い出し屋
物語に関する事実を調べる。自分の経験とつなげる。
②言葉屋
文中のキーワードを見つける。意味を調べる。
③イラスト屋
物語のイメージを絵にする。
④？屋
疑問を見つける。解決する。

6 学習者が学習材を生み出す姿の実際

(1) C：学習者・級友の間で提供され、それぞれの学習に貢献し得たもの（藤森、二〇〇九）

吉田（仮名：以降の児童名も全て同様）は、個人の読み深めにおいて、イラスト係を担当し、広島と長崎の原子爆弾についてより詳しく調べ

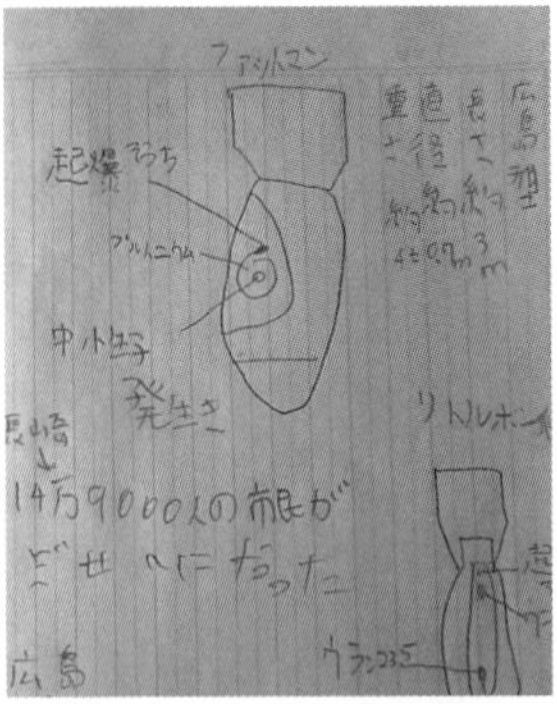

写真2　イラスト屋の吉田の絵

たことをイラスト（写真2）にして発表していた。教材文には描かれていない原爆の威力の実態を詳しく知ることで、吉田自身やグループのメンバーが文中に登場する市井の人々の辛さや無念さを深く想像することへ繋げていた。

(2) D：学習者の対自的脈絡における経験や知識が出力され、当人の学習に貢献し得たもの（藤森、二〇〇九）

表1　家族から取材したことを記述した佐藤のノート

> 本当は、福岡に原爆が落ちる予定だったが、天気の関係で広島に変わった。その時、私のおじいちゃんのお母さんが福岡に住んでいたらしい。

佐藤がこの記述を交流の場で発表したところ、他のメンバーが大きな衝撃を受けることとなった。メンバーの一人の振り返りには、「予定通り福岡に落とされていたら、佐藤さんのおじいちゃんも佐藤さんも生まれていなかったことになるので驚いた。」とあった。その振り返りに佐藤自身も深く納得していた。物語で描かれている世界が、自分たちの今生きている世界と地続きであることを実感している様子が見て取れた。

7 結びに

本稿では、学習者の主体性を伴った読むことの授業の実現に向けて、学習者がテキストを含む教材を価値付け、自ら学ぶべき材料を生み出しながら読みを深めていく学習材化の過程について検討した。教師がすべきことは二点ある。

第一に、学習材が生まれる活動の場を多様に準備することである。第二に、学習者の生み出す学習材をその場限りのものにするのではなく、クラス全体に還元する等、教師自身が学びの中継地となることである。学習者の学びを生み出す力を信じることが、その第一歩となる。

【引用参考文献】

石黒広昭（二〇〇四）『社会文化的アプローチの実際』北大路書房、七頁

倉澤栄吉（一九六五）『国語教育の実践理論』、明治図書出版（『倉澤栄吉国語教育全集第八巻』、角川書店）

塚田泰彦（一九九九）「学習者のテクスト表現過程を支える　二一世紀のパラダイム」国語科教育、第四六集、八～九頁

藤森裕治（二〇〇九）『国語科授業研究の深層：予測不可能事象と授業システム』、東洋館出版社

安居總子（二〇〇二）「学習材・学習材化研究―現況と課題」日本国語教育学会編『月刊国語教育研究』三六一号、四〇～四三頁

これからの国語科教育はどうあるべきか
―教育行政の立場から―

高校教師、教育委員会、私立大学教員を経て現職。実践現場と行政とを架橋し、高校国語教育を牽引する。穏やかな人柄の中に国語教育への熱い思いを秘める。

文部科学省初等中等教育局視学官　大滝《おおたき》一登《かずのり》

1 「これからの国語科教育」を考えるに当たって

「これからの国語科教育はどうあるべきか」については、書き手の立場や教科観、思想などによってきわめて多様な論が成立しうるだろう。そうした多様性が本書の編集コンセプトであることを踏まえた上で、筆者は教育行政の立場から可能な範囲でこのテーマについて言及してみたい。

「どうあるべきか」を考えるに当たっては、書き手の（専門的）立場から理想論を語る「そもそも論」と、国語科教育の現状や実態から課題を抽出し、その解決や改善を語る「現実論」とがあるだろう。両者は截然と分けられない面もあるが、本稿においては、両者を見据えながら、筆者が主に担当している高等学校を中心に、義務教育も含めた国語科教育全体についても述べることとする。なお、本稿は筆者個人の見解によるものであり、筆者の所属する組織を代表するものではないことを申し添える。

2 高等学校を中心とした国語科の話題を振り返る

直近一〇年間ぐらいを振り返ったとき、国語科教育をめぐり大きな話題として思い浮かぶのは、記述式導入の見送りなども含めた大学入学共通テストの動向、新学習指導要領改訂とその後の「文学軽視批判」、ＰＩＳＡ調査における「読解力」分野の結果や「教科書が読めない子供たち」への注目に象徴される読解力の低迷、高等学校国語科の共通必履修科目の教科書検定結果などである。高等学校をめぐる話題が多いのは、筆者の担当ということもあるが、新学習指導要領が当初から高等学校の課題解決を企図していたことを踏まえると首肯できるだろう。

ひとまず高等学校に話を絞ったとき、これらに通底するのは、やはり中央教育審議会答申（平成二八年一二月）に示された高等学校国語科の以下の課題である。

> 高等学校の国語教育においては、教材の読み取りが指導の中心になることが多く、国語による主体的な表現等が重視された授業が十分行われていないこと、話合いや論述などの「話すこと・聞くこと」、「書くこと」の領域の学習が十分に行われていないこと、古典の学習について、日本人として大切にしてきた言語文化を積極的に享受して社会や自分との関わりの中でそれらを生かしていくという観点が弱く、学習意欲が高まらないことなどが課題として指摘されている。

いわゆる「内容教科」と異なり、言葉の資質・能力の育成を担う国語科は、具体的な事物や現象それ自体の追究等を直接の学習の対象としないため、学習指導の拠り所を求めるとなれば、どうしても教材自体に向かってしまいがちであった。学習の対象となる「言葉」は身近な生活や場に転がっているはずなのに、どうしても完成度の高い愛着ある教材を教えたくなってしまうのである。したがって、予測困難で複雑化する未来社会を見据えて資質・能力（コンピテンシー）を優先した新学習指導要領が実社会自体を見つめたことに、不安を覚えた向きもあったかもしれない。読解力も含め、話題がほとんど「読むこと」に集中したのは、慣習的な教科観からの転換の遅れを示唆していると考えることもできる。

確かに教材なくして教科指導はままならない。一方で、教材を頑なに守るだけで、子供の立場に立った学習指導の在り方や授業改善が軽視されてしまうと、他の領域の資質・能力や言語活動、（古典など）教科学習の意義の理解は後回しにされかねない。義務教育においても教材への依拠は指摘されているが、教科の「専門家」が割拠する高等学校において、その固執の強さが改めて露わになったと言ってもよいだろう。また、大学入学共通テストやＰＩＳＡ調査などはその実現可能性からして「読むこと」が中心にならざるを得ないという悲しい事情も横たわっている。

短絡的に結論付けるつもりはないが、こうした課題が続くならば、社会がグローバル化してもコミュニケーション能力が十分でなかったり、大学生がレポートも満足に書けなかったりする状況は簡単には変わらないかもしれない。

さらに、いわゆる探究学習が注目される中、他教科等における言語能力の向上が意識されるようになってきており、実際に、発表の仕方やレポートの書き方などを他教科等で学習しているケースも散見される。あくまでも可能性の域を出ないが、一旦頼りにならないと見なされてしまうと、国語科が一定の狭い範囲に「囲い込まれ」てしまう懸念も拭いきれない。国語科は必ずしも「安泰」なわけではない。

3 「そもそも論」の「そもそも」は正しいか

新学習指導要領が実施され、意欲的な教師による授業改善も確実に進んではいるが、こうした高等学校国語科の課題はいまだ解決途上である。

また、小・中学校の国語科における成果と課題も、全国学力・学習状況調査の結果などから明らかになっている。詳しくは、当該校種の教科調査官の担当ページを御覧いただきたいが、いずれの領域においても成果と課題の両面があり、さらに継続性のあるものと新規のものとがあり、詳らかにこれらを分析し、着実に改善に結び付けていく必要性を感じさせる。

加えて、最近公表されたＰＩＳＡ二〇二二の調査結果については、「読解力」分野の平均得点がＯＥＣＤ加盟国中二位となり、前回調査から有意に上昇した。習熟度レベル別の生徒の割合についても、平均得点下位の「レベル一以下」の層が前回調査から有意に減少したことが示された。その一方で、ＰＩＳＡ調査における「読解力」は、国語科以外の教科等で育成される言語能力とも関わりが深いと考えられること、今回の調査結果には、教科指導の成果だけでなく、コロナ禍における参加各国の閉校期間の影響が考えられることなどについて十分留意する必要がある。

なお、全国学力・学習状況調査、ＰＩＳＡ調査のいずれも、当然のことながら、国語科で育成される資質・能力を網羅するものではなく、短絡的な議論は避けたい。

このように、「現実論」においては、データを踏まえながらも、データを絶対視することなく、あくまでも冷静にその成果と課題を整理する必要がある。国民の負託に応えるべき教育行政としては、「現実論」を無視することは難しい。

一方、「そもそも論」はどうであろうか。国語科教育論には様々な立場が存在するが、例えば「文学軽視批判」を繰り広げた研究者たちの主張は、契約書などの実用的な文章はそもそも国語科の教材の範疇ではない、という「そもそも論」に支えられていたと考えられる。しかし、そうした主張は数多くあれども、主張の妥当性を支えるデータ（エビデンス）には乏しかったというのが筆者の感想である。つまり、信念や価値観に基づく主張はなされたが、「そもそも論」が異なる立場を説得するだけの「裏付け」は必ずしも十分ではなかったと考えられる。価値観がますます多様化する現在、かつて「そもそも論」で共有されていた思想も絶対的なものではなくなりつつある。

4 「これからの国語科教育」について

そろそろ話を「これからの国語科教育」に移すことにしよう。共通テーマの「これから」が、これからいつまでを指すのか定かではないが、少なくとも、今後「国語科教育」がその責務と成果とをこれまでにも増して試されるようになることは疑い得ない。生成ＡＩの進化が取り沙汰される昨今、教育行政には、共通理解を広く醸成するためにも、「そもそも論」の妥当性を再検討しつつ、「現実論」で明確になった課題の解決を目指すことが一層求められるだろう。

その模索の過程においては、「人間にとっての言葉」「人間ならではの言葉」の再検討が必要になると考えられる。言葉が社会と深く関わる以上、言葉も複雑に変化し続ける社会の様相に呼応することになる。様々なものが、ツリー型からネットワーク型へと変化する中で、自明とされてきた「言葉」そのものに加え、それが機能するモードが一層重視される方向性も考えられる。今回話題となった「論理」や「文学」は、その先駆けと言えるかもしれない。

さらに、新学習指導要領の実施状況も踏まえた上で、「国語科」という概念自体の問い直しが必要となる可能性も否定できない。もちろん、現段階でその具体的な方向性について言及することは難しい。しかし、未来社会を生きる子供たちのためには、こうした「国語科」の変化の過程を客観視した上で、指導者としてそれをいかに主体的に受けとめることができるか、といった国語科教師の姿勢が何よりも重要であることは論を俟たない。

学習指導要領の趣旨の実現状況を全国学力・学習状況調査の課題から考える
―小学校国語科教育について―

文部科学省初等中等教育局教育課程課教育課程教科調査官
国立教育政策研究所教育課程研究センター研究開発部教育課程調査官・学力調査官
大塚《おおつか》健《けん》太郎《たろう》

東京学芸大学附属小金井小学校を経て現職。現場経験を生かし、教育施策を授業ベースで解説する。登山、スキーなどアウトドアな一面も。

1 現状の分析

令和二年度より現行学習指導要領が全面実施となっている小学校であるが、その現状を振り返ることで、これからの小学校国語科教育がどのように進むべきかを見通すことができるだろう。現状把握の手段として、全国学力・学習状況調査で明らかになっている課題を、令和三年度～令和五年度の報告書より確認する。

1 〈知識及び技能〉について

〈言葉の特徴や使い方に関する事項〉

◆文の中における主語と述語との関係、修飾と被修飾との関係を捉えることに課題がある。

◆言葉には、相手とのつながりをつくる働きがあることを捉えることに課題がある。

◆学年別漢字配当表に示されている漢字を文の中で正しく使うことに課題がある。

◆日常よく使われる敬語を理解することに引き続き課題がある。

〈情報の扱い方に関する事項〉

◆原因と結果など情報と情報との関係について理解することに課題がある。

◆情報と情報との関係付けの仕方、図などによる語句と語句との関係の表し方を理解し使うことに課題がある。

2 〈思考力、判断力、表現力等〉について

〈話すこと・聞くこと〉

◆互いの立場や意図を明確にしながら計画的に話し合い、

自分の考えをまとめることに引き続き課題がある。

◆目的や意図に応じ、話の内容を捉え、話し手の考えと比較しながら、自分の考えをまとめることに課題がある。

〈書くこと〉

◆目的や意図に応じて、理由を明確にしながら、自分の考えが伝わるように書き表し方を工夫することに課題がある。

◆文章全体の構成や書き表し方などに着目して、文や文章を整えることに課題がある。

◆文章に対する感想や意見を伝え合い、自分の文章のよいところを見付けることに課題がある。

◆図表やグラフなどを用いて、自分の考えが伝わるように書き表し方を工夫することに課題がある。

〈読むこと〉

◆目的に応じて、文章と図表とを結び付けて必要な情報を見付けることに課題がある。

◆目的を意識して、中心となる語や文を見付けて要約することに課題がある。

◆登場人物の行動や気持ちなどについて、叙述を基に捉えることに課題がある。

◆人物像や物語の全体像を具体的に想像したり、表現の効果を考えたりすることに課題がある。

◆目的に応じて、文章と図表などを結び付けるなどして必要な情報を見付けることに引き続き課題がある。

◆文章を読んで理解したことに基づいて、自分の考えをまとめることに課題がある。

2 共通する課題と授業改善に向けて

挙げられた課題を、資質・能力ごとにまとめて考えたい。

1 〈知識及び技能〉について

課題として挙がったものは、以前から共通していることが多いが、新設事項の「情報の扱い方に関する事項」については、どの領域の学習とも結び付け、確実に指導していく必要があるだろう。当然、「知識及び技能」を単独で学習するのではなく、児童の実生活との関わりを踏まえた学習課題を解決する言語活動を通して習得できる単元の構想が求められる。

2 〈思考力、判断力、表現力等〉について

〈「話すこと・聞くこと」の領域〉

学習改善の観点として、計画的に話合いを行うためにど

のようにしていくべきかに重点を置く必要がある。また、どのように意見や考えをまとめ、話し手の考えを整理して聞くべきかなど、〔知識及び技能〕との関連も意識し、情報の整理の仕方等を習得しておくことも大切である。

さらに、国語科の授業だけでは圧倒的に学習経験が足りないため、カリキュラム・マネジメントの視点から話合い活動の場を他教科等につなげていくことも必要である。

〈「書くこと」の領域〉

考えの形成の学習過程や、書き表し方の工夫について、課題が指摘されている。これらの点は、書くことの言語能力の育成において大変重要である。実際に文章を書くには、時間も手間もかかるため、相手や目的を変えて同じ題材を書き分けてみるなど、単元展開の工夫と合わせて、タブレット端末等を活用した、記述や推敲等の負担を減らす工夫も必要である。

さらに、書いて表したい自分の考えが生まれていなければ、文章を書くという活動が充実することはない。書きたいと思えるような自分事の題材が見つかるか、身の回りの出来事や自らを含めた人々の思いや考えなどの変化に気付けるかという点も、潜在的には含まれていると考えている。

また、協働的に学ぶ際に、相手への助言のみならず、自分の文章のよいところを見付けるといった、自己肯定感につながるような授業改善も求められている。

〈「読むこと」の領域〉

説明的な文章では、図表などと結び付けて必要な情報を見付けることが課題である。こちらは「情報の扱い方に関する事項」との関わりが強く、その点にも留意しながら、どのように読み進めていくと、情報を見付けることができるかを視野に入れて教材研究をしていく必要があるだろう。

文学的な文章では、叙述を基に人物像や全体像を具体的に想像することが課題である。この点についても、必要とされる「知識及び技能」を習得し、それらを活用していかねば、読みは深まってはいかないだろう。特に「語彙」「文や文章」「表現の技法」「読書」等に関する指導事項の習得と、それらが活用された求める姿を、授業で読み進める教材毎に具体的に想定するような教材研究が必要であろう。

さらに、国語科の学習は、あくまでも言葉を通しての学習である。印象だけで終わらずにたえず叙述に戻り、叙述を根拠に考えるなど言葉を大切にする姿勢が、引き続き必要である。様々な文章を読む資質・能力を高めることで、自分の考えを深めたり想像できる範囲を広げたりすることにつながるだろう。その結果、多様で複雑な社会の状況が理解できたり、他者の生き方を想像できたりして、社会の中でよりよく生きていくことに資すると考えている。

3 「学びに向かう力、人間性等」について

全国学力・学習状況調査において、国語科として設問を通して直接的に調査はしていないことを初めに断っておく。学習指導要領には、目標はあるものの、具体的に指導事項として内容は示されていない。〔知識及び技能〕を習得して、その活用とともに〔思考力、判断力、表現力等〕を発揮させて、自身に関わることや取り巻く環境等についての課題に対して、自分事として学び続けてよかったと思える学習経験を積み重ねることが大切である。そのことにより、学校での学びの経験が、社会に出てから出合う社会課題等に対しても、粘り強く試行錯誤し関わり続けることのできる市民として成長していくと考える。自分事として主体的に取り組みたくなる単元を一つでも多く経験することで、「学びに向かう力、人間性等」は、より育まれていくだろう。

3 これからの国語科教育に向けて

世の中はますます多様で複雑な状況に向かうだろう。唯一絶対の正解があるのではなく、関わる全ての人々との関係の中でよりよい明日を目指し、納得解や最適解を求め続けていくことになるだろう。そんな柔軟で力強い生き方を実現させるには、言葉を通して情報を集め、言葉を介してその理解を深め、言葉を尽くして考えを表現すること、さらには、言語文化を尊重し継承していくことのできるような学習指導が大切になるのではないだろうか。つまり、国語科の役割は、ますます重要となる。国語科の学習の充実によって、子供たちが様々な事物、経験、思い、考え等をどのように言葉で理解し、どのように言葉で表現することができるようになるか。言葉を通じた理解や表現及びそこで用いられる言葉そのものを学び、豊かな自己実現のできる市民となるよう、児童や学校の実態、指導の内容に応じ、「主体的・対話的で深い学び」の視点から、資質・能力の育成を目指す授業改善を、これからも進めていただきたい。

＊なお、本稿は筆者個人の見解によるものであり、筆者の所属する組織を代表するものではないことを申し添える。

マルチモーダルな視点から教材を見つめ直し、国語科の学習に必要な関連理論の枠組みを吸収する

国語科におけるビジュアルリテラシー研究の第一人者。各国の研究者とネットワークを持ち、マルチモーダルの視点から、国語教育の未来を切り拓く。

東京学芸大学特任教授　奥泉《おくいずみ》 香《かおり》

周知のように国語科教育で学ぶ対象は、文字のみで記されたテクストだけではなくなっている。ジェウィットとクレス（二〇〇三）が先駆的に提言したように、学習者は文字や図、写真、動画といった様々な形態の情報や、それらが組み合わされた情報を読み解き・発信する力が必要とされるようになっている。こういった力の多くは、かつてメディア・リテラシー教育の中で、メディア（媒体）の特性理解や読み解きの方法として育成されてきた。しかし、こういった文脈において研究されてきた映像技法や文法は、その後視覚社会記号論やマルチモーダル研究の中で、コミュニケーションの文脈に位置づけ直され理論的枠組みの修正や新たな観点の開発が行われてきている。ここでいうマルチモーダル研究とは、文字や映像・音声、あるいはそれらの組み合わせ関係や配置といった複数の記号資源（semiotic resources）から成るテクストを対象とする研究で、二〇一〇年にはこの分野の代表的な研究者三四名によって、ハンドブック（Jewitt, 2010）が刊行されている。この研究において扱われる右記のような記号資源は、歴史的な流れの中で「社会・文化的に形成され選択されてきた」（Jewitt & Kress, 2003:15）ものとして検討・分析される。本稿では、このマルチモーダル研究から、国語科の学習材を捉え直す枠組みや、国語科学習に導入する必要があると考えられる枠組みを三点述べる。

1 三種類の観点からの意味検討と「対人的」意味

前述のハンドブックで共有されているマルチモーダル研究の基盤の一つは、映像テクストでも文字テクストでも、そこから意味を構築（meaning making）する際には、次の三種類の観点から検討し、それらの有機的な統合体として意味を考えるという点である。その3種類とは、①「観念構成的」な観点、②「対人的」な観点、③「テクスト形成的」な観点である。①の「観念構成的」な観点から意味を構築するとは、テクスト中で、どのような対象によって、どのようなことが展開されているのかという観点から意味を検討することである。②の「対人的」な観点から意味を構築するとは、①で展開されている事象やそこに関わる（複数の）対象が、どういった関係で読み手に対して表現されているのかという観点から意味を検討することである。そして③の「テクスト形成的」な観点から意味を構築するとは、これら前二者との関係で、テクストがどのように構成されているのかという観点から意味を検討することである（Halliday & Matthiessen, 2004:25）。

こういった三種類の意味構築や、そのための枠組みや概念は、国語科における重要な学習内容の一つとなり得る。特に②の「対人的」な観点からの検討学習は、①のテクスト中の対象の特徴や数、行動等を検討することに留まらず、テクスト中の対象の視線や指さす方向、身体の向き（ORIENTATION）や位置、間隔（PROXIMITY）等からも意味を検討する学習が必要とされる。そして、こういったテクスト中の対象と、それを見ている仮想的な視点人物との距離や角度等からも、この②の「対人的」な意味を検討・構築する学習が可能となる。こういった学習を言葉を介して行うことは、SNSの普及を背景とする現代の学習者にとって重要である。それは、右のような背景の中やり取りされるテクストでは、人々の思考や感情をより効果的に駆り立てる「対人的」な表現が増強されてきているからである。

2 仮想的な「対人関係」を検討するための学習の枠組み

それでは、前項で言及した「対人的」な観点からの意味を検討するには、マルチモーダル研究からどういった枠組みを取り入れることができるだろうか。

㈠　その一つは、以下に挙げるような「対人的」分析枠組みと、それを支える「具現」という考え方である。マルチモーダル研究では、テクスト中に表現されている対象と、それを見る者との仮想的な関係から「対人的」意味を検討するために、次のような枠組みが整備・提示されている。クレスらの研究で代表的なものは、「社会的距離（SOCIAL DISTANCE）」や「関与（INVOLVEMENT）」、「力関係（POWER）」、「接点（CONTACT）」、「モダリティ（MODALITY）」といった枠組みである（Kress & van Leeuwen, 2006）。「社会的距離」とは、テクスト中の人物や建物といった対象と、それを見る者との距離感を検討する枠組みで、テクストとして構成される際に選択されるフレームやショット・サイズにより、絵本や雑誌であれば頁内に占める対象の大きさとして具現（realize）されると考えられている（Kress & van Leeuwen, 2006 : 119-154）。

「具現」とは、マルチモーダル研究においては、表現しようとするテーマや概念が、具体的な映像や言葉として、あるいはそれらの映され方や記され方として、テクストに具体的な形で表現・例示されることを意味している。「例示」と書いたのは、例えば「団欒」というテーマの具現として表現された食卓の風景は、団欒そのものというよりは、団欒の一例という関係だと考えられるからである。

このように、「社会的距離」という枠組みを活用することによって、テクストに具現・表現された対象だけでなく、その対象からの距離を検討し、それによってテクスト中の対象や出来事を、読み手はどのような位置からどのような関わり方で見るよう位置づけられているのかを検討する学習が可能になる。これは、ショット・サイズやカメラ・アングルを映像技法として学習するのとは異なる、コミュニケーションにおける「対人的」な意味を検討する学習である。

㈡　右の学習に関連して、前掲の他の枠組みについても述べる。「関与」の度合いを検討する枠組みについて、クレスらは、テクスト中の対象と、見る者との視線の交わりの程度によって、見る者がテクストに巻き込まれる力の強さは異なると説明している（Kress & van Leeuwen, 2006 : 119-154）。テクスト中の対象からの視線が、見る者に正面から向けられている場合は、「関与」の度合が高く、視線が交わらない場合は「関与」の度合は低いというように検討していく。そして、「力関係」の枠組みでは、見る者との距離や向きが同じでも、テクスト中の対象と見る者の視線との仰角の違いによって、見上げる・見下ろすといった社会的な「力関係」が具現されると説明している（Kress & van Leeuwen, 2006：119–154）。さらに、「接点」は誰の視点からその場面を見ているのかを検討する枠組みであり、「モダリティ」は背景等に使用されている配色からその場面の雰囲気を検討する枠組みである。同じ場面でも、誰の視点から眺めているようにテクストが構成されているかや、背景等に使用されている配色によって「対人的」な意味の構築は変わってくる（Kress & van Leeuwen, 2006：119–154）。

3 具現過程における社会・文化的な記号資源の選択と検討

以上、マルチモーダル研究から「3種類の意味構築」、「対人的」な意味構築の枠組み、そしてこれらの検討過程で重要な役割を果たす「具現」という概念について述べてきた。最後に、この「具現」の過程に焦点を当て、さらに考察を加えておきたい。前述のように、「具現」とは抽象度の高いテーマや概念の具体的「例示」である。つまり、私たちが目にしているテクストは、数ある記号資源の選択肢から選ばれた一つの複合体ということになる。したがって、その選択・例示されたテクストから、逆に選択過程を遡り、それらがどのようなテーマや概念の例示であり、その選択過程にどのような社会・文化的な要素が介在しているのかを検討する必要がある。テクストから意味を検討する学習では、複雑化する社会を背景に、言葉を駆使し、テクストに編み込まれ再提示されている社会・文化的な価値をも批判的に検討することがますます求められているからである。

【文献】

奥泉香（二〇一〇）「国語科において図像テクストから『対人的』意味を学習する意義と方法的枠組み」『国語科教育』第八七集、全国大学国語教育学会、一四－二一頁.

Halliday, M. A. K. and Matthiessen, C. M. I. M. (2004). *An Introduction to Functional Grammar, 3rd ed*. London: Hodder Education.

Jewitt,C.and Kress,G. (2003).*Multimodal Literacy*. London: Routledge.

Jewitt, C. (2010)(ed.) *Routledge Handbook of Multimodal Analysis*. London: Routledge.

Kress,G. and van Leeuwen,T. (2006).*Reading Images:the grammar of graphic design*. London: Routledge.

社会の多様化を踏まえたこれからの話し合い指導―「合意へと至る対話」から「終わらない対話」へ―

「話し合うこと」の学びを国際的な視野から追究する研究者。米国との比較研究、東南アジアとの教育研究交流など、そのフットワークには眼をみはる。

筑波大学准教授　長田《おさだ》友紀《ゆうき》

1　社会や言語環境の大きな変化

世界中で紛争や戦争など力による衝突が頻発し、ＳＮＳやインターネットなどＩＣＴメディアでも立場や価値観が異なる者たちによる激しいやりとりが問題視されている。一方、日本でも多様な言語や文化を背負った人びとが増えており、共に対話しながら生きる社会が模索され始めている。

ＡＩの驚異的な進展も含め、これまでとは大きく異なる社会や言語環境が到来しつつある。国語教育はまさに転換期に入っており、このような社会を見据えた話し合いの指導を考える時期に来ていることは間違いない。

2　三つの対話

瀬名秀明（二〇〇九）はＳＡＲＳパンデミックの議論において、矢守克也・吉川肇子・網代剛（二〇〇五）が防災シミュレーションゲーム「クロスロード」の開発を通して見いだした三つの対話について次のように説明する。一つ目の「真理へと至る対話」とは「科学的知見の集約によって専門家の間でも意見が一致し、このようにしたほうがよいと真理を導き出せるフェーズ……すべての対話の基盤となる」（二八八頁）という。二つ目の「合意へと至る対話」とは「特定の専門家コミュニティだけでなく社会のさまざまな立場の人がいっしょに考え、意見を出し合い、合意や政策判断への道筋を探る」（二八九頁）フェーズとされる。

三つ目の「終わらない対話」とは「他者を介して『予期せぬこと』に直面すること、それが災害時における私たちの最大のコミュニケーション問題であり、もっとも奥深い人間らしさなのである。このフェーズの問題に正解は存在しない。意思疎通した、合意したと思っても、それがいっときの幻想である可能性は多分に存在するだろう。だからこそ対話を続けなければならない」（二八九頁）と述べる。

長田（二〇二二）では、この三つの対話が話し合い指導に示唆的であることを述べた。本稿ではこれを踏まえつつ、さらに平成以降の動向も確認しながら今後の話し合い指導のあり方について展望する。

3 ①「真理へと至る対話」

国際社会で活躍する日本人の育成が課題とされた時代、平成元年告示学習指導要領では「話すこと・聞くこと」の指導、なかでも論理性が強調された。社会においても松本道弘（一九八二）などによるディベートが話題となり、国語科でも教室ディベートが多く実践された。しかし、賛否の二値的な議論、相手を打ち負かすことに注力、自分の本当の意見が言えないなどの問題があり、ディベートは次第に下火になった。

近年「三角ロジック」が流布し「クレーム」「データ」「ワラント」を意識した指導が注目されている。横山雅彦（二〇一六）は先の松本氏がトゥールミンモデルのエッセンスを実用化し「三角ロジック」の名称を普及させたと指摘しており、ディベートからの影響が引き続きみられる。

こういった論理を重視した話し合い指導には、論理性があれば正しく物事を認識し結論を正しく導き出せる、つまり真理へ至れるという暗黙の前提が見受けられる。もちろん論理的な思考や表現が基本となることは間違いない。だが、それだけでは解決できない状況や問題があるのである。

4 ②「合意へと至る対話」

ここ数年「合意」をキーワードにした実践が増えてきた。その契機は、平成二〇・二一年告示学習指導要領の小学校国語科一・二年の言語活動例に「グループで話し合って考えを一つにまとめたりすること」と示され、小学校・中学校・高等学校同解説国語科編で「合意」という文言が登場したことによるだろう。

平成二九・三〇年告示学習指導要領では中学校三年だけ

に「合意形成」が入った。さらに、中学校同解説国語科編や高等学校同解説国語科編にも「合意」の文言がみられ、例えば高校「現代の国語」では「結論の出し方とは、話合いを経た上での意見のまとめ方のことである。例えば、全員による合意を必要とする、多数決で決める、部分的な賛成や留保などを認めるなど、様々な結論の出し方が考えられる。話合いをまとめたり結論を出したりする際には、枠組みや問題の設定などの部分的な合意の有無や論点ごとの共通点や相違点を明らかにするとともに、それぞれの意見の共通点を見いだし、整理することが必要である」などと解説され、全体的に従来よりも説明が充実した。

ところで合意の定義は様々あるが、今田高俊（二〇一一）は「全員一致ないし多数決を合意形成の条件とすることは、もはや許されない時代に我々は生きている。こうした合意形成は意見の違いに対して不感症になること、意見の相違や他者と違っていることに目をつぶって、最大公約数を見出すことである。そうではなく、違いに敏感で感受性をもち、相違への権利を認め、違いに耐える精神構造が要求される。……これからは、可能なかぎり個性的な違いを認めたうえで、それらを関係づけてまとめる〈社会編集〉が要求される」（一八～一九頁）と極めて重要な指摘をする。

しかし国語科の実践では、発言の論理的な分析によって一つにまとめるための効率的な技法の習得が目指されがちである。そこには「なぜその人は自分とは異なる意見をもつのか」「これまでどういう思いを抱えてきたのか」といった「他者」へのまなざしがない。「今回は合意できない」という選択肢もなく、同調圧力などについても考えにくい。

もちろん実際には期限までに決めなければならないことも多く、そういった技法が欠かせないことは確かである。しかし、合意を目指す実践で「他者」を視野に収めなければ、結局は個人に閉じた論理的な思考・表現レベルでしか、話し合いについて学んでいないことになる。

5 ③「終わらない対話」

社会での議論の多くは論理や根拠の問題だけでなく価値観や信念などの問題が大きく影響している。だからこそ「終わらない対話」が社会で求められているのだろう。

決着をつけられない、つける必要がない対話があることを学習者も知る必要がある。自分とは思いや考えが異なっても「相手の言いたいことは理解できた」「自分とは異なる価値観やものの見方をもつ人がいる」「これだけはなんとか共有できた」「立場は異なるがこれからも話してみたい」という経験を積み重ねなければならない。多様な人びとの話し合いを念頭におけば平田オリザ（二〇一二）の「論理的に喋れない立場の人びとの気持ちをくみ取れる人間になってもらいたい」（一八三頁）という願いは重要になってくる。

　こういった粘り強く聞き合い、他者と対話し続けるための話し合いの指導方法や話題の開発は急務である。

6 おわりに

　多様な人びとの間で三つの対話を自ら生み出せるようにすることが今後の国語教育の大きな課題だといえる。話し合いの過程で対話の種類が替わることもあり、今何が目的でどんな種類の対話なのかを学習者がメタレベルで認識できるようにすることは欠かせない。これからますますＩＣＴで実施・支援されることを考慮すれば「デジタル・シティズンシップ教育」（ＤＣ教育）を含めた実践開発も求められるだろう。ただし「人と人との関わり」が話し合いの根幹にあることを教師も学習者も忘れてはならない。

【文献】

今田高俊（二〇一一）「合意形成の理論　社会理論における合意形成の位置づけ」猪原健弘編『合意形成学』勁草書房

長田友紀（二〇二二）「話すこと・聞くことの学習内容・方法に関する研究の成果と展望」全国大学国語教育学会編『国語科教育学研究の成果と展望Ⅲ』渓水社

平田オリザ（二〇一二）『わかりあえないことから―コミュニケーション能力とは何か―』講談社

松本道弘（一九八二）『「ディベート」入門』中経出版

瀬名秀明（二〇〇九）『インフルエンザ21世紀』文藝春秋

矢守克也・吉川肇子・網代剛編（二〇〇五）『防災ゲームで学ぶリスク・コミュニケーション―クロスロードへの招待―』ナカニシヤ出版

横山雅彦（二〇一六）『「超」入門！論理トレーニング』筑摩書房

東アジア漢文学習交流のゆくえ

数々の国語教育関連学会の長を歴任する国語教育界の中心的指導者。『国語科の成立』はご本人の歴史研究を集大成した名著。アジア圏の国語教育にも精通。

文教大学教授　甲《か》斐《い》雄一郎《ゆういちろう》

1　東アジア共通教材としての論語及び漢詩

　日本では小学校から高等学校にいたるまで、国語科の教材として漢文が位置づけられている。中学校についてみるならばここ数年大きな変化はなく、故事成語、漢詩、そして論語が取り上げられる教材である。古珮玲ら（二〇一〇、二〇一二）による中国、台湾、韓国、香港における国語科に相当する教科書の掲載状況の調査によるならば、これらの国や地域においても論語や漢詩は位置づけられており、指導内容についても共通点を見いだすことができた。この意味で、これらは東アジアの国や地域における共通教材であるといえる。

　こうした結果に基づいて、二〇一二年前後からこれらの国や地域の中学校を対象として、日本の中学生が書いた論語をめぐるエッセイ集を提示しつつ学習交流の可能性について打診を重ねたことがある。結論からいえば、翻訳の壁という問題は措くとしても、国や地域による教育課程の相違はもとより、学校や教師個人の古典観についてもさまざまで、交流の実現はそれほど簡単ではなかった。国や地域を問わず辞退の理由として挙げられたのは、いわゆるＰＩＳＡに対応する学力の育成に力を注いでいるため古典の学習にさく時間はない、論語は聖賢の経典であるから子どもが自らの幼い理解を述べる対象になるはずがない、そして漢文は漢字学習の素材でありその意味内容の学習指導まで至らない、の三点であった。しかし各種の研究会などで知遇を得た中国や台湾の研究者の協力を得て、二〇一四年前後から交流の一歩を踏み出すことができた。もちろん日本も含め、当該の学校の生徒作品によってそれぞれの国や地域を代表させることはできない。そのような制約の範囲内ではあるが、日本と中国や台湾の中学生における漢文学習をとらえる枠組みの一端を理解することができたように思われる。

2 論語の受け止めをめぐって

論語の学習内容で国や地域をこえて認められるものの一つに「内容を現代の生活や社会にあてはめてみること」というものがある。これは子どもが自分を取り巻く生活や社会に論語を重ねながら現在の自分の立場で理解することが求められる問いである。こうした課題に応じて、彼らなりに論語を今日に生きる古典として再生させるとともに、未来につないでいくという生産的な活動になることが期待されているといえる。

そこで甲斐(二〇一九)において、中国、台湾、そして日本の中学生がこの課題に対し、どう対応するか、その一端を明らかにしようとした。そして広く知られている章句から一つを選び、八〇〇字程度のエッセイを書くという課題に取り組んでもらったのである。ここでは「過而不改。是謂過矣。(衛霊公)」に関する、中国と日本の中学生の作品のうち一例ずつ、その一部を紹介する。

中国　間違いに正しく向き合うこと。唐太宗はかつてこう述べた。「銅をもって鏡となせば、もって衣冠を正すべし。古をもって鏡となせば、もって興亡盛衰を知るべし。人をもって鏡となせば、もって得失を明らかにすべし。」彼は自分の間違いを指摘してくれる魏征を重用したことで貞観の治を切り開き、唐の繁栄を作り上げた。

日本　私と妹は家族の中で一番仲が悪い。それはもう、お互いを見るだけで「こっち見んじゃねえ!」とケンカが始まるぐらいである。ちなみに妹は小六、よく口が回る性格がとんでもなく悪い奴である。例えば、妹がふっかけてきたケンカに私が怒鳴り返した事で、私が、「レベル低い」と怒られているのをわざわざ隣に立ってニヤニヤ眺めている。

引用は一部にとどまるものの、全体を概観するならば、それぞれの国や地域における論語理解の枠組みの一端はとらえることができたように思われた。中国の作品は説明型、日本のものは物語型と呼べるものが比較的多いという印象を受けたのである。なお、引用はできなかったが台湾の作品を特徴づけるのは議論型であった。

3 漢詩の受け止めをめぐって

漢詩も国や地域が異なっていても共通して教材とされる作品があり、共通した学習内容がある。その一つが「鑑賞すること」である。そこで、甲斐（二〇二二）においては中国と日本の中学生が同じ漢詩について書いた鑑賞文の比較を通してその一端を明らかにしようとした。具体的には詩人の目から語る第一人称を用いた鑑賞文を、手引きを用いて作成することを求めたのである。それらのうち、次に李白の「黄鶴楼送孟浩然之広陵」についての鑑賞文の一部を挙げる。

中国　いつの間にか、雪が舞い降りてきた。春だというのに、雪とは。困惑していたら、ひとひらの雪が私の頬に降りかかった。よく見たら、柳の綿のようだ。雪を彷彿とさせる柳の綿が、踊っては舞い降りて、激しい川の波に溶け込んで、心のなかにも静かに飛び込んできた。崔顥の句を思い出す。「昔人已に白雲に乗じて去り、此の地空しく余す黄鶴楼。」

日本　去ってゆく貴方の姿を霧が余の泣き顔と共にそっと隠してくれている。彼には余の顔は見られていない。見せるわけにはいかない。希望に満ち溢れている彼の笑顔を曇らせてはならない。彼のことを、この余と貴方で語り合った夢のように大きい大河に入ってまでも追いたいが、追ってはいけない。（中略）この黄鶴楼からそっと見守るしか余には出来ない。

論語をめぐるエッセイと同様、限定的な資料ではあるが、中国の鑑賞文がどちらかといえば引用した古典や情景描写に心情を織り込むことに力点が置かれるのに対し、日本は直接的な詩人の心情描写を用いるという傾向を見てとることができた。そしてそれが両国における鑑賞の立場の現れであると受け止められたのである。

4 交流の所産

現在は関係者の協力を得て、両国の中学生がそれぞれ論語をめぐるエッセイや漢詩の鑑賞文を読みあい、自他の作品の対比を通して自らの方法の自覚と拡張を促す試みを行っている。

エッセイについてはどちらにも両者の差異についての発見があり、自らの国の作品を評価する例も多いが、修正困難な差異ではないようである。それは中国の作品を読んだ日本の中学生が、たやすく説明型のエッセイを作成できるようになったこと、また中国の中学生が日本の作品で取り上げられた実例に新鮮味を覚えたと述べている点からもうかがわれる。鑑賞文についても同様に、両国ともに一人称による鑑賞文を作成する視点として、描かれた詩の内部に集中するか、詩の背景もあわせて想像するか、という選択の範囲に相違があることについての発見が述べられている。こうした発見によって自らの鑑賞方法を相対化するとともに、その範囲の拡張をもたらすことになるだろう。

ある作品をめぐって感じたり考えたりしたことを交流する営みは、国語科においてかねてから重視されている活動である。漢文学習に際しても、国内はもとより海外からの視点を意識することによって、われわれはそのゴールの設定の仕方、また作品の評価の観点を、より自覚的に設定することができるようになるだろう。そしてそのようにして見いだされた課題は、国語学習全般への還元が期待されるのである。

＊本研究の遂行には、とくに鄭一葦、陳鑫、秋田哲郎、細田広人、各氏の協力をいただいている。

【引用文献】

甲斐雄一郎編（二〇一九）『中国大陸、台湾、日本　中学生が読んだ論語』二〇一五～二〇一八、基盤研究（C）報告書、筑波大学
甲斐雄一郎編（二〇二二）『中国、日本　中学生が読んだ漢詩』二〇二〇～二〇二二、挑戦的研究（萌芽）報告書、文教大学
古珮玲、李有珠、勘米良祐太、勝田光、劉晏君、飯田和明（二〇一〇）「漢字文化圏における漢文教材：現行の中学校国語教科書所収の『論語』教材を通して」『人文科教育研究』三七集
古珮玲、李有珠、勘米良祐太、勝田光、劉晏君、飯田和明（二〇一一）「漢字文化圏における漢詩教材：現行の中学校国語教科書所収の漢詩教材を通して」『人文科教育研究』三八集

子どもたちと戯れながら言葉の学びを創造する

中学校国語教育界を牽引する実践家。単元的発想で生徒を言葉の学びに引き込む。その人柄と心にしみる語り口が多くのファンを集める。

軽井沢風越学園教諭　甲斐《かい》利恵子《りえこ》

1 風越学園へ

軽井沢風越学園には入学式も卒業式もない。運動会も文化祭もない。中間テストも期末テストもない。アウトプットデイという何となく意味が分かるような分からないような日が年に五回あるようだ。赴任することになって年間指導計画を見たとき思わず「これは一体…」とつぶやく自分の声に気がついて少し笑ってしまった。

「何と呼ばれたいですか」と聞かれて言葉の意味は分かるが本当の意味が分からない。カイというなまえはもう他の人が使っていますとのこと。えっと、えっと、では「りんちゃん」でお願いしますと言った。高校二年の時に九州から埼玉の高校に転入したとき、旧姓林だった私を級友たちは「りんちゃん」と呼んで歓迎してくれた。九州から埼玉へ移動し、共学だった高校から女子校へ。自転車通学から電車通学。バレーボール一筋で読書などしたことなかった少女は、九州の友達から送られてくる読書紹介の手紙を頼りに本をむさぼり読む少女になった。まあまあの成績を保持していた少女は、校内でも最低の成績を取って「できない人」になった。大転換の荒波の中を「孤独」という言葉に縛られながら、メロスのようにかき分けかき分け進んでいたと思う。

「りんちゃん」って。笑うしかない。この歳になって「ちゃん付け?」と自分に突っ込みを入れる。あははと笑いながら、あのころのがむしゃらな自分みたいに頑張れよと、エールを送ることにした。そして、大人も子どももみんなが口を揃えて「りんちゃん」と呼ぶ日々が始まった。

風越学園は、「まざる」「つくる」を大切にしている。小学生と中学生が一緒に混ざって朝の集いを行う。毎朝の三〇分を自分たちで企画して運営する。概ね遊びである。鬼ごっこが主流だが、かくれんぼ、ボードゲーム、ポートボール、ドッチボール、ハンカチ落とし、などなど。たまに、休み明けなどはおしゃべりタイム。冬休みどうだった？土日何してた？で話をしたりする。「教室」という言葉も「先生」という言葉もない。大人はみんな「スタッフ」と呼ばれ、子どもたちの「伴走者」としていつも子どものそばにいる。

このような状況の中で、四〇年近く「先生」として「教室」にいた自分はこの学校でどんな言葉の学びを創っていくのか。創っていけるのか。自分を形作ってきた枠組みを手放せるのか。手放すまいと頑張るのか。今まで同様、子どもといっしょにいることが幸せだと思えるのか。私にとっての大村はまはどんな人になっていくのか。不安なはずなのに、さあどうする？どうする？と面白がる声が聞こえてくる。

2 大村はま

二十歳のときに『教えるということ』（大村はま　共文社）に出会った。読了後、熱くなった心でこの人を「師匠」にすると決めた。以後、私には教えてくれる「師匠」が常にそばにいた。もちろん、架空の大村だ（実際の大村と言葉を交わした時間はトータルで五分もないと思う）。

「師匠」だからいつでも教えを乞うことができる。師匠の真似をしてもうまくいかないことだらけだった。同じことをしているはずなのに、生徒は一瞬楽しそうだが、その楽しさは持続しない。力もついていない。すると、「修行が足りん」と言われて「はいっ」と頭を下げる（もちろん架空だ）。「子どもを知る努力もせずに、子どもひとりひとりになど、十年早い！」と叱られる。「活動あって力なし！」「子どもにやらせることを自分でやってみないで、何が学習のてびきか！」「まずは、てびかえを作ってみなさい」「こどものほんとうの言葉を引き出すのです」と手厳しい。授業のたびに叱られるのだが、それが有り難い。なんと言っても師匠の前ではいつまでも未熟者であることは当然のこと。安心して失敗できたことで今の自分がある。

3 子どもたちとの対話

授業をする上で大切にしていることがある。それは、子どもとの対話である。大げさな言い方になってしまうかもしれないが、ほんとうの対話がしたくて私は授業をしているのだと思う。何かの意図があって（何か期待した答えがほしくて）子どもたちに話しかけるのではない。ほんとうに聞きたいことを聞く。ほんとうに伝えたいことを伝える。そんな、私たちが日常生活で行っている普通の自然な対話がしたいのだ。

真剣に言葉を交わし、言葉になっていなかった思いがふと口をついて出てきたり、相手の真剣な思いを受け取って、そうかそうだったのかとうなずいたり、話していたらますますわかんなくなっちゃったねぇと笑い合ったり。私たちの毎日は他者がいることで拓かれることが多い。自分一人では到底たどり着けないところに着いたりすることも出来る。幼い人たちだけど、真剣に言葉を交わして拓かれることが度々ある。この子にこんな思いがあったなんてと驚かされたり、「あのねりんちゃん、そうじゃないんだよ」と諌められて、いやはやその通り！と納得したり。そんな子どもたちとの対話は本当に楽しい。

そのような楽しい時間を創るための授業準備にも力が入る。もちろん忙しくて地に足の着かない毎日だけど、やはり楽しいことに時間をかけるのはそう苦にならない。授業で子どもたちの口が自然と開くような学習材や話題を求めて本屋に出かけたり、映画を見に行ったり、人に会いに出かけたりする。こうしなければ、こうでなければと、自分を縛ってしまうと、子どもたちの口は開きにくいような気がする。まずは自分が楽しいと思わなきゃね。なんて、呑気なことを思っていると、やはり師匠の声がして叱られそうになるけれど。

4 言葉の学びを創る

風越学園に来て三年が過ぎようとしている。この間大きな単元として取り組んだのは、一年目が「あれから一〇年～東日本大震災～」、二年目が「オキナワ～声なき声を聴く～」、そして三年目の今は「ミナマタ」である。それぞれの単元を行う前にそれぞれの土地に足を運び、自分の足でその場所に立ってみた。想像もつかない大きなできごとを分かったように語ることはできない。けれど、残り少なくなった「教室」にいられる時間の中でやれることは何だろう、やりたいことは何だろうと自分の心に聞いてみた。そして、聞こえてきたのが、これらの土地で起こった出来事、そこで生きていた人々、これから生きていく人々のことだった。

大村は、話し合う力を育てることを大事にした人だった。戦争の時代を生き抜き、子どもたちには本気で話し合う言葉を、力を、つけたかった。悲願だった。そんな大村が講演会で次のようなことを熱く語ったことが忘れられない。

「一介の国語教師にできることなんかほんの小さなことです。迂遠なことです。でも、自分にやれることをしっかりやりたいと思います」と。

その言葉はずっと自分の心の中に残り続けていた。大村ほどの力を持った教師ならともかく、自分のような者ができることなど小さすぎて、しかも国語科に直接関係のないような事柄を取り上げて何かできるのかと何度も自問した。そしてたどり着いたのが、「国語科にしかできない単元を」ということだった。その場所で起きた事実を全部知ることができるとも思われない。しかし、だからといって臆することはないのではないか。私たちが持っている想像力を頼りに、そこで起きた出来事も、そこで生きた人々のことも、本気で向き合い、寄り添い、考え、言葉にすることはできるのではないか、そう思った。

子どもたちは心が動けばすぐに行動に移せる人たちでもある。それは、公立の子も、風越の子も同じである。

心が動いたとき、思わず口を開きたくなってそれを受け止めてくれる人がいると、言葉はどんどん生まれてくる。安心して話せる場所があれば言葉を探すことも楽しくなる。こんなふうに、大人も子どもも言葉を通して繋がっていけたら嬉しい。

楽しいことが学びを開いていく。ほんとにそうだと思う。楽しくないなぁと思ったら、何がいけなかったか考える。するとたいてい、自分のせいだと気づく。楽しくなるために渾身の力で授業の準備をする。

「そうですよね、師匠」と話しかけたら師匠は「う〜む」と首を傾げた。

明日を担う国語科教師をどう育てるか
―言葉の時間を一緒にすごす―

日本読書学会会長。岩手大学を経て現職。ドイツ語圏の国語教育に精通し、文学教育における「読者論」を日本の国語教育界に普及させた立役者の一人。

鹿児島大学教授　上谷《かみたに》順三郎《じゅんざぶろう》

1 言葉との時間を大切なものにする

ＩＣＴや生成ＡＩは授業でみんなが使います。教師がその使用方法やモラルについてあれこれ考えながら試行錯誤している間、子どもたちは実際にそれらを使ってどんどんその操作能力を身に付け、大人が追いつけないようなスピードで次の生活世界に移っているかもしれません。そしてまたその一方でネット世界での困りごとを抱える量も増え続けているはずです。

子どもたちはおそらく、ＩＣＴや生成ＡＩによる多種多様な選択肢のもと、教師の把握できないくらいのパターンで学びを進めているに違いありません。そのため教師は、子どもたちのそうした課題解決の様々なパターンやそのプロセスの全てに対応することは難しく、提出された子どもたちの解決案を確認し、次に進めるためにいったん整理するので精一杯だろうと思います。

こうして表面上は、様々な課題が効率的に短時間で解決されていき、ＩＣＴや生成ＡＩの使用の効果として評価されていくことでしょう。もちろん、各学習者の進捗状況やその成果などは共有され、学習履歴とともにストックされ、各自が活用できる状態で保存可能となり、事前事後の振り返りや長期的な学習計画が可能ともなっていくはずです。

こういったことはどの教科の学習指導においても起こっているわけですが、国語科の場合にここで考えておくべきなのは、その時々の子どもたちの言葉が大切に扱われているかということです。授業では、短時間で多種多様な資料やテキスト内の言葉に接し、様々な思考や活動を言葉を使ってこなし、即座にその状況や成果を言葉で表現していくことが求められるわけですが、しかしながら、それらの言葉の選択や吟味に時間をかけたり、自身の使用した言葉への周りの反応を十分に確認したりすることはかなり難しいのが現状だからです。

そもそも言葉を学ぶべき場としての「国語」の授業ですが、そこで用いられる様々な言葉について立ち止まって考えるような余裕はなくなりつつあります。限られた授業時間の中で、言葉と向き合う時間、言葉を感じ味わう時間、言葉を楽しむ時間、言葉と遊ぶ時間を作り出し、他教科とは異なる特別な時間の流れる「国語」の授業を目指してほしいと思います。子どもたちと教師が自分たちの言葉に時間をかけて向き合っていけるような「国語」の授業であってほしいのです。

2 読む力・聞く力を養成する

生成ＡＩによって、ある人の声や話し方を生成できるようになっています。社会問題としては「なりすまし」やフェイクが心配されています。

一般に、誰が話しているかがわかっていれば、あとはその意図を確認して対応するだけです。だまされることもあるでしょうが、それはその人と自分との関係によるものなので、ある意味仕方のないこととして済ますしかありません。

しかし、電話の声を聞いて自分の知っているその人だと確信が持てない場合が生成ＡＩによって起こることもあるはずですが、それもある意味、もう仕方のないことだとあきらめるしかないのかもしれません。つまり、だます側よりだまされる側が悪い、という状況になるわけです。何とかしてだまされないようにするには、たとえば、その人（生成ＡＩによって作り出されているその人）が、自分に対して、今、電話で、なぜそのようなことを話してくるのか、を総合的に判断して、相手が生成ＡＩかどうかにかかわらず、自分の責任で対応を決めるしかないと思われます。

音声だけでなく、文章においても同じです。こうして、生成ＡＩによって、本当にその人が話したり書いたりしているかわからない事態が起こる可能性が高いのが現代です。子どもたちには、その話や文章をどう分析し総合的に判断していくのか、そのための読む力と聞く力を育成していく必要があります。

情報モラルに対する感覚やICT技術において生じる個人差を超えて、国語科で行っていくべきなのは、言葉と向き合う時間の過ごし方、その時々の言葉との付き合い方を、子どもと教師が一緒に試行錯誤していく、まさにその時間を確保することだと考えるゆえんです。

3 見えにくいプロセスに目を向ける

PISA2022において、日本は読解力が三位に上がりました。この結果をどう考えたらよいでしょうか。いわゆるコロナ禍での学習環境・学習時間等の国ごとの違いによるものとの分析もあります。またもしかすると、デジタル入力の方法に慣れたからという考察もあります。後者の場合、では全国学力テストなどをデジタル入力にしたら成績が上がるのか、またGIGAスクール構想下、タブレット端末利用の学習によって身に付いてきた能力はこれまでのテストでは測れないものなのではないか、など、簡単には判断できないことですが、今後考えていくべきことだと思います。

つまり、先に書きましたが、ICT活用等によって、学習活動のプロセスが多種多様な選択肢のもと、そのパターンを把握しにくくなっていること、しかも短時間で多くのことが行われることで、子どもたちの学習プロセスが見えにくくなっているということができます。また、コンテンツベースで測定してきた見える学力ではなく、コンピテンシーベースの見えにくい学力を対象とすることで、その種の学力を達成すべき時期やその範囲の設定も仮定的なものにならざるをえません。

学習プロセスの分析も学習成果の測定も難しい中で、子どもたちの言葉の力を育成していくには、その見えにくいプロセスに寄り添っていくしかありません。

これまでの国語科学習としては「編集」などがイメージしやすい例となります。書いたものを読み、話し合い、修正し、まとめていく作業には様々なプロセスがあります。それらを対面で行えば、そこではいろいろな言葉が使われ、豊かで深い言葉の力が育まれていたことでしょう。この作業がデジタル化されると、文字と映像による視覚情報のやり取りだけとなります。五感の中の限られた感覚だけが使われ、音声入力や音読機能による聴覚感覚は生かされることになるでしょうが、紙の匂いや感触等はそこにはありません。

もちろん、それら全てが必要だというわけではありませんが、言葉を用いる時には、見えにくいものがたくさんあり、そういうプロセスを授業では見いだし、取り立て、吟味し、試していくことが重要になるということを強調しておきたいと思います。デジタル時代にあって、こうしたアナログ的な発想を忘れずに言葉の学習指導を続けていってほしいと思います。

4 どういう言語教育環境の中にいるのかを確かめる

ＩＣＴやＡＩによって、社会はめまぐるしく変化しています。その中で子どもたちの言葉の力をどのように育成していくべきか。このことを個々の教師がその時々に考えていくことも必要だと思います。

例えば私は、今世紀の言語教育環境の変遷を下のような図にして考えています。言語教育のどういった面に注目が集まってきたのか、どういった方向で言語教育は行われようとしているのか、などを、幼稚園・小学校・中学校・高校・大学等のそれぞれの教育現場の現状と照らし合わせて考えてみることを勧めます。

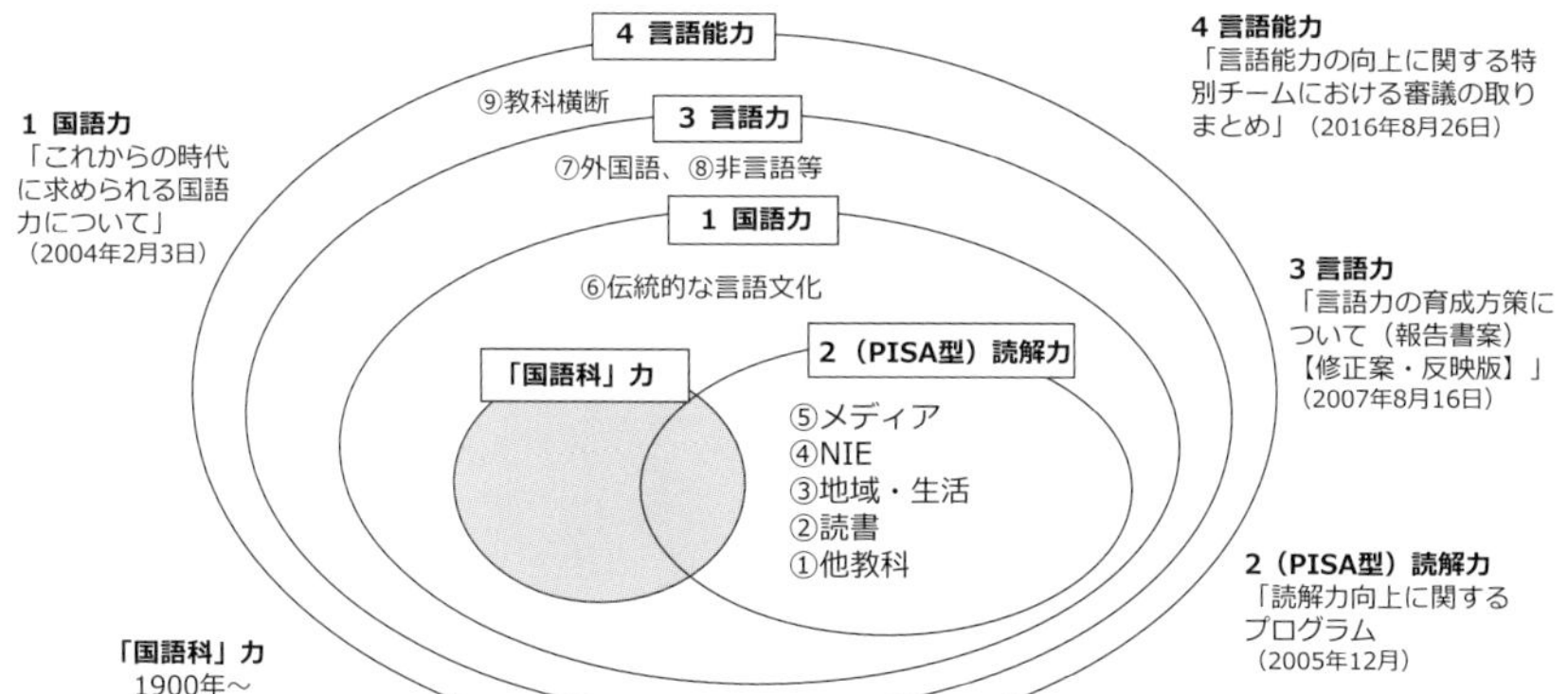

図　言語教育環境の変遷と「国語科」の位置

＊21世紀以降、言語教育関係で求められてきた４つの力とその時期に注目されてきた９つの要素

教材に向き合うために必要な教師の感度

教材に閉じられた学びからの脱却を主張し、「ユニット・スイッチ」の視点からの教材研究を提唱。「創造国語の会」主催。光村図書編集委員。『小学校国語教材研究ハンドブック』東洋館出版社など著書多数

山梨大学大学院教授　茅野《かやの》政徳《まさのり》

教材に向き合うために必要な教師の感度とは、教材そのものに対する感度もあれば、言葉一つ一つに対する感度もある。本稿では、感度を文種や領域に分け、論を展開する。

1 教科書教材に向き合うための感度

1 文学的文章（特に物語文教材）への感度

まず、作品の成立・出典への感度を高めているだろうか。例えば、「大造じいさんとがん」。この作品は、『少年倶楽部』（一九四一）と『動物ども』（一九四三）で、前書きの有無、敬体・常体が異なり、依拠する出典等によって教科書会社ごとに題名、構成、文体が異なる。これらは、読者の内容理解や解釈に大きな影響を及ぼす。また、成立年代への感度も高める必要がある。作品成立当時と今とでは、社会情勢や常識が異なるからだ。内容理解や解釈に「今」を投影する子供に対し、成立・出典への感度を高め、必要に応じて適切な手立てを講じたい。

次に、言葉一つ一つへの感度について述べよう。先の教材の最終場面。光村図書の教科書では、「そうして、残雪が北へ北へと飛び去っていくのを、晴れ晴れとした顔つきで見守っていました。／いつまでも、いつまでも、見守っていました。」（／は改行）となっている。残雪は「北へ北へ」と「飛び去る」のである。その姿を大造じいさんは、ただ「見ている」のではない。「いつまでも、いつまでも」と長い時間をかけて「見守っている」のだ。その些細な表現に残雪の威厳と、それを尊重する大造じいさんの度量が見て取れる。このような文学的表現への感度をぜひ高めたい。

最後に、挿絵への感度にもふれておく。拙著『教材研究ハンドブック』（二〇二三）において、本文と挿絵の関係

を「一体型」「合作型」「独立型」と区分した。「スイミー」や「お手紙」は、同一人物が文章も挿絵も手掛けている「一体型」に属し、「モチモチの木」は作者と挿絵画家がタッグを組む「合作型」の代表といえる。「一体型」「合作型」の場合、挿絵にも多くの情報が組み込まれ、読者の理解・解釈・想像に影響を与える。教科書は全ての挿絵を掲載することが紙幅の都合上できない場合がある。必ず、原典を確認する必要があろう。一方、教科書教材の多くが、その教科書オリジナルなものとして描かれた「独立型」である。この型の場合、同一のテクストに対し、様々な挿絵が描かれる。「ごんぎつね」はその典型であり、教科書によって挿絵が異なっている。言い換えれば、違ったごんが生み出され続けている。出合った挿絵に読者の理解・解釈は規定される。挿絵に対する感度も高めておくべきである。

2　説明的文章（特に論説文教材）への感度

説明的文章の筆者の多くは、その道のプロ、専門家、研究者である。自分の仕事や研究など情熱を傾けている事象について語るのであるから、思いがこもらないはずがない。そのため、特に論説文は、筆者による「説得行為」といわれる。読者が、事象の魅力や価値、重要性を感じたとすれば、筆者の「説得行為」が成功し、読者の「納得行為」が成立したことになる。説明的文章の筆者の名を言えない教師が少なくない。まずは、教師が筆者への感度を高めよう。

もう一つ、文末に対する感度を取り上げておこう。文末には、筆者の強気な心、弱気な心が表れる。「のである」「考える」「ちがいない」「思われる」「だろう」「かもしれない」徐々に強度が落ちていくのが分かる。文末に対する感度を高めることは、筆者の心に寄り添うことにつながる。

3　話すこと・聞くこと、書くこと教材への感度

教科書教材には、限界がある。教科書という媒体は、様々な地域の学校の子供が手に取る。全ての子供が話したい、聞きたい、書きたいと欲する題材を設定することは困難である。話す相手、書く相手も子供の家庭状況等を考慮し、限定することはできない。だからこそ、教材と目の前の子供の現実との距離に対する感度を高めなければならない。

校内研究に携わった公立小学校で、教科書の題材を地域の公園に置き換えた実践を参観した。子供が利用状況を調査し、動植物が好きな人、親子連れなど、具体的な読み手を想定した壁新聞を作成し、近隣の駅に掲示する取り組みであった。「立ち止まって読んでくれている人がいた！」など喜びを分かち合ったという。教師が、教材と子供の現実との距離への感度を高めた結果生まれた好事例といえる。

4　つながりへの感度

ここまで文種や領域に分け、必要な感度を述べてきたが、本項のまとめとして、最も高めたいのが「つながり」への感度である。「お手紙」の学習が「モチモチの木」につながり、その学習が「ごんぎつね」につながるという感度を有しているだろうか。過去と現在、現在と未来の学びの「つながり」である。その感度は必ずや子供にも伝播し、自己の学習活動を振り返って次につなげる「主体的な学び」を生み出す。系統性が見えにくい国語科だからこそ、「つながり」への感度を高めたい。「『前に』が言える子供、『次に』が言える教師」は素敵だ。過去の学びを生かす子供、子供を未来への学びへといざなう教師を今後も育成したい。

2 新たな教材を生み出す感度

藤森裕治（二〇〇四）は、「第四の言語活動」として「みること」を挙げている。同様に、浜本純逸（二〇一八）は、言語活動力として「見る・話す聞く・書く・読む力」を提唱している。先行研究をふまえ、国語科単元学習に「みること」を位置づけるべく、茅野・白川（二〇二三）では、「同一作品の小説と映画を用いた小学校国語科の単元開発」と題し、ジブリ作品（となりのトトロ）や新海誠作品（君の名は。）等を題材とした実践の成果を公表した。また、麻生・茅野（二〇二二）では、「謎解き物語文」の教材としての価値を実証すべく実践を重ね、学会にて発表した。

子供の言語生活において、読むこと、書くことの割合は年々低下し、みること、打つことに置き換わっている。ＩＣＴの導入により対面で話したり聞いたりする場面も減少傾向にある。勤務大学の附属小学校堀之内教諭は今年度、ChatGPTを用いた実践を公開した。谷川俊太郎訳とGoogle翻訳の「スイミー」を比較し、表現の効果を考察する学習にも出合った（東京学芸大学附属竹早小学校曽根教諭）。情報機器やマスメディアの変化により、言葉の世界は、刻一刻と変化する。次々と新語が生まれ、使われなくなった言葉は消えていく。今の時代に即した新たな言語教材を創造する感度を高めなければ、教室での言葉の学びが、時代に取り残され、子供の日常の言語使用と乖離する恐れがある。

3 日常に潜んだ言葉に対する感度

「『この味がいいね』と君が言ったから　七月六日はサラダ記念日」という有名な短歌。この短歌について俵万智は、ブログで「サラダが美味しいのは、野菜に元気が出る初夏。六月か七月か。サラダのＳ音との響きあいを考えて、月は

『七月』に決定。」と綴っている。私たちは、無意識のうちに母音、子音の響きに特定のイメージを重ねている。

ある教科書教材に、強い怪獣と弱い怪獣の名前を付けるという活動がある。大学生が考えた名前の一部を紹介する。

〈強い怪獣〉バンギラス　ガオッキー　ゴロギン　ザゲラ

〈弱い怪獣〉ぽわん　ポコ　ニャホニャホ　ふにゃにゃん

私たちが強さや弱さを感じる音の響きが見えてくる。

次は、子供が発した疑問が契機となり、「『若者言葉』は言葉の乱れ?!」（二〇一七）という単元が創出された事例である。子供が発した疑問とは、「鳩にえさをあげる」「鳩にえさをやる」、どちらが正しいのか、というものであった。通学途中の駅によって看板の表記が異なるというのだ。NHK放送文化研究所の調査（二〇一九）では、「ペットにえさをあげる」を「おかしくない・使う」とした割合は七四%であり、若い年代ほど割合が高くなると報告されている。植物（植木）に対しても「水やり」だけでなく、「水あげ」を許容する割合が年々増加していることが、文化庁「国語に関する世論調査」で明らかになっている。平成七年度調査では、「水をあげる」の使用率は二〇・二%だったが、回を重ねるごとに着実に増加し、令和二年度調査では、三五・一%に達した。動植物を命あるものとして、人間と同等に扱う意識が言葉に表れているといえよう。言葉は社会の様相や、我々の意識を映し出す。商品名、看板、チラシ、広告、CM、JPOP等すべてが教材となる可能性を秘めている。日常に潜んだ些細な言葉に立ち止まり、考察する感度を高めよう。

4 おわりに

本稿では、「教材」という言葉を用いてきたが、その言葉への感度を高めてみると、「教える材」という発想でよいのか疑問がわく。子供が「学習したい材」＝学習材という意識をもちたい。教材や言葉に対する教師の感度は、子供の感度に直結する。確かで豊かな言葉を子供たちに届けるため、私たちにできること、すべきことが数多くある。

【参考文献／実践発表】

浜本純逸（二〇一八）「国語教育・国語科教育」田近洵一・井上尚美・中村和弘編『国語教育指導用語辞典』第五版、教育出版、269

藤森裕治（二〇〇四）「第四の言語活動『みること』―批判力を育てるメディア・リテラシーの行方―」『月間国語教育研究』383、2-3

茅野政徳・白川治（二〇二二）「同一作品の小説と映画を用いた小学校国語科の単元開発」教材学会『教材学研究』34、53-60

麻生達也　茅野政徳（二〇二二）「小学校国語科学習における「謎解き物語文」の教材化の可能性―自らの作品をくり返し推敲する中で、言葉への着眼力を高める―」第142回全国大学国語教育学会東京大会

「主体的な学び」に番組は何ができるか？

NHKエデュケーショナル教育グループ
シニア・プロデューサー　草谷緑《くさがやみどり》

NHK教育番組プロデューサー。Eテレ『おはなしのくにクラシック』『現代の国語』などを手がける。番組制作者の立場から言葉の学びに熱い視線を送る。

1 「主体的になりなさい」というジレンマ

私は「学校教育番組」の制作という立場から、折に触れて国語教育に関わってきました。「学校教育番組」とは、授業で視聴したり、子どもたちが自学自習のために見たりすることを目的に、専門家や教員の助言を得ながら制作しているものです。制作者としては楽しくて面白いものを目指すのは当然のことですが、学習指導要領や教育現場の最新の状況を踏まえて「どんな映像教材が必要とされているか」「番組によってどんな学びが可能になるか」という視点は欠かせません。その意味でここ二〇年の「言語活動」「アクティブ・ラーニング」「探究」と、「主体的な学び」を重視する流れは、必然的に「番組に何ができるか」という問いを突き付けてくるものでした。なぜなら、番組は本来一方通行なメディアだからです。「主体性」まで担えるのだろうかと疑問に思ったこともありました。

いや、そもそも…「主体性」って、教えられるものなのでしょうか?この言葉の意味が「他者ではなく自分の意思で行動する」ことだとしたら、「主体的になりなさい」と他者から言われて「ハイ」と従うのは矛盾しています。それが成り立つのなら、番組の役割は簡単です。番組のMCが「主体的になろう！」と呼びかければいいのです。

ところが私の周りの高校生と話をしていると、彼ら／彼女らが常日頃から「主体的になれ」というメッセージをそこそこダイレクトに浴び続けていることがうかがわれます。たとえば高校講座に生徒役として出演しているタレントや劇団員のほとんどは現役の高校生ですが、番組の打ち合わせや番組内の発言で「主体的」「自分ごと」という言葉をいともナチュラルに多用します。考えてみれば当然です。今どきの学校では「主体的であることが評価される」ことが明文化されたルールとして浸透しているのですから。

2 主体性を育む番組とは？

さて、そんな時代に番組はどのように「主体性」を扱ったらいいのか？ 試行錯誤はいまだに続いています。

二〇〇六～二〇〇七年度に制作した『10min.ボックス現代文、古文／漢文』（中学・高校）や、二〇一二年度に制作した『おはなしのくにクラシック』（小学三～六年）では、朗読やイメージ映像、CGアニメなどで作品世界を凝縮しました。特に古典作品は馴染みの薄い時代のイメージをつかむという、映像ならではの得意分野を生かしました。言語活動は教室に委ねた形です。これらの番組は二〇二四年現在も配信されており、動機付けや振り返り、あるいは中盤の揺さぶりなど、創意あふれる活動を交えて活用していただいています。

ところが、二〇二二年度に制作した『NHK高校講座現代の国語』では、同じ方法をとることができませんでした。「現代の国語」という新科目が、ずばり「話す・聞く・書く」に焦点を当てたものだからです。しかも高校講座は、通信制高校の自学自習による視聴が前提なので、「活動は教室で」とはいきません。ここでいよいよ「主体性を番組が育むことができるか」という問いに正面から向き合うことになったのでした。

高校講座は、教科や科目によってさまざまな演出方法をとっています。研究室やカフェなどの設定にしてドラマ形式で進行するものもあれば、スタジオで模擬授業のようなことを行うスタイルもあります。「現代の国語」では後者を選択しました。四名の生徒役をオーディションで選び、インタビューやプレゼン、ディベートなど、さまざまな活動に挑戦してもらいました。番組の役割は、視聴する高校生に「活動の手順を提示し、モデルを見せる」ことになります。

しかし、これだけでは「主体的になれと指示する」という矛盾した番組にもなり得ます。視聴者にはそういう制作者の安直さは一発でバレます。そうなってはならない！と肝に銘じながら二〇本を制作しました。

まず、最低ラインとして「なんだかんだ答えは大人が握っている」と言わんばかりの構成はしないよう心掛けました。たとえば、さんざん意見を聞いたうえで講師が結論を上書きしたり、説教臭いナレーションで締めくくったりはしない。その代わり「私たちも答えは分からない、あなたも一緒に考えませんか」という文体を基本としました。

さらに、遠回りではありますが「高校生自身の意思を尊重する」ことを大切にしました。たとえば職業人にインタビューする回では、事前のヒアリングで生徒役の一人が「ジェンダーレスモデルとして活躍している人に話を聞きたい」と希望しました。制作者にとって、これは悩ましい事態でした。番組としては大多数の視聴者にとって身近な職業の方が望ましいからです。現実離れしちゃうかな…と逡巡しつつ「いや、聞いた以上は無視できない」と考え直し、番組の趣旨を多少逸脱しても良しと腹をくくりました。その結果、その生徒役は準備段階から「主体的とはこのこと」と看板を掲げたくなるほど真剣に取り組み、インタビュー本番では緊張でカミカミになりながらも、相手から珠玉の言葉を次々に引き出しました。そこから見えてきた職業観は、どんな仕事にも通じる普遍的なもので、すべての視聴者に役立つに違いないと思えるものになりました。

3 完成度よりも大事なもの

番組に限らず、あらゆる場面でこういうことはあります。「自由研究で何をするか」しかり、「お年玉で何を買うか」しかり。大人の目には、子どもが自ら選ぶものは、ときに価値がないように見えたり、はじめから無駄になることが明らかだったりします。でも、その選択を尊重することが「主体性を育む」第一歩なのではないかと思います。番組制作者としての私はしばしば「完成度を高めたい」という誘惑にとらわれます。でも、大人の知恵で完成度が上がったものを視聴者が見て、いったい何を学ぶのでしょうか？

いや、これを「主体性」という文脈で語るのも、ことを矮小化しているかもしれません。子どもを独立した人間として尊重するという、難しいけれど当たり前のことです。

民主的なコミュニケーションとはそういうもの。そして「現代の国語」が求めているのも、そのような力なのではないかと思います。

4 大人も「主体的」になってみる!

番組で伝えたいことは、番組の制作プロセスでも実現できている必要があります。「主体性」も例外ではありません。そしてそれは出演する生徒役だけでなく、もちろん制作スタッフ自身にも当てはまります。

たとえば『NHK高校講座 現代の国語』では、スタジオで生徒役がプレゼンやロールプレイなどの活動に取り組むとき、台本を書く段階で制作スタッフによる「大人リハーサル」をしました。すると、その活動がどのぐらい機能するか、そして映像として成立するかがよく分かります。ときには「信頼って何?」「ウソがばれた経験は?」など、普段はしないような話をして、お互いの新たな一面を知ることもあります。そして何より重要なのが、その番組のテーマについて自分がどの程度理解し行動できているのかを一人ひとりが内省することです。あるスタッフは「この番組を担当したことで、自分自身が言葉やコミュニケーションについて学んだ」と話していました。こうして制作スタッフ全員がその番組のゴールを共有します。

スタジオでは、生徒役にはネタバレを防ぐために黒塗りだらけの台本を渡します。どう転ぶか分からないためスリリングですが、ゴールが共有できていれば、台本通りに進まなくても「何とかなる範囲」なのか「介入を必要とする」のか判断できます。その柔軟さが、結果的に生徒役の自由度を広げることにつながります。「こんな風に話してもOK」「下手だったけど伝わった」そんな経験を生徒役が積み重ね、それを見た視聴者も疑似体験する…そのようにして、遠回りではありますが、「主体的であること」の価値を届けられたらと願っています。

そんなある日のこと。通信制の生徒が書いた『NHK高校講座 現代の国語』の感想を読む機会がありました。その中に「番組の高校生が成長しているのが良い」という一文がありました。高校生が高校生の成長を見守っているのか…と、クスッと笑いながら、制作現場の試行錯誤がそれなりに伝わっていることを実感したできごとでした。

言語生活の変容と探究的言語活動

筑波大学名誉教授。全国大学国語教育学会会長、日本国語教育学会会長を歴任。言語生活主義・言語活動主義に根ざした国語単元学習を推進。

日本国語教育学会会長　桑原《くわばら》　隆《たかし》

1 言語生活の表層と深層

私たちは一日何回、パソコンやスマホ（スマートフォン）をクリックしているだろうか。電車内で座っている人たちもほとんどスマホを眺め操作している。今や、私たちの言語生活はクリック生活である。クリック操作を表層的な言語生活と位置付けた時、言語生活の深層にどのような影響を及ぼしているのであろうか。デジタル化・ＡＩ化社会が今後どのように進展するのか予測はかなり困難であるが、現今のデジタル化・ＡＩ化社会が、どのような問題や課題に直面しているかについて、識者たちの見解を拾い出してみた。①は哲学、②は工学と法学の視点からの見解である。③④は情報学、⑤は医学を専門とする立場からの見解である。*

①ＡＩが人間の知能を超える可能性には否定的な見方を示した。むしろ、本当に懸念すべきなのは「テクノロジーが人間らしくなることではなく、テクノロジーを使うことで人間が人間らしさを失うことだ」と指摘した。……「それよりも恐ろしいことは、チャットＧＰＴを使ったり、インターネットに接続したりする時間が増えることだと語り、……ＡＩは人間を模倣しているが、そのＡＩから逆に影響を受けることで、「私たち自身の思考が『モデルのモデル』になろうとしている」のだという。……デジタルテクノロジーと人間性を共存させるための、新たな倫理が求められている」と指摘。

②二重過程理論では、人間の認知システムは二つのシステムからなるとされています。一つ目は「システム１」と

呼ばれる反射的に働くシステムです。……もう一方は「システム2」と呼ばれる、じっくり考えて反応するシステムです。……「人間の尊厳」を基礎に置く自己決定権との関係で重要なのは、やはりシステム2の思考モードで……反省的・熟慮的で、それに基づく決定は、自らの「善き生（good life）」に関する自律的・主体的な決定として、より尊重される必要があるように思います。……人間が人間たるゆえんは、【説得→熟慮→決定】という、システム2にもとづくコミュニケーション形式にあるように思います。

③コンピューティング・パラダイムの根底には、意味の問題があるとブリアは見る。それは形式、論理、計算等を中心とする情報の機械的扱いに偏っていて、直感や感情、意図といった「意味」が重要となるような情報の生命的側面を扱いきれていないという。人間の自律的な意味生成や、社会的文脈に応じた意味解釈についても同様である。

④生成ＡＩ技術は、端的には「言語（や映像）の機械的標準化」をもたらす。その結果、生きた共感コミュニケーションがみるみる衰えてしまう。チャットＧＰＴは……出力されるのは「よくある平凡な文章」ばかりで、それは当然、発言の意味内容の奥にある意図や感情とはまったく無関係である。以心伝心といった日本の伝統的なコミュニケーションは、もともと明示的な言語表現の奥に隠された「真意」の察知にもとづくものだから、言語の機械的標準化はそういう文化を徹底的に破壊しつくすだろう。文章作成の手間がはぶけるといった「効率向上」の代償は、合理的思考や大局的判断の低下だけではないのだ。

⑤ＰＣやスマホの長時間にわたる操作が脳に悪影響を与えることは、これまで数多く報告されている。……スマホの長時間あるいは高頻度の使用が、オンライン方式の多用と同じ理由で、うつ病の危険因子であることもわかってきた。その他、孤独感の増大、自己肯定感や幸福感の減少、学力の低下なども指摘されているが、これらも現実世界の刺激や適度の身体運動の減少に起因している可能性が高い。

デジタル化・ＡＩ化の科学技術の進展は、私たちの言語生活に正負の正の影響も与えていることは言うまでもないが、①～⑤の引用にみるように負の課題も大きい。その負の課題を一口で言えば、①で指摘されているように、生物としての「人間が人間らしさを失」いかねない危惧である。具体的な危惧や課題は、三つに要約できるであろう。

一つ目は、「モデルのモデル」化（①）や「システム1」（②）のように、主体的に考える力の衰微、あるいはパターン化である。二つ目は、「【説得→熟慮→決定】という、システム2にもとづくコミュニケーション」（②）、「生きた共感コミュニケーション」（④）の希薄化、衰微化である。三つ目は、「現実世界の刺激や適度の身体運動の減少」（⑤）による病等の誘発、及び誹謗・中傷・詐欺などに対する言語生活上の「新たな倫理が求められている」（①）ことである。

2 探究的言語活動と自動詞としての「問い」
——試作単元：絶滅危惧種について考える——蓑虫

デジタル化・AI化によって、国語教育の課題や任務が軽減されるというよりは、これまで以上に、言葉の力そのものを育成していく重要性が増してきたと言ってよいであろう。学習指導要領に述べられている「主体的・対話的で深い学び」こそが、「人間らしさ」を尊重した国語教育の実践的指針となるであろう。その実践的方法は、「言語活動を通して、国語で正確に理解し適切に表現する資質・能力を育成する」方法であり、さらに「深い学び」を実現していくためには、その言語活動も探究的言語活動として、いかにして組織化し、単元化していくかということが大きな課題となってくる。「人間の自律的な意味生成や、社会的文脈に応じた意味解釈」（③）こそ、人間としての言葉の力であり、そのためには探究的言語活動の組織化と過程が重要になってくる。

探究的言語活動の展開の原点は「問い」である。これこそＡＩにはできない人間固有の働きである。問いを立てる、問いを作る、は他動詞であるが、他動詞としての問い以前に重要なのは、自動詞としての問いである。問いが芽生える、問いが生まれる、問いが広がる、問いが深まる、といった自動詞としての問いが、探究的言語活動のエネルギー源である。

身近な一例を紹介しておきたい。

コロナ禍にあって、その副産物は散歩する機会が増えたことである。晩秋のある日、散歩している時、蓑虫を見掛けなくなったことに気付き、蓑虫は絶滅してしまったのだろうか、あるいは絶滅危惧種になっているのだろうかという素朴な問いが生まれてきた。

この問いが、蓑虫の棲息についての情報収集や、蓑虫に関する言語文化情報の検索収集を駆り立てることになった。棲息については、茨城県の某中学校の先生から、校内の梅の木に蓑虫を見付けたという情報を得、中学校まで出向き写真に撮ってきた。インターネットのウィキペディアでの検索からは、『枕草子』に蓑虫が登場している情報を得た。「虫は」という一節の中に蓑虫が取り上げられ、「鬼の生みたりければ」とも描写されていて、なぜ鬼に喩えられたのだろうかという問いも喚起された。

随筆家として定評のある寺田寅彦が蓑虫について何か語っていないだろうかと思い付き、手元にあった岩波書店の『寺田寅彦全集』を調べてみたところ、「簑虫と蜘蛛」という作品があることを発見した。見付けた時の感動は忘れ難い。次いで思い付いたのは『ファーブル昆虫記』で、その中でも蓑虫が取り上げられ詳しく説明されていた。『枕草子』の古典、寺田寅彦の随筆、『ファーブル昆虫記』の説明文、これらの異ジャンルの作品をセットにした探究的言語活動の単元作りの可能性が開かれてきた。

寺田寅彦の随筆では、蓑虫を蜘蛛が殺して食べてしまったのではないかという私見が語られており、果たしてそれは事実なのかという問いが生まれてきた。確かめるために、多摩動物公園のS氏に手紙を書き、メイルで丁寧なご返事も頂いた。自動詞としての問いの探究的言語活動である。

【参考文献】

①ドイツの哲学者マルクス・ガブリエルへのインタビュー記事。毎日新聞　二〇二三・七・一七
②鳥海不二夫・山本龍彦『デジタル空間とどう向き合うか』日本経済新聞出版　二〇二二・七・八　六〇頁　一七〇～一七四頁
③西田洋平『人間非機械論』講談社　二〇二三・六・八　一三八頁
④西垣通『デジタル社会の罠』毎日新聞出版　二〇二三・一〇・三一　二六四～二六五頁
⑤櫻井芳雄『まちがえる脳』岩波新書　二〇二三・四・二〇　一六一頁

「教科」が問い直される時代に

早稲田大学教授　幸田国広《こうだくにひろ》

高校国語科教諭、東洋大学准教授を経て現職。日本国語教育学会研究部副部長。高等学校を中心とした国語科歴史研究の専門家。高等学校学習指導要領の作成にも参画。

1 「教科」の時代

　令和を迎えた日本の学校教育の現在地は、戦後最大の転換点にあると言われており、「ＶＵＣＡ」の時代を見据えた教育の本丸として「探究」が熱い視線を集めている。各教科の学びを総合する場として登場した「総合的な学習の時間」から二〇年余、食指の伸びなかった高等学校でも「探究の時間」へと衣替えする前後から各校の特色づくりや入試改革を意識した進路指導と絡めて、学校づくりの軸にするところが増えてきた。もちろん、学校により温度差は依然として激しいものの、もはや無視できないものとなっている。また、令和の教育課程では各教科においても探究的な学びを追究する。こうした現在地の様相は、教育課程の編成原理が本来的に学問や知識の分類・系統だけでは不十分であることを示唆しているとも言えよう。

　そもそも「教科」は普遍的なものではない。人為的、仮説的な枠組みであり、法令によって規定された概念である。

　近代学校は時代の要請に応じて作られ、そもそも制度設計そのものは明治政府による国家づくりのビジョンと不可分であった。一方で、上からの性急な改革に対する反発とその結果生じた修正や妥協の産物とも言える。国語科は、初等・中等教育の制度設計、とりわけ教育課程の検討の総体の中で、また、地域差や階層差等の壁を取り払い全国普く通じる国家語＝「国語」づくりの動態と連動しながら、概ね二〇世紀初頭に整えられていった。

だが、ちょうどその頃、ようやく整序された「教科」に対する疑問や批判も呈され始めた。

教科内容も教材も方法も、全て大人が決め、子どもに従わせるだけの教育ではなく、子どもの「遊び」に見られるような、主体性、総合性の「学習」を教育の本質とした木下竹二の合科学習論は、「教科」という枠組みの自明性を鋭く突いた。この他、大正から昭和初期を通じて、「教科」を超えるところに教育のあるべき道を見出す議論が活性化するが、近代学校モデルそのものは温存され、むしろ、「教科」を仮想的とすることによって、オルタナティブとしての存在感を際立たせていった。

ようやく近代学校モデルの解体と再構築が始まろうとしたのは戦後初期であった。この時期行われた教育課程に関する議論は、「教科」という枠組みそのものを問い直し、抜本的に創り直そうとするところまで射程を拡大したが、十分な成果を見る前に頓挫した。ただし、自由研究、社会科、家庭科といった戦前にはなかった「教科」等が新たに登場した。

その後、高度経済成長と並走しながら「教科」はその根拠となる学問や知識の系統を整えながら堅牢さを強め、「教育内容の現代化」が各教科内容に局限されることによって、現在に至るまで強い影響力を及ぼす教育課程の昭和モデルが出来上がった。この時期、国語科では、読解指導論が小学校から高等学校まで行き渡るとともに、教科書中心の学習指導過程が固定化していくことになる。

平成に入る頃、昭和モデルだけではいかんともしがたい時代・社会の変化に対応すべく、「教科」の問い直しが始まった。小学校では生活科が誕生する。低学年の子供にとっての社会科や理科といった「教科」の枠組みの有効性が改めて検討された結果であった。その後、「総合的な学習の時間」の新設は学力低下批判との応酬を経て、学力論そのものを鍛え上げることに向かった。「教科」を超えるものへと向かおうとしていることは明らかだった。グローバル化が進み、英語教育の早期化、コミュニケーション力の重視など、既存の教科においても抜本的な見直しが進められるとともに、情報化社会の進展に伴い高等学校では情報科が新設された。

2 「教科」とは異なる枠組みの台頭

こうした新設「教科」が登場する頃、日本の教育課題はまた「教科」とは異なる枠組みを示すキーワードで溢れるようにもなる。

Windows95の爆発的な普及によるパソコンとインターネットの浸透は、情報化社会への〈希望〉と〈恐怖〉を人々に与えた。また、日常生活が常に広告化した大衆消費社会は、知らず知らずのうちに他者の欲望を自己の意思そのものであるように錯覚させていった。消費社会、情報化社会の光と影とがクローズアップされ、情報に対する批判的な態度や能力が求められるようになった。こうして、海外から入ってきたメディア・リテラシーの必要性は、瞬く間に日本の教育界に広がっていった。国際理解教育もまた、「教科」の枠組みでは対応しきれない、現代的な教育課題としてのリアリティーを強めていった。国語科ではグローバリゼーションに伴う自国の文化の再確認という意味付けで「伝統的な言語文化」を語る文脈と接合されていく。その他、ガルドゥングやリアドンの再定義による平和教育、セクシャリティーを含むようになった人権教育、ボランティア活動から政治参加まで幅広く市民性を育むシティズンシップ教育、理数教育に芸術・創造性を加えたＳＴＥＡＭ教育等、既存の「教科」の枠組みでは対応しきれない概念が、次から次へと現れるようになった。

国際的な学力調査でも同様である。ＯＥＣＤのＰＩＳＡ調査、ＩＥＡのＴＩＭＳＳ調査は、近未来社会の予測に立った学力像が、もはや近代学校モデルでは十分に対応しきれないことを物語っていた。国際的に通用する大学入学資格を与える国際バカロレアのプログラムも、探究を基盤とし、概念理解に重点を置く。日本の「教科」とは異なる枠組みで行われ、急速に注目されるようになった。

このように、ミレニアム前後からの約二〇年、日本の教育改革には「教科」とは異なる枠組み、概念が次々と提起されてきたのである。

3 「教科」が問い直される時代へ

「教科」は、教科内容に関しては幾度もバージョンアップを重ねてはきたものの、「教科」という基本的な枠組みそのものは近代学校モデルを元にしている。令和の現在地が、「教科」で蓄えた知識や活用力を統合して「総合・探究」を、また、各教科においても探究的な学びを目指す段階にきているのだとすれば、教育の現代的課題が「教科」を超えるものである以上、既存の「教科」はどこかで見直されてもおかしくはない。

令和の教育課程において、国語科は「言語能力育成の中核的な教科」として、つまり、「探究」の質を左右する言語能力を育成する「要」としての役割が期待されている。カリキュラム・マネジメントの実質を担保する上で、国語科で育成する「話すこと・聞くこと」「書くこと」「読むこと」の資質・能力は、教育課程全体においても極めて重要になっているということである。国語科がその役割を果たせるかどうかは、「教科」としての存在意義と深く関わることになる。

さすがに義務教育では、国語科は揺るがないとしても、高等学校では、現在進行している普通科の見直し、多様化とともに教育課程全体がさらに大胆に見直される可能性は高い。だが、高等学校現場では、言語能力の育成と教材内容の指導とを二元的に捉え、しかも、後者を重く見ようとする傾向が未だに強い。一方で、「言語活動の充実」は多くの教科等に広がり、「国語教育」の担い手は国語科教員だけではないと驚かされるような実践も少なくない。

未曽有の少子高齢社会が日常となる二〇年後、日本の学校教育はどうなっているのだろう。もしも高等学校の国語科が解体され、再構成されるのであれば、国語科の役割は他教科の再編と融合しながら次のような三つ程度の枠組みへと分離、再編される。様々な現代的課題を探究する〈思想・表現〉系、日本文化の歴史や外国文化も含む〈言語文化〉系、英語科や情報科の一部と融合した〈情報コミュニケーション〉系である。そして、義務教育の国語科の構成と内容は、そこから逆算して大きく見直されることになる。

「言語の教育」としての国語科の本質をどのように考えるか。「教科」という枠組み自体が問い直されている現在、国語科の「これから」も教育課程全体を視野に入れた根本的な検討が求められていることだけはまちがいない。

自閉スペクトラム症者の文学を通した世界との関わり

教育心理学者。特別支援教育に精通。児童から高齢者を対象とした善悪判断の心理メカニズムの解明とその支援などをテーマに研究する新進気鋭の研究者。

青山学院大学教授　米田《こめだ》英嗣《ひでつぐ》

1 現実世界と文学世界

文学作品には、現実世界に存在する要素である、時間、空間、因果、人物、動機、目標、意図などが含まれていることから、現実世界を理解する上で、文学作品を理解することは有効であると考えます。文学などフィクションを理解する際に構築する表象のことを、状況モデルと呼びます（米田二〇一〇）。現実世界は混沌としており、気が進まない会議や、難しい対人関係など、思い通りにいかないことは多くあります。ところが、文学作品は、架空の世界でありながら、そこには一貫した世界が書かれており、現実世界と比較すると冗長な記述は含まれていません。たとえば、「ストーリーに登場するものにはすべて必然性がなければならない」というチェーホフの銃で示されているように（たとえば、村上二〇〇九）、一読して必要のなさそうな情報にも意味があることが多く、現実世界に比べてノイズが少ないと考えられます。

2 自閉スペクトラム症と文学世界

自閉スペクトラム症とは神経発達症（発達障害）の一つのタイプで、空気を読むのが苦手で対人コミュニケーションに困難を抱えたり、生活に支障が出るほど強いこだわりを示したりすることで診断されます。自閉スペクトラム症を持つ人は、想像することが苦手であり、文章で書かれた情景を想像することが困難であることから、文学作品を好まない可能性が考えられます。一方で、自閉スペクトラム症者に、物語を用いて社会性を高めるトレーニングが有効であるという研究もあります（Tsunemi et al. 二〇一四）。本稿では、システム化能力の高い自閉スペクトラム症の方（いわゆる理系タイプの方）にとっての文学理解について考えてみたいと思います。自閉スペクトラム症の方は、感覚過敏を持つことが多く、現実世界の情報は、ときに過剰になります。対人関係においても、暗黙のルールなど、明示されていない情報が多く、次から次に入力される感覚情報を処理することに精一杯で、相手の気持ちを考えることに集中できない可能性があります（井手二〇二二）。それに対して、文学作品は、冗長な情報についての記述は、最小限であることが多いです。また、文学作品に登場する人物についての感情は、推測可能です。たとえば、「私はうれしかった」という感情語が明示されている場合もあれば、「その少女はさっきよりも背筋を伸ばして歩いた」、などのように感情状態について暗示されている場合もあります。感情について明示的あるいは暗示的の違いはありますが、現実世界では目に見えない感情について目に見える形で書かれているという特徴が、文学作品にはあります。以上の理由から、自閉スペクトラム症を持つ方が、現実世界に存在するノイズの多い（ときにわずらわしい）人間関係や心情などを理解するのに、文学作品は有益である可能性が高いと考えます。

3 論理国語と文学国語

二〇二二年度の新入生から高等学校の新学習指導要領が実施されました。特に、「現代文A」「現代文B」で学ばれていた内容が、「論理的な文章」は「論理国語」へ、「文学的な文章」は「文学国語」へ分割されるように再編されました。経済協力開発機構（ＯＥＣＤ）による国際的な生徒の学習到達度調査であるＯＥＣＤ生徒の学習到達度調査（ＰＩＳＡ）において、二〇一八年の結果、日本の読解力の順位が二〇一五年の八位から一五位に下がったことが報告されました。この結果から、日本の児童、生徒は基本的な読解力が低下していると見なされ、論理国語の重視につながったと考えられます。二〇二三年一二月五日に発表されたＰＩＳＡ２０２２の結果、読解力五一六点（ＯＥＣＤ平均四七六点）が、全参加国（八一か国・地域）中の順位は、三位でした。日本における相対的な読解力得点の向上については、原因はこれから精査する必要がありますが、論理国語の重視がＰＩＳＡによって評価される読解に対応していたという主張が展開される可能性が高く、文学国語よりも論理国語を重視する流れは減速しないと私は予測しています。

論理国語と文学国語という単純な二分法にも違和感がありますが、それよりも問題なのは、こうした区分によって、文学国語の読解には論理をあまり重視しないのではないかという誤解を受けられないか懸念しています。学習指導要領の解説に、文学国語は、「感性・情緒の側面」を育成すると書かれています。論理国語の読解において論理的な思考が重要であることは認めますが、文学の読解にも論理的な思考は不可欠であると考えます。

4 自閉スペクトラム症と文学読解

自閉スペクトラム症者は、他者の信念を推測する課題に対して、相手の立場を想像する共感方略ではなく、論理的な視点取得能力で解いている可能性があります。他者の心的状態や感情について、他者になりきって考えるのではなく、記述された手がかりに基づいて客観的に推論する能力を育成するには、論説文を論理的に読む指導だけではなく文学的文章を論理的に読み、自分と似ていない他者の心的状態や感情を理解する経験を蓄積することが重要であると考えます。実際、よく読書をする自閉スペクトラム症者は、あまり読書をしない自閉スペクトラム症者よりも、他者理解の能力に優れているという研究もあります。（藤野他二〇一九）

5 自閉スペクトラム症と文学体験

文学作品などを読解することは、その世界に描かれた事象を疑似体験することであると考えられます。こうした疑似体験によって、現実世界で起こりうるさまざまな体験の準備をすることも可能になります。たとえば、教育実習に行く前に学校を舞台にした小説を読んだり、初めての子育てについて不安を抱える場合に、子育てについての漫画などを読んだりすることがあるかもしれません。

自閉スペクトラム症の方にとって、現実世界の事象は刺激が強すぎることがあります。特に、感覚過敏を持っている方にとって、現実世界に存在する光、音、におい、触感など、さまざまな刺激がストレスになることがあります。そうした場合、現実世界における事象を、他者の行動から観察学習することは困難になる可能性があります。その場合、現実世界の代理表象となる文学作品が、有効な代替物となる可能性があります。文学作品の中には、論理的文章と比べると、冗長な記述が多いように思われるかもしれません。ところが、風景描写は心理描写を代替していたり、一見関係のない描写がある人物の思考の象徴となっていたり、文学の冒頭に描かれた要素が、終盤で大きな意味を持ってくることもあります（Komeda et al., 二〇一八）。このように、文学作品の表象は、現実世界の表象となっていながら、文学作品であれば読者（現実世界であれば個人）が得られる情報量には、解像度という点において大きな差があります。圧縮された、解像度の低い情報が、自閉スペクトラム症者が世界を理解する上での大きなアドバンテージになると考えます。自身の感覚の問題に煩わされずに、他者の感情の問題や思考の相違、文学作品に描かれる一貫性や現実世界との整合性について論理的に考えることができるからです。このことは、自閉スペクトラム症者に限ったものではなく、定型発達者においても有効であると考えられます。

　以上述べてきたように、文学作品を論理的に読解することで、現実場面における他者の心情理解や対人的な問題を解決する技能が、現実世界における問題を解決するより広範で柔軟なスキルに転移可能なものになると考えられます。

【文献】

米田英嗣（二〇一〇）「物語理解と社会認知神経科学」楠見 孝（編）『思考と言語』北大路書房，270-290．

Tsunemi.K.et al (2014).Intensive exposure to narrative in story books as a possibly effective treatment of social perspective-taking in schoolchildren with autism. Frontiers in Psychology. 5.

藤野 博他（二〇一九）「自閉スペクトラム症の児童における読書の傾向と心の理論との関係」『東京学芸大学紀要 総合教育科学系』70（1），479-488．

Komeda, H. et al. (2018). A sixth sense: Narrative experiences of stories with twist endings. Scientific Study of Literature 7 (2) 203-231

井手正和（二〇二二）『科学から理解する 自閉スペクトラム症の感覚世界』金子書房

村上春樹（二〇〇九）『1Q84 BOOK 2』新潮社

自分の「物語」を語る、その先に
——これからの国語教育の方向性について

軽井沢風越学園教諭　澤田英輔《さわだえいすけ》

筑波大学附属駒場中・高等学校を経て現職。子どもたちの学ぶ意欲に火を付ける情熱にあふれた実践家。作文ワークショップ等のユニークな実践が注目されている。

今、子どもの実態が多様化し、同時に不確定な時代に求められる能力は高度化している。だからこれからは一斉授業（一律の目標のもとに、一斉の学習活動を通して、全員に一定の知識やスキルを身につけさせようとする授業）は成立しない。個別最適な学びを、協働的な学びと一体的に進めよう。教師はＩＣＴ機器も活用してそのための環境をととのえ、子どもの学びの伴走者になる必要がある……。

こういう紋切り型の煽り文句にうっかりおどらされそうになり、いけないいけない、と立ち止まる。もちろんこうした論は、正しい内容も含んでいる。しかし、それだけに思考停止を迫るようでやっかいだ。

ひとつ例をあげれば、「これからは」という限定すら必要なく、これまでだって一斉授業がちゃんと成立した時代なんてなかった。いや、自分は素晴らしい一斉授業を受けてきた、という人もいるだろうが、その人にとって素晴らしい授業が、他の誰かにとってはそうではなかった可能性は高い。学習についていけずに困り果てている子もいれば、塾で予習済みの子や、今の学びに物足りなさを感じている子もいる多様な教室で、誰もが同じ目標に到達する授業を一斉の活動ですることは、原理的にも不可能である。一斉授業は、子どもが急に多様化したから成り立たなくなったのではなく、もとからあった教室の多様性に光が当てられ、機能していなかった事実が露わになったすぎない。

では、それを踏まえてどんな「よりまし」な授業がありあうるのだろう。二〇二〇年代初頭のコロナ禍の中、ICTを用いた「個別最適な学び」に、今思えば過剰な期待が集まった。学習履歴のビッグデータが蓄積され、それをもとにAIが一人ひとりの進度やつまずきにあった課題を出す。教師はそれを見守り、相談に乗ったり動機づけたりする、コーチ的な役割を担う…そんな未来図が、あたかも理想の教育であるかのように語られたこともあった。

しかし、当時から一部で指摘されていた通り、個別最適な課題が与えられれば児童・生徒がより良く学ぶというのも、ナイーブすぎる想定である。常に誰かが決めた「最適な」課題が提示され、それが終わったら次の課題が提示され…というサイクルは、課題を「クリアする」ことだけに目が行きがちだし、それさえも当初の楽しさが冷めてしまえば、退屈そのものだ。教師も、仮に受け持ちの児童生徒の学習履歴がすべて見られるとして、そんな余裕など、現場にはどこにもない。

加えて問題なのは、このような「親切」が、学ぶことに動機づけられていない子、達成できる課題の質や量に限界のある子、そもそも勤勉性に乏しくて努力が難しい子が、それまでかろうじて授業を「やり過ごす」ことで得ていた居場所を、ねこそぎ奪う危険があるということだ。もともと、言語能力には遺伝や環境の影響も大きく、学校の授業でその差を埋めることは現実的に難しい。しかし、この「指導の個別化」路線では、全員が一つのレールの上で、それぞれのレベルにあった課題に取り組むことが求められるので、単線上での進度の差に自ずと意識が向いてしまう。しかも、劣位の子にも、自分に最適と判断された課題が、常につきつけられ、逃げ場がない。

では、そうではない、「よりまし」な未来図はあるのだろうか。「個別最適な学び」には「指導の個別化」と並んで「学習の個性化」と呼ばれる路線もあり、私は、今後の国語教育は、大雑把に言ってこちらではないかと考えている。これは、自分の興味・関心に応じて一人ひとりが自分で探究的な課題を設定し、学習が最適となるように子ども自身が調整するような学習を進める路線である。

この「学習の個性化」路線の実践例に、私がこの一〇年以上取り組んでいる「ライティング・ワークショップ（以下、WW）」「リーディング・ワークショップ（以下、RW）」

というワークショップ型の授業がある。それを詳述することは本稿の目的ではないが、最低限の説明をすると、これは、「子どもが書きたいものを書き、読みたいものを読む」実践である。完全に自由に選んだり、教師が決めた大きな枠の中で選んだりという差は実践者によってあるものの（ちなみに私は「ある程度の制約が自由をつくる」と考えているので後者のタイプだ）、一斉のテーマを与えたり、全員で同じ教材を読んだりするのではなく、子どもが読み書きする対象を自分で選べることが大きな特徴だ。

例えば、WWでは一定期間で作品集を出版するのだが、そこに載る作品は、さまざまである。物語を書くのが好きな子が多いが、日記や説明文、また、食べ物を食べたときの描写を書く子、怪獣もののバトル絵本を作る子もいる。一人で黙々と書く子も、クラスメートと話しながら書く子もいる。RWでも、「自分が楽しめる本」を読むことが推奨されており、大人向けと遜色ない小説を読む子の横で、文字が大きめの本や、図鑑を読む子がいる。

この授業風景を「指導の個別化」の文脈で語ることもできる。やがては誰もが一定の質の文章を読み書きできるように、それぞれ異なる出発点から出発している、というふうに。実のところ、昔の私自身が、そういう発想でWWやRWを始めていた。つまり「読む力や書く力をつけるには、たくさん読み書きする必要がある。そのためには、自分の好きなことを書き、好きな本を読むほうが良い」という理屈で、一定の力のある「読み手」「書き手」像に皆を連れていく方法として、WWやRWに取り組んでいた。

しかし、経験を積み、また、他の実践者と対話を重ねる中で、こうした「指導の個別化」的発想が、教室内の単線的序列関係を生み出すことに気づかされた。教室の中の優劣を生んでいたのは、読み書きの量や質を基準に「良い書き手」「良い読み手」像を作り、そこに向けたレールの上に子どもを位置づけていた自分の視線だったのである。

その優劣を崩すには、授業者が「学習の個性化」へと発想を切り替え、教室内の単線的序列を積極的に崩していく姿勢が必要になる。たとえば、RWでは難しい本を読める人が良い読み手だというモデルを否定して、「自分が楽しめる本を読める人が良い読み手である」と定義づけ、それぞれの子が本当に楽しめる本を選ぶ価値を伝えていく。また、WWでも、幅の広い課題を用意して作品にバラエティを持たせることで、お互いの作品の巧拙を比較しにくくさせ、各々が自分の尺度で挑戦できる雰囲気を整えていく。ワークショップという形態には、そうした多様性をそのままに受け入れる懐の深さがある。その仕組みの中で、子どもたちがのびのびと「読み手」「書き手」としての自分を育てていく。そんな授業に、いま挑戦している。

この授業で重要な役割をはたすのは、一定期間ごとのふりかえりだろう。たとえばWWでは、子どもたちは、作品を「出版」してクラスメートや保護者からファンレターをもらい、それに返事を書く。その後で、自分の作品やその執筆プロセスをふりかえり、自分なりの言葉でそれを意味づけ、その上で、自分がどんな書き手なのか、どうなりたいのかを言葉にしていく。このふりかえりを、できるだけ豊かにしてやりたい。うまい下手はあって当然のこととして、それでも誰もが「自分はこういう書き手である」「こういう書き手になりたい」と語れるようになってほしい。

同時に、教師の役割を「伴走者」とか「コーチ」とか、そういう言葉で限定したくもない。教師の多様なあり方を認めることなくして、子どもの多様性を認めることができるはずもないからだ。教えることが好きな人、子どもが好きな人、書くのが好きな人、苦手な人、個々の特性に沿ったアプローチをすれば良い。私はと言うと、自分自身が子どもよりも読み書きが好きなタイプなので、できれば自分も年長の読み手・書き手として一緒に加わっているような、そんなあり方を模索したい。

子どもと教師の多様性を許容するライティング／リーディング・ワークショップの先にあるのは、どの子も一定水準の言葉の力を身につける姿とは異なる。個人差を前提にして、お互いに関わり合いながら自分の言葉を使って表現をつくり、反応しあい、自分がいまどんな読み手や書き手なのか、どうなりたいのかを語れる姿である。そんな、言葉の使い手としての自分の「物語」をつくるくりかえしの先に、生涯にわたる言葉の使い手としての自分の姿が、語っている本人にもおぼろげに見えてくるのだと信じている。

言葉の持つ意味合いを蓄積する
——学習者にとって古典教育を身近にする工夫——

生徒を夢中にさせる授業づくりの天才的素質をもった高校古典教育の若きホープ。読み聞かせを高校の国語教室に取り入れるなど、柔軟な発想力が魅力。

長野県野沢北高等学校教諭　澤田《さわだ》浩文《ひろふみ》

1 単元設定・教材研究にあたっての教師の古典観

現在、古典教育は多くの課題を抱えている。読解偏重に対する生徒の学習意欲の低下、探究的な学びの導入への不安、探究的な学びを取り入れたくともある程度受験に縛られた文法・語彙指導の必要性等々、理想と現実の間で教師自身も悩み苦しんでいる。しかし、そうとばかりも言っておられず、現場の実践レベルで学習者の興味関心を引きつける実践が求められている。それに際し、世羅博昭（二〇一二）が、「古典観が古典教育観を生み出す。それだけに、指導者は自らの古典観の確立を図って、実践に取り組むことが大切である」と指摘するように、核となる古典観を持って単元設定・教材研究にあたることが教師には求められる。

渡辺春美（二〇一八）では、古典観を「典型概念」としての古典観と、「関係概念」としての古典観に分け、「典型、範型としての古典を学習者に教え与えることになりがち」である「典型概念」としての古典観ではなく、学習者が「知識を与えられるままに受け入れる存在ではなく、古典との対話を通して、創造的に読み、新たな価値を発見する主体的な学習者」として位置づけられる「関係概念」としての古典観に基づく古典教育の必要性を指摘している。

古典教育において、学習者の興味を引き出すためにも読解偏重でなく学習者自身に古典との関係を考えさせることが求められる。学習者と古典の対話を成立させるためには、自ら調べ自ら考え、自ら発表するという探究的な学びを取り入れることが効果的であろう。

では、古典における探究的な学びとはどうあるべきか。藤森裕治（二〇二三）では、「古典探究」における学びを「古典作品そのものを探究」し、「古典作品の内容や形式、歴史文化的背景や作者の思想・心情、価値観や人生観などを、作品との主体的なかかわり」において考察する「古典**を**探究する」と、「古典と古典に関するさまざまな情報を通して、社会人としての資質形成に資する課題」を探究する「古典**で**探究する」という二つに分けており、学習活動を考える際に参考になる。次項では、現代の言語作品と古典作品のつながりを考える、実際の探究活動を見て、古典教育を学習者にとって身近なものにする工夫を考えてみたい。

2 探究的な古典の学び

現代の言語作品と古典作品とのつながりを発表する活動を行う中で、学習者は「落語とJポップの歌詞」「現代小説と古典作品」「アニメと古典作品」などを題材として発表した。ここでは、新海誠監督作品の「君の名は。」に出てくる「カタワレ時」と、古典作品の「黄昏時」について調査・発表をしたグループの学びの軌跡を取り上げたい。

1 題材への気づき／題材の決定

このグループは、題材を決めるにあたり、自分たちの高校の先輩である新海誠監督作品を取り上げることを決め、古典とのつながりを考えた。その中で、「言の葉の庭」や「君の名は。」という作品で古典和歌が出てくる場面に着目し、「君の名は。」の「カタワレ時」を調査対象に決定した。

2 調査と分析

学習者は、作品内での「カタワレ時」の働きを考える上で、文献にあたり、藤森裕治（二〇一九）の「映画では国語の先生がタソガレドキと併せてこれに言及し、ともに『あの人は誰か』という問いかけであること、転じて往来ですれ違う人の顔が判然としない時間帯」や、藤田直哉（二〇二二）の「昼と夜が溶け合い、区別がなくなり、曖昧になるとき。幽霊や死者が訪れる時間。『あなたは誰だ』（君の名は）と訊いてしまうような闇の訪れる時間。」という考察を参考にして、「カタワレ時」を不思議な現象が起こる象徴、また「君の名は。」というタイトルにもつながる重要なキーワードとして捉えていた。さらに、古典とのつながりを調べるために、『源氏物語』に出てくる「黄昏」「黄昏時」を調査して、それがどのような場面かを分析した。まず、『源氏物語』で用いられている「黄昏」「黄昏時」の数を調査した。その結果、一二回使用されており、そのうち一〇回は、内大臣が娘の雲居の雁との縁談を進めるために夕霧に送った「わが宿の藤の色こきたそかれに尋ねやはこぬ春のなごりを」という和歌に代表されるように、「男女の出会い」に関わる場面に用いられていると分析を行った。

3　古典作品調査からわかる現代作品とのつながりの考察

古典作品の調査で得た結果を現代作品の解釈に活かした。学習者は、「男女の出会い」という意味合いを持つ「カタワレ時（＝黄昏時）」であるからこそ、先行文献の解釈に加え、作品内においてその時間帯に男女の主人公二人を出会わせることが可能であったという考察を行った。

4　発表と自己分析

ここまで調査・分析・考察したものをスライドにまとめて発表を行った。発表スライドは、以下の型を参考にして作るように指示をした。

Ⅰ目的と方法：なぜその題材を選んだか、どういう方法で
　調査をしたかを説明する。
Ⅱ結果：調査の結果をグラフや表を用いて説明する。
Ⅲ分析：調査の結果についての分析を説明する。
Ⅳ考察：現代の作品とのつながりを説明する。

単元の初めに型を示していたので、これに沿った調査を各グループで行っていた。また、活動の総まとめとして探究活動全体についてのまとめを記述した。このグループの記述の一部は以下の通りであった。

A　全て調べるなんて最初は無理だと思っていたが、数をそろえて分析することで、傾向が見えてきて、悉皆調査の重要性を知った。

B　「カタワレ時」＝「黄昏時」は、不思議な現象が起こる時間とだけ解釈していたが、源氏物語を調査する中で、「男女の出会い」という意味合いも含まれていることがわかった。また、それを「君の名は。」の解釈にも活かすことができ、古典作品と現代の作品のつながり、言葉の持つ意味のつながりを感じた。

3 古典に親しむための工夫

以上の探究活動からわかる、学習者が古典に親しむための工夫を三点にまとめる。

1 身近な教材からの古典探究

取り上げたグループは、自分たちの高校の先輩の作品という身近さから学びをスタートさせており、意欲的な探究活動となった。その他のグループも「地元が舞台となった小説」や「現代のJポップの歌詞」などを題材としており、地理的、または時間的に身近な作品を題材として探究活動を始めることで、自分たちと古典作品とのつながりを、意欲的に学ぶことができた。

2 語彙調査の方法・探究手法の体得

まとめAで「数をそろえて分析することで、傾向が見えてき」たとあるように、行った探究手法を自覚する学びであった。内容知だけでなく方法知を身につけたことをメタ認知する場を設定することで学ぶ意欲につながるだろう。

3 言葉が持つ意味合いの蓄積

まとめBに「源氏物語を調査する中で、『男女の出会い』という意味合いも含まれていることがわかった」とあるように、語彙が持つ意味合いを新たに蓄積する様子がうかがえた。また、その意味合いを他作品につなげ、新たな解釈ができており、古典調査の有用性を感じる学びにできた。

以上の三点は古典における探究活動を考える上で、大切な視点となろう。特に身近な教材は学校独自の探究活動を可能にする。もちろん、初めは準備も含め、苦労することも多い。しかし、まずは教師も一緒になって、言葉の持つ意味を探究すること。その姿勢を大切にしていきたい。

【参考文献】

・世羅博昭（二〇一二）「古典教育」日本国語教育学会編『国語教育総合事典』、朝倉書店、一四六―一五七頁

・渡辺春美（二〇一八）『「関係概念」に基づく古典教育の研究―古典教育活性化のための基礎論として―』渓水社

・藤森裕治（二〇二三）「『己』を問う―『古典探究』が目指す資質・能力と授業観・評価観―」『日本語学』vol．42-1，明治書院、八四―一〇二頁

・藤森裕治（二〇一九）「『君の名は。』と『言語文化』」大修館書店『国語教室』第一一一号、八―一一頁

・藤田直哉（二〇二一）『新海誠論』作品社

日本人のコミュニケーション

京都外国語大学教授　ジェフ・バーグランド

異文化コミュニケーション学会。京都国際観光大使。日本通として知られ、テレビ番組等に数多く出演。鴨川べりの町家に住み、京都の生活文化に精通。京都在住五四年を超える。

1 人間関係中心文化

私は日本が大好きです。特に京都が大好きです。そして日本語という言語と日本人のコミュニケーションスタイルが大好きです。もちろん日本で生まれ育っていないので、小・中・高の国語教育は受けていません。しかし、二十歳で初来日して以来、外国語として日本語を勉強してきましたが、なぜかは分かりませんが、最初から日本語は覚えやすかったのです。それまでにアメリカでスペイン語とギリシャ語を勉強しましたが、全くダメでした。先生には「あなたは英語以外の言語習得は無理」とまで言われていました。

でも、日本語は「違う自分」を表現できる言語だと分かりました。日本人が生活の中で使っている言葉をそのまま覚えました。

一番覚えやすい日本語の表現は「報告」だと思います。「報告」というのは集団主義の中で自分が行動する時に、みんなに報告する。例えば「行ってきます」。これはみんなが家の中で生活を営んでいる時、自分だけが外出する際にそのことを報告します。他にも会社の中で隣の机の人に「ちょっとトイレに行ってきます」と報告します。アメリカでは全く見られない文化です。「I'm going to the toilet」と報告すれば、「不在時、私の机の電話が鳴れば出てください」と命令されているように感じます。実際に困ったこともありました。国際線の飛行機の中で座席を倒す際に「席を倒します」と後ろの人に報告すると、怒った顔をして「倒すなら、倒せ」と言われました。欧米人には「足をどかせ」と命令されたように感じ怒ったのでしょう。

とは言え、日本の報告文化を勘違いして、私も使い方を間違ったことがあります。京都の仁和寺の近くに下宿をしていましたが、私の部屋は二階にありました。二階には下宿先の三男と和歌山県出身の日本人学生の部屋もありました。毎晩、二人はお風呂に行く前に「お先に」と大きな声を出しながら階段を降りていくので、「お風呂に入ることを報告している」と思っていました。だから、私もお風呂に行く時に「お先に」と大きな声で報告していました。問題は、私が夜遅くまで一生懸命日本語を勉強していたので、お風呂に入るのは毎晩最後だったことです。

自分が「お先に」を間違っていることに気づいたのは、ある日、バス停で着物を着ているおばあさんがバスに乗る前に、私に向かって「お先に」と言った時でした。「お先に」は、自分が相手よりも先に行動する時に使う報告だということがわかりました。

思い出しても恥ずかしいエピソードですが、間違うはずです。英語には「お先に」という表現がないのです。「After you = お先にどうぞ」という表現で丁寧に相手を先に促す言葉はありますが、自分が先に行動することは報告しない。

日本は「人間関係中心文化」であり、常に自分と周りの人との関係について考え、言葉を発したり、行動を取ったりします。アメリカは何よりも「Independence = 人に頼らないこと」が大切です。周りの人との関係性よりも自分自身が大切です。

2 発信力

私はアメリカ合衆国のど真ん中にあるサウスダコタ州で生まれ育ちました。東海岸からも西海岸からも二千キロ以上も離れている半砂漠地域で日本人が抱いている「アメリカ」のイメージとは少し異なると思います。小学校一年生から高校を卒業するまで黒人もアジア系の人もいませんでした。ネイティブアメリカン（スー族）は何人かいましたがほとんど自分に似た白人ばかりでした。しかし、アメリカの他の地域と同じように自分の意見はしっかりと示さなければなりませんでした。生活の中で必ず自己主張をしないと周りから変な目で見られます。

教育機関でも、小学校では「Show and Tell」の授業があり、家から何かを自分で選んで学校に持っていきます。自分の番が来たら、みんなの前で、それを見せて（Show）それについて語ります（Tell）。質疑応答の時間もあるので、結構一人で頑張らないといけません。中学校ではスピーチの授業が始まります。トピックを自分で選んで、みんなの前で自分の意見を述べます。高校ではディベートの授業もあるので、さらに自分の意見を言葉にまとめて、みんなを納得させないといけない。すなわちアメリカ人らしい「発信力」を身に付けていく教育です。

3 受信力

「日本人は世界一のコミュニケーション力を持っています」と言われたらどうでしょう？「そう思う」とうなずく日本人はほとんどいません。ましてや、「その通りだ！」と同意してくれる人はもっと少ないでしょう。なぜなら、「コミュニケーション力＝発信力」だと思っている人が多いからではないでしょうか。

しかし、コミュニケーションは「発信と受信」の両方で成り立つものだと思います。だから私は、「日本人のコミュニケーション力は世界一」と主張します。

私がそう思うようになったきっかけは、五四年前、私が初来日した時です。初めて日本に来たのは六月、梅雨時で、生まれて初めて電車に乗りました。ある駅からサラリーマン風の男性が傘を畳みながら乗ってきました。私の横に立ち、本を取り出し、つり革を片手で持ち、本を読み始めました。「すごい神業！」とまで思いました。動いている電車の中で小さい縦書きの文庫本を読んでいることに感心しました。事件はここからで、その人の傘が座っている人に向かって倒れました。私はアメリカ人の感覚で、「ちょっとした口論になる」と思いましたが、座っている人が「ゴホン」と咳払い一つ。すると立っている人が本を読んでいるにもかかわらず、「あっ、すみません」と言いながら、素早く傘を片付けたのです。「なんで分かった？」瞬間的にその咳払いが自分に関係すると受信し、素早く行動に移す。これこそ「日本人のコミュニケーション力だ」と思いました。

4 日本人のコミュニケーション力

コミュニケーションは発信と受信で成り立つものであり、日本人が長年極めてきたのは後者、「受信力」の方です。私は、日本人のコミュニケーションスタイルは「受信者責任型コミュニケーション」と名付けています。つまり、どんなに曖昧な表現であっても受信者にそれを解読する責任がある。日本のことわざにあるように「一を聞いて、十を知る」コミュニケーションと言えます。アメリカは逆に「発信者責任型コミュニケーション」のスタイルです。発信する人が明確に言葉で伝える責任がある。ことわざはありませんが「十を言って、一を知らせる」文化です。英語で"High Context"と"Low Context"コミュニケーションといいます。異文化コミュニケーションの教科書でも、日本は世界で一番の"High Context"すなわち一番の受信者責任型コミュニケーションを持つ国と紹介しています。だから「日本人は世界一のコミュニケーション力」を持つというのは正しいと言えます。国語教育は「誇り」を持ってスタートするべきだと思います。日本語は受信者責任型言語ですが、英語ははっきりと代名詞を使わなければ成立しません。"Did you see it?"に対して日本語は「見た？」だけでいい。受信者として補って意味を受け取らないといけない。

私は、日本の「受信者責任型コミュニケーション」が大好きです。受信者責任型言語の日本語も大好きです。そして人間関係中心文化の京都が大好きです。そんな受信力が日本の平和を作っていると思っています。日本の子供たちが誇りを持って、自分の生まれ育った国の言語やコミュニケーション技術が素晴らしいと思うようになってほしいです。

未来を創る子供たちのために質の高い授業を

信学会白馬幼稚園園長　塩島学《しおじままなぶ》

小学校、大学附属中学校、特別支援学校、小中一貫校等を舞台に、教諭、副校長、校長を歴任。現在は私立幼稚園長。学校のグランドデザイン開発の第一人者。

1 授業づくりができる状況づくりを

私は、長野県の小・中・義務教育・特別支援各学校の教員として三七年間を過ごし、退職後三年間は地元の教育委員会に在籍し、今年度から現職に就いています。園長職は駆け出しの身で、幼児教育について語れる知見も経験もなく、ただ孫同然の園児たちがとても可愛く、この子たちの未来が、生きやすく、働きやすい活力ある世になることを祈るばかりです。しかし、昨今の状況を鑑みると、そんな祈りは儚く、神頼みの独り言のように思えます。世界各地で起こる戦争や地球温暖化による危機的状況、国内では最重要課題とも言える少子化問題、最近では教育界における深刻な教員不足は看過できない喫緊の課題です。

子供たちは、教員に限らず多くの人の力を借りて、未来を創っていく資質や能力を身につけていきますが、やはり健全な学校教育と専門性の高い熱意ある教員の存在があってこそ、明るい未来の創造が叶うのだと思います。

教員は、授業が本分です。授業によって、子供たちの資質・能力を高めていくと言っても過言ではありません。授業の大切さ、授業をする楽しさを知っている教員は、さらによい授業、力をつける授業をしたいと願い、そのための苦労は厭わないのですが、保護者対応などに追われ、授業準備さえ満足にできない現実がストレスを生み、遂には授業づくりどころか、教育への情熱すら失ってしまいます。

授業をする楽しさは、端的に言えば、ねらい達成の手応えを得たときの充実感です。それは教員に最大の喜びとモチベーションを与えてくれます。よい授業は、子供も教員も幸せにします。では、どうすればよい授業ができるのか、力をつける魅力ある授業づくりはどうあったらよいのか、これが教員の本分に対する最大の課題であり、継続的なテーマと言えます。この課題解決やテーマ追究への欲求を満たしてくれる状況づくりが不可欠なのです。

2 協働の学びへの誘い

教員の欲求を満たす改革が急速に進むことを願いつつ、志ある教員が、よい授業を目指して奮闘している事実から、テーマ追究や授業づくりの一助となる「協働の学び」を提唱します。協働の学びは、「聴く・問うから始まる対話活動を基盤とする少人数による互恵的な学び合い」と定義され、学習指導要領で推奨される「主体的・対話的で深い学び」に呼応する学習方法です。どの教科学習でも応用できますが、ここでは当然ながら、国語科の授業について述べます。それは、「これからの国語科教育はどうあるべきか」という命題に対する私なりの答えになると考えています。

国語科教育の一つの目的を「習得した言葉の知識や技能を活用して、話す・聞く・読む・書く活動を通して、思考力・判断力・表現力等を高める」としたとき、協働の学びは有効であると考えます。国語科のみならず、思考力・判断力・表現力等の育成を重視し、言葉で理解・表現する学習は各教科ほぼ共通です。また、言葉そのものを対象に学ぶ国語科教育が、すべての学習のベースであることに異論はないと思います。そこで、国語科教育における協働の学びは、言葉を対象に、話す・聞く・読む・書く活動を駆使し、知恵を絞って考える学習となります。

協働の学びは、「対話」を基本として、自己との対話、対象との対話、他者との対話の三つを「対話活動」として括っています。例えば、物語の登場人物の心情を読み解く課題に向き合ったとき、学習者は、自分の知識、経験などを活用して心情に迫ろうとします（自己との対話）。対象となる物語の叙述を読み込み、心情を読み取ろうとします（対象との対話）。友と意見交換しながら、自分の考えを確かめたり友の考えを参考にしたりします（他者との対話）。

これらを「対話活動」と捉えているのです。したがって、どの対話も重視され、グループ内では、個の追究（自己との対話・対象との対話）と友との追究（他者との対話）が混在することになります。グループ構成は、男女混合四人が基本ですが、一つの解答を導くためのグループではなく、個人追究に必要な他者との対話を容易にするために構成されるグループなので、対話する場合は、互いの思考を妨げない配慮が必要となります。配慮がなければ、「互恵的な学び合い」から遠ざかるのです。互恵的とは、課題に対する自分の読み取りやひらめき、わからなさなどがあって、相手も対話に応じて考え合うことで、自分のみならず相手も課題解決に向かって一歩進む状態です。

協働の学びには、次の「三つの学び方」があります。「わからないと言うこと」「友達の声に耳を傾けること」「自分のわからなさを追究すること」。これらは、どの授業でも共通する学び方として、教室に掲示しておきます。前述の他者との対話における思考の妨げは、互いが三つの学び方を理解した上で、相手の状況を推し測って声掛けすれば、問題にはならないはずです。さて、三つの学び方を実行する対話活動では、メタ認知が頻繁に起こります。「わからない」自分をモニタリングし、「こうすれば解決できそうだ」とコントロールする。こういったメタ認知が繰り返されることで、思考力や判断力が高まっていくと考えています。つまり、協働の学びでは、「習得した言葉の知識や技能を活用して、話す・聞く・読む・書く活動を通して、思考力・判断力・表現力等を高める」が実現していくのです。

3 協働の学びの勧め

令和五年一〇月、文教大学教育学部四年生に、演習として協働の学びの国語科授業を試みる機会を得ました。対象は大学生ですが、多くが学校の教員となる学生であることから、学校の授業の雰囲気を感じてもらうため、敢えて小学校高学年に適した物語『消えたパンダ金魚』（杉山亮 作 仮説社）を教材としました。物語は、事件が展開する前半と、犯人が解き明かされる後半に分けられるため、最初に前半のみを配布し、その内容から、「推論して犯人を見つけ出す」ことを本時のゴールとしました。前半には犯人を絞り込むための事実が隠されているので、読み取りは自ずと真剣になっていきます。授業前には、三つの学び方、協働の学びの基礎知識、この授業の概略（前半音読・個人追究・友との追究・推論発表・後半黙読）について説明してあったので、授業展開はスムーズで、学生たちは、もちろん見事に推論して犯人を見つけ出し、その根拠を説明することができました。

後日、受講した学生全員から感想をいただきました。「授業がとても楽しく、もっと知りたくなったり、続きが気になったり、楽しいと思える授業の素晴らしさを知った」「国語だけでなく、すべての授業において対話を大切にした授業展開を目指していこうと感じた。最初はうまくいかなくても協働の学びが実現できると信じて諦めずに授業を作り上げたい」「座学では主体的・対話的で深い学びを理解していたが、実際に協働の学びを体験したことで、こういうことか、と理論と実践が結びついた」「教えることから、考えさせることを重視しなければ、決して質の高い授業にはならないと実感した」など、授業者が幸せを感じる声が多数でした。

演習の最後に、学生たちと次の点を確認し合いました。

①犯人捜しが挑戦意欲を煽る。②叙述を読み込む必要に迫られる。③考えを確かめるために友と対話したくなる。④根拠を述べる必要が生じる。これは、話す・聞く・読む・書く活動が必要感をもって行われ、思考力・判断力・表現力がフル活用されたということです。教材のもつ価値も重要ですが、協働の学びによる授業が、学生たちの脳内に汗をかかせ、主体的・対話的で深い学びに誘ったと考えられます。数か月後には教員となる学生たちが、協働の学びに挑戦し、授業をする楽しさを実感し、教員としての喜びや魅力を感じてくれることを期待しています。

学校は、全教科・領域で主体的・対話的で深い学びを実践していくことが求められています。そのためには、カリキュラムの中軸に協働の学びを据え、学びの質は、国語科教育で身につけた言葉の力を駆使できるかどうかで変わることを肝に銘じ、授業改善に取り組んでいくことだと思います。先生方が、未来を創る子供たちに必要な力をつけるため、国語科教育の重要性を認識し、魅力ある授業づくりに邁進してくださることを願っています。

言葉の一人称的な意味化の機会を可能な限り拡大することが、言葉の教育の最大課題に

専門は教育学、教育人間学、保育学、育児学。21世紀型の教育・保育を構想中。保育についての自由な経験交流と学びの場である臨床育児・保育研究会を主催。

東京大学名誉教授　汐見稔幸《しおみとしゆき》

1　言葉の指示対象と意味のちがい

国語教育をここでは日本語の教育と同一視して話を進めます。ただし以下の議論は、英語等外国語の教育にも当てはまる言葉の教育一般が対象になっています。

さて、言葉の教育を少しばかり考えてきた私が、最初に違和感を持ったのは、戦後しばらくの時期の国分一太郎氏の議論でした。今手元で引用を示すことはできないのですが、氏はあるところで、国語の教育はそれ自体が知識の教育だと強調していました。言葉はそれ自体が現実の反映であり、現実を知識の形で分析し蓄えたものである、したがって言葉を覚えることはそれ自体で一定の知識の教育になるのだ、とされていたのです。

しかし、この議論には違和感を感じました。そのしばらくのちに私は、イギリス人J・スチュアート・ミルという人間と出会い、幼児期から父親に受けた早期教育でその後一生苦しむさまを追体験してこの違和感に根拠があることを実感しました。ミルは父親によってギリシャ語やラテン語などたくさんの言葉を幼児期から覚えさせられたのですが、そのすべてを頭の中で辞書のように言い換えて覚えたといいます。その単語が何を指し示すか、それを辞書のように言い換えて覚える。その結果、青年期になり大学に通うと、みんなの議論に全くついていけない自分を発見することになります。今でいう鬱状態におちいるのです。

どこが間違っていたのか。それは、彼は単語の意味を指示対象としてのみ記憶していったからです。つまりただしい意味で「意味」として理解し、記憶していかなかったのです。

言葉の意味論では、個々の言葉が何を指しているかという指示対象を示す面と、その言葉の指し示す内容（指示対象）にその言葉を使う人がどのような価値を見出しているか、を示す面とがあります。前者が語義、後者が意味といわれるものです。日本の教育ではこの後者と両者の関係がていねいに説明されていません。わかりやすく説明するために、私はこれまで以下のような比喩を使ってきました。

宇宙人が日本にやってきました。日本語を学んでいます。「母親という言葉はどういう意味ですか？」と宇宙人がききました。先生は「母親ねえ、母親というのは子どもを産んだり育てたりする女の人のことよ」と教えました。「わかりました。子どもを産んだり育てたりする女の人のことですね。ありがとうございました」

でも、その宇宙人、しばらくして「ダメでした。『母親とは子どもを産むか育てる女の人のことです』と答えても、ダメですと何度も言われました」と言いに来たのです。

「どうきかれたの？」

「『あのね、あなたにとって母親ってどういう意味の言葉ですか？』って聞かれたんです。それで、『子どもを産んだり育てたりする女の人のことです』と答えたら、『違うの、あなたにとって…』と何度も聞かれたのです」

おわかりでしょうか。一般に言葉の意味といわれているものには二種類があります。一つは誰にでも通じる面で、三人称的な側面です。これは言葉がソシュールが言うように、対象世界をある基準で区分け（分節）し、そのそれぞれに命名して出来上がるものだからで、その分節された対象を名付けるのが言葉なのです。これは意味というよりも実際はその言葉が指し示している内容を指すので、指示対象あるいは語義という方が正確です。いわゆる辞書に書かれている内容です。

それに対して、「○○にとっての意味」というのは、意味の一人称的側面といってよいものです。その言葉が指し示している対象と当人のかかわりの生活の中で、その当人がその指示対象にどういう思いを持つに至っているか、どういう価値づけをするに至っているか、を示すものです。

先の「母親とはあなたにとって、どういう意味の言葉か?」の場合なら「そうですね、愛他心を鍛えさせられる存在ですかね」とか「私は母がいなかったので甘えを許してくれる憧れの存在ですね」とか「私にとってもは憎しみでしかないですね」など、正解はなく、その人が母親との間で築いた価値世界を凝縮させたものがその内容になります。その中身には、その人のその人らしさや個性がにじみ出ます。

人は実際の言語生活においては、大部分、この一人称的な側面、狭義の「意味」の側面を用いて会話し思考しています。教育とは、人権とは、などと他者と論じあう際には、その人が無数の教育や被教育体験を繰り返して、教育なる営みに抱くに至った最新の価値世界を念頭にその言葉を使っています。だから相手の心に響くものが伝わるのです。コミュニケーションで他者に伝わるのは、「指示対象」(語義)の内容ではなく、この「意味」に含まれる感情や価値判断の方なのです。

2 語義の記憶量の拡大が教育の課題ではない

言葉の教育は、以上の議論でご理解いただけると思いますが、語彙を増やす、すなわち三人称的な意味即ち「指示対象」をあらわす辞書的な語義をできるだけ多く記憶させることが大事なテーマになるのではありません。一人称的な「意味」の世界をどう豊かかつ個性的に身につけさせるかということ、さらに、この指示対象とその人が創出しつつある意味の世界との往復運動をしっかりさせること、これが大事なテーマになります。三人称的な意味つまり語義をいくら増やしても、その言葉が指し示す対象がその言葉を使っている人にとってどれほどの意味合いを持つもの(こと)かを自分で模索していくことなしには、世界に対して、価値を付与しながらかかわることはできません。「知ってはいても何も識らない」ということになるでしょうか。世界とかかわれない、頭に間借りしているだけの知識になります。ミルが苦しんだのは、自分の語義中心の言葉の世界では、世界に意味を付与することができないためでした。知が行動や判断に結びつかないのです。

先の国分一太郎氏は、言葉を学ぶことがそのまま知識を増やすことになるといったのですが、ここにも幾層もの飛躍があります。知識とは正しく定義すれば、言葉には簡単にはならないような経験知を含めて、言葉が指し示す対象に対して、他者がどう価値づけているかを知り、自分がどう価値づけたいかを明確にして、それらを相互交渉させて、自分の価値づけの世界を明確にしていく作業を通じて身につけていくものです。言葉の意味（語義）をたくさん覚えれば知識が増えるという単純なものではありません。

国分氏が生活綴り方の教師であったことは、生活綴り方という独特の教育手法がこの語義と意味の往復運動を支えるということを念頭に置いていたのかもしれません。しかし国分氏自身のその後の歩みでは、生活綴り方を国語科の作文教育に収れんさせようとしていたように思いますので、この点は確言できません。しかし、これまでの国語教育では、この語義と意味の違いを鮮明にしながら、その相互交渉をこそ課題とするという点ではあいまいさが残っていたことは確実だと思っています。

3 体験の拡大・充実による意味化の契機の拡充を

現代とこれからの国語教育は、この問題をより深刻に問いつつ進める必要性が出てきています。これまでは、日常の生活、暮らしに、言葉の意味を耕す体験が豊かにありました。電化製品も、AI機器も何もない時代には、すべて手作りで生活、暮らしの実際を作っていくしかありませんでした。子どもの遊びも基本手造りでした。人々の生活につくり出す側面が豊かにあったということです。この生活が言葉の「意味」を形成させるきっかけになっていました。

人々は、学校での言葉の学びでたとえ指示対象を覚えることが多くとも、日常の生活で、その意味を見つけ、耕すことが多く保障されていたわけです。学びと生活の往復が言葉の意味世界を深める契機だったということです。

今、生活の消費化、記号化（情報化）が進み、生活の中でも指示対象の記憶のみが増えるようなことが多くなっています。それがネット炎上などの原因となっています。

今後の言葉の教育は、したがって実際に体験によって知を創造することを格段に多くする工夫が不可欠になります。体験によって言葉理解の深化＝意味化を図ること、そしてかつての綴り方のように、己のいのちの営みを自分で意味化することを応援する教育の創造が課題になります。

情報大混乱時代の羅針盤となろう

白鴎大学特任教授（元ＴＢＳアナウンサー）　下村健一《しもむらけんいち》

元ＴＢＳ報道局アナウンサー、現在は令和メディア研究所主宰として情報リテラシー教育などをテーマに講演・執筆活動などをしている。光村図書国語教科書小学五年説明文「想像力のスイッチを入れよう」筆者。

「大リーグの大谷翔平選手から届いたグローブを用意しておいて下さい」―小学校から訪問授業に招かれると、最近私は必ずこう頼む。何しろ日本中の学校に贈られているから、ありがたいことにこのリクエストは大抵実現する。

授業当日。冒頭でグローブをつけた児童二人を皆の前に呼び、「これは〝情報〟という名のボールだよ」と言ってゴムボールを手渡す。少しだけ離れて〝情報〟交換（＝キャッチボール）をしてもらいながら、興味津々の皆に説く。

「エラーせずボールをキャッチするのにも、暴投せず相手に球を投げるのにも、練習が要るよね。普段インターネットを見る時やＳＮＳで友達と話す時も、それと同じ。コツをつかむと、情報のキャッチボールがスイスイできるよ」

そう、この楽しい投球や捕球のコツの練習を、「メディア情報リテラシー教育」と言うのだ。人類が言語を獲得したばかりの原始時代にも、三〇世紀にも通用する、言葉のやりとりの基本中の基本。国語教育の土台の礎石だ。

でも、そんな基本なら、日々の授業の中で常に教えているのではないか？　今さら仰々しく「メディアリテラシー」などと称して、取り立てて教える必要があるのか？

1　メディアリテラシーは、必要だ。しかし…

必要は、ある。前世紀まで、一般の人々の情報交換は、球数も球速も球種も限られた、（今に比べれば）シンプルなキャッチボールだった。しかし今、時代は決定的に変わった。膨大な数のボールが同時に四方八方から、しかも豪速球で、ときには生成ＡＩなどを駆使した精巧なフェイクというクセ球で、個々人に浴びせられるようになった。

自分が投げたボールも、一球だった筈が手を離してからクラスター爆弾のように散り散りになってそこら中に着弾し、制御不能なスピードで、しかも曲解や切り抜きによって勝手に悪球に変えられて、炎上してしまう。

しかもそうした状況は、年々急激にエスカレートしている。量も質も変貌した情報社会に、私達は教え子を送り出すのだ。以前は「そんなの当たり前」だったキャッチボールのコツを、今や一人一人が瞬時に駆使できるほどにレベルアップさせ、意識的に武装する必要が生じてしまった。

かくもニーズが高まっているメディア情報リテラシー教育だが、大学で私の講義を聴きに来た学生たちに受講の動機を問うと、こんな答えがしばしば返ってくる。

「高校までの先生に『情報には気をつけろ』『冷静に真偽を見極めろ』という指導は受けてきたけれど、どうやって気をつけるのか、どうやって冷静になるのか、どうやって見極めるのかは具体的に身につけられなかったから。」

…苦労しておられる先生方としては不本意なコメントだろうが、このように《べき論》は教わったが《方法論》は習得していない、と感じている学生は決して少なくない。

2 「そうかな」と、スイスイスイッチ

この《方法論》を覚えやすく定型化すべく、私は〝情報に向き合う基本姿勢〟として、《①即断するな／②鵜呑みにするな／③偏るな／④（スポットライトの）中だけ見るな》の頭文字「そ・う・か・な」を、各地の小学校から大学までを訪ねて説いている。概念整理のお勉強に終わらせず実用に供するように、それらを具体的なセリフに置き換えた《①まだわからないよね？／②意見・印象じゃないかな？／③他の見え方もないかな？／④隠れているものはないかな？》も提唱し、初耳情報に接したらとにかくこの四つを呪文のように実際に口にしよう、と呼びかけている。

小学五年の国語科の教科書にも、①〜④を（もう少し平明な言葉で）並べた「想像力のスイッチを入れよう」という説明文を掲載し、全国の学校で授業をしてもらっている。

この四つの内、最も根幹が①の「まだわからないよね」

（＝即断するな）という態度だ。初めて接した情報は、真偽を性急に《見分けよう》とせず、まずは《保留しよう》！

白か黒か、○か×かを二者択一で仕分けようとする〝カチカチスイッチ〟（オンとオフしかない電源型のスイッチ）では、情報に右往左往させられやすい。実際、この世には真っ黒と真っ白の間に、実にとりどりの色が存在するのだから。そのグラデーションの中で、「これぐらい本当っぽいな／ちょっと疑わしいな」と〝スイスイスイッチ〟（コンロの火力やスマホの音量調節のようなスライド型のスイッチ）を使ってカラフルに豊かに情報を受け取る力を育もう。「メディアはこう報道してるけど、実はこうなんだぞ」という陰謀論めいた情報に出会っても一発で「そうだったのか！」と決めつけず、続報に「う・か・な」を口ずさんで当てはめ、柔軟に判断の濃淡を調節していく大人になろう。

教科書では、これを「サッカーの次期監督が誰になるか」という架空の噂話に当てはめて実演している。だが、普段から○×式テストで〝カチカチスイッチ〟型思考法が染み込んでいる子ども達にとって、〝スイスイスイッチ〟への発想転換は容易ではない。訪問授業で、何か例文を示して「この情報を、君ならどう受け止める？」と尋ねても、多様な解釈がワイワイ並ぶ面白い展開にはなかなかならない。皆すぐに「下村先生は、どういう《正解》発言を期待しているんだろう」と忖度を始めてしまう。言葉の大海を自由に泳がせず唯一の模範解答探しに子ども達を閉じ込めてしまったら、それは国語科教育の敗北ではないだろうか？

見分けるのではなく、保留しよう。正解を急がぬ勇気を持って、「まだわからないよね」とクエストを続ける胆力＝《ネガティブ・ケイパビリティ》を鍛えよう。この総天然色の世界を、わざわざ白黒コピーしてから子ども達に眺めさせることは、もうやめよう。

3 メディアリテラシーとは、何《なに》で《ない》か

最後に、メディア情報リテラシー教育とは何かについての、よくある三つの勘違いに触れておきたい。
◆**【小手先のＩＴツール操作法？】** デジタル情報端末の操作法をただ教えることがリテラシー教育だと勘違いすると、その「教育」を受け終えたあなたの教え子は、学校外で情報の荒波に遭遇した途端、敢えなく溺れてしまう。

子ども達は、新しいツールの使い方には驚くほど速く習熟するが、それは入口の鍵の開け方を覚えただけのこと。肝心の扉を開いた中身（情報それ自体）の吟味の仕方については、まだ知らないのだ。

欲しい情報に辿り着く練習を積む「調べ物学習」は、図書館で信頼できる情報に出会っていた時代には、それで十分だった。だが今は、「出会った情報を吟味するプロセス」が不可欠だ。それ抜きで、ただ調べ物にネットを使う術だけを教える事は、フェイクや陰謀論の沼へと教え子達を誘導するハーメルンの笛吹きになりかねない。

「デジタルネイティブな今の子供達にはかなわない」などとひるむことなく、〝アナログネイティブ〟の強みで堂々と「そ・う・か・な」を教えよう。

◆【クリエイティブな制作体験？】

ネット記事や動画作品を自ら作ってみる授業の効果は確かに絶大で、私も積極的に推奨はしている。だが、その制作体験によって子ども達に自動的にリテラシー的視座が獲得されるわけではない。

肝心なのは、そこで「あぁ、こうやって情報というものは全て選択・構成されて《発信》されているんだな」と、子ども達を《受信》時の気づきに導くこと。そうした要所要所での教師の何気ないコメントや問いかけが重要だ。それ抜きでの単なる野放しの制作は、逆に子ども達を「騙し・煽り・歪んだ切り取りワザ」の習得へと誘いかねない。

◆【恐怖の〝べからず集〟？】

「これをやったら危ないから気をつけろ」とネットの危険性を教える〝安全教育〟は、もちろん必要ではある。しかし防災教育がなかなか日常に浸透しないメカニズムと同様に、そうした警告系のアプローチは「自分だけは大丈夫」「とりあえず今日は大丈夫」という正常性バイアスに阻まれがちだ。

子ども達を、そんな脅しではなく《面白さ》で引き寄せることを志向しよう。冒頭で述べた通り、このキャッチボールの練習は本来楽しい。「瞬時に正誤を見分けられない」と悩む話でも、「相手を嘘つきだと思え」という暗い話でもない。思いこみ・決めつけの窓枠を壊して広げて「もっと広い景色を見渡そう！」という、明るい話なのだ。

子ども達が生き生き笑顔になるような、そして結果的に社会が安定性を取り戻すような、そんな国語科授業実践の狼煙《のろし》が、各地から上がりますように――。

個が生きる同時異学習と評価

千葉大学名誉教授　首藤久義《しゅとうひさよし》

千葉大学名誉教授。「国語を楽しく」をモットーに、子ども中心主義を貫く国語人。まなざしは幼児教育から学校教育まで広く、氏の教育哲学を慕う人は多い。

1　一斉授業の問題

一斉指導型の国語科授業では、例えば作文の場合は、全員が一斉に取材したあと、一斉に構成メモを作り、そのうちの一、二を取り上げて全員で検討し合い、それが終わってからやっと本文を書き始め、書き終わったら一斉に推敲する、というように、全員が進度をそろえて一斉に進むことが多い。

あるいは、読解の場合は、同じ一つの教材を取り上げて、全員が同じ方法で一斉に進む。それが一斉指導型の授業である。

一斉指導型の授業では、早く済んだ子は待たされて退屈し、遅い子はせかされて落ち着けない。あるいはまた、「助け合い」と称して、早く仕上げた子が、まだ仕上がらない子に手や口を出して代わりに作業して、時間内に仕上げさせるということもある。

分かりやすい例で話そう。将棋をしているとき、次に指す手を横から言われたり、横から手を出して駒を動かされたりしたら、あなたはどう感じるだろうか？

国語学習は、言語活動を自分ですることが学びになるものである。それなのに、ほかの人が横から口や手を出して、自分がすることを代わりにされてしまったのでは、学ぶ機会が奪われたことになるのである。

2 同時異学習のすすめ

1 同時異学習とは

学習の内容や方法を学習者が選び、学習のレベル・分量・進度が学習者によって異なってよいとする授業を思い浮かべてみてほしい。そういうやりかたを私は、同じ時間に異なる学習がなされるという意味で、「同時異学習」と呼んでいる。

同時異学習の授業では、一人一人が自分にふさわしい学習を選んで行う。自分で選んだ子には、選んだ責任感が生まれ、自分で何とかしようとする自律的な姿勢が生まれる。

2 共通の大枠の中での同時異学習

例えば大判名刺を作って交換し合う活動をする場合、そこには、大判名刺を作るという共通の大枠がある。が、その枠の中でそれぞれの子が書く文字は異なるわけであるから、そこで異学習がなされることになる。

あるいは「のりものブックを作ろう」という単元で、一人一人が別々の乗り物を選んでイラスト付きの説明を書く場合、乗り物ブックを作るという大枠は共通であるが、一人一人が異なる乗り物について読んだり書いたりするという点が異学習になる。

3 同時異学習のいろいろ

同時異学習の例は、ほかにもいろいろある。次に示すのは、ほんの一部である。

①気に入った名言を選んで手作りの名言集を作る。
②案内したい読み物を選んで読書案内をする。
③一つの物語を数人で役割分担して朗読劇を上演する。
④全員で役割分担して一冊の地域情報誌を作る。
⑤自分が好きなテーマ、好きなジャンルで創作する。

4 個別も一斉も必要に応じて

同時異学習でも、それぞれの子が自分にふさわしいものを選んだ結果、複数人あるいは全員が同じ学習をすることがある。

あるいはまた、もともと一斉に行うことがふさわしい場面もある。例えば、全員が一斉に行動することが必要な場面や、共通の話題について全員で話し合う必要がある場面などがそれである。個別も一斉も、必要に応じて使い分ければよい。

3　別々のことをしても学びが成立する

例えばある作品を放送劇にして上演する際に、場面ごとの脚本づくりや、セリフやナレーションや効果音など別々の役割を分担して学習活動を行う場合、それぞれの子がその作品の全体を読み込む機会が無くなるかと言うと、その答えは否である。

効果音を分担した子が、どこでどういう音がするかということを探って作品の全行を丁寧に読み込むということが起き、一つのセリフをどう音声表現すればよいかを考えるために、作品全体を読み込むということが起きる。同様のことが、ほかの役割を担当した子にも起きる。

4　一人一人の最適が異なる

興味・関心・能力・特性は一人一人異なる。それが現実である。だから、何が最適かが一人一人異なり、同時異学習が必要になるのである。

人は、頑張ればできることに対しては意欲的になり、頑張ってもできないことや、頑張らなくてもできることに対しては意欲がわかない。意欲がわかなければ学習効果があがらない。学習効果を最大にするためには、学習の内容・方法・素材・レベル・分量・進度を学習者に応じて変える必要がある。その必要が、同時異学習という発想を生んだのである。

同時異学習では、共通の学力水準を保障することができないのではないかと心配する向きには、ケネス・グッドマンによる次の言葉を捧げたい。(注)

「目標は、絶対水準の達成ではなく、個の成長である。」

5　個が生きる評価

1　全国共通の到達目標に潜む問題

全国共通の到達目標に準拠した評価尺度を作り、その尺度に照らして学習者の弱点を見つけ、その弱点を無くす学習をさせようとする教育観がある。

その教育観に潜む問題の一つは、既に目標に達していると評価された子はそれ以上学ぶ必要が無くなり、教師はそれ以上指導することが無くなるという問題である。

この種の教育観が重視する評価は、到達目標に対して何が足りないかを見る評価である。そういう評価を受けた学習者は、どうしても、自分の不足点に注意が行きがちになる。その結果、自己肯定感が低下する。自己肯定感が低下すれば、学習の意欲と効率が低下する。これもまた問題である。

2　長所を見る目

学習者それぞれがもつ長所を見ようとすれば、長所が見えてくる。長所が見えれば、教師にも学習者にも肯定感が高まる。自己肯定感が高まれば、伸び伸びと安心して力を発揮できるようになる。自分が発揮したその力を見れば、自己肯定感がさらに高まる。

学習者の長所は、それを他の人や全国標準と比べて一喜一憂しないほうがよい。学びにおいて大切なことは、一人一人が自分なりに学び、自分なりに成長することである。

3　異質の他者が共生する学校

全国共通の目標水準に全員が到達することについては、それを目標に掲げることはできる。しかし、その目標を実際に達成することは不可能である。なぜなら、人には個人差があるからである。

人には得意不得意がある。不得意も含めてその人の個性である。人は個性をもって学び、個性をもって成長する。そして、それぞれの個性を生かして社会参加する。それが、異質の他者が共に生きる社会である。

これからの学校は、共生社会に生きる市民が育つ場としての性格を、ますます強めなければならない。そして、学習者の個性がもっと尊重される場にならなければならない。学校教育が担うべきは、個人差を無くすことではなく、一人一人の学習と成長を支援することである。

【付記】同時異学習と評価の詳細については、首藤久義著『国語を楽しく―プロジェクト・翻作・同時異学習のすすめ』（東洋館出版社、二〇二三年）の第一章「人間尊重の学習支援」と第二章「学習と評価」を参照されたい。

（注）Individual growth, not achievement of absolute levels, is the goal.（Kenneth Goodman, What's Whole in Whole Language?, Heinemann Educational Books, 1986, p.30）

保育の視点から言葉の学びとして大人が子どもに向けるまなざしを考える

共立女子大学教授　白川《しらかわ》佳子《よしこ》

鎌倉女子大学を経て現職。専門は教育心理学。保育者の力量形成に関する研究を進める。研究・教育の傍ら、休日にはSUPとランニングを愉しむアスリート。

1 受け止めてもらえる安心感

大学の授業でコミュニケーションの技法のペアワークをすると伝えると、初対面の相手とコミュニケーションを取るのは苦手だから同じ学科のクラスメイトとペアになりたいと言う学生がいます。しかし、できるだけ緊張感を味わう位の相手の方がコミュニケーションの技法の効果が感じられるからと説明して、学部や学科をシャッフルした座席表を作り、ペアワークをしてもらっています。その演習風景を見てみると、最初は緊張した強張った表情をしていても、聞き手に「受容」「共感」「促し」「繰り返し」などの技法を使って積極的傾聴をしてもらうと、話し手は朗らかな表情になり話が弾んでいく様子に変わっていきます。授業後のリアクションペーパーを読んでみると、「今日の演習は初対面の相手だったので最初は緊張しましたが、私の辛かった経験を、ペアの相手が『あなたの気持ち分かるよ』と頷きながら聞いてくれたので、すごく話しやすくてあっという間に演習の時間が経っていました。私は今まで人とコミュニケーションを取るのは苦手だと思い込んでいましたが、このような技法を用いればコミュニケーションが円滑になるということが分かったので、今後は日常生活の中で相手の話を聞くときに使っていきたいと思います。」

このように大人の大学生でも受け止めてもらえる雰囲気であれば話しやすくなるという経験をしたわけですが、これはあくまでも大学生の事例です。乳幼児期の子どもの場合はどうでしょうか。

2 乳児にとって「泣く」「笑う」は言葉と同じ働き

生まれたばかりの乳児はまだ言葉を話すことができません。おむつを替えてほしい時、おなかがすいた時、甘えたい時は泣いて養育者に欲求を訴えます。反対に機嫌がよい時には人の顔を見て微笑みますが、これによって養育者の養育行動を引き出すということが分かっています。これらの泣き笑いに対して適切に養育者から敏感で応答的な反応を得られた経験が、そののちの自発的な発声に繋がっていきます。教育心理学の有名な道具的条件付けの例として、乳児が能動的に発声した際に母親が抱っこするなどの報酬を与えた乳児群では、報酬を与えなかった乳児群よりも発声の頻度が高かったという研究がよく使われます。このことからも前言葉の段階でも周囲の養育者などの大人の関わりが前言葉の発達に非常に重要であることがわかります。

3 一語で文の意味を含む「一語文」

一歳頃になると初めて意味のある言葉である初語を発するようになります。それと同時に一語で文としての意味を含んだ一語文を話すようになります。例えば、子どもが「ママ」と言った時に、それは「ママ抱っこして」「ママのハンカチ」「ママが迎えに来た」など様々な意味を持ち、文としての機能を持ちます。保育園では子どもが一語文を発した時に、子どもの気持ちを代弁して、「ママがお迎えに来たね。嬉しいね」「ママのハンカチだね。きれいだね」など、子どもの一語文を正しい文法に拡張模倣します。そのように関わってもらうことによって子どもの語彙は急激に増えていきます。

二歳頃までに「ママ、来た」など二語を繋げて話す二語文へと変化していきます。養育者が子どもにあまり話しかけない環境で育った子どもや、テレビやビデオばかり見せられて育った子どもに、言葉の発達の遅れがあったことは多くの研究で報告されています。大人が子どもの言いたいことをくみ取ることで、子どもが安心感を得て、耳で聞いてインプットした言葉を自分から発声するようになるのです。

4 友達関係に保育者の仲介が必要な二歳

保育園の二歳児クラスの子ども達は生活や遊びの中で友達と言葉のやり取りをしようとしますが、語彙が不十分なために自分の思いを十分に言葉で伝えることができずに相手を叩いたり、いざこざになったりすることがあります。保育者は子ども同士で言葉による伝え合いができるように、子どもの気持ちや経験を言語化できるように援助するなど、子ども同士の関わりの仲介をしています。

例えば、相手の子どもと一緒に遊びたそうにしているのに何も言えなくて遊びを眺めているような場合には、「○○ちゃんは□□ちゃんと一緒に遊びたいのかな。□□ちゃん一緒に遊ぼうって言ってみたら」など子ども同士の関わりの仲立ちを行うのです。現代は少子化で、家庭の中で一人で遊んでいる子どもたちも多いため、保育園での同年代の子どもとの関わりは、子どもたちのコミュニケーション能力を育むためにも貴重な機会となっています。

5 初めての緊張する場所では言葉が出てこない

見知らぬ大勢の人の前で話すことや会議での発言は、大人でも緊張して言葉に詰まってしまうことはよくあることです。ましてや、まだ経験が少ない幼児ならなおさらです。前項までは三歳未満の保育園に通う子どもたちのお話をしましたが、幼稚園は三歳以上の幼児が通う場所です。家庭を出て初めて集団生活を経験するという子どももたくさんいます。特に入園後の四月は養育者に連れられて保育室に入ってきても、緊張のあまり表情が強張って一歩も動かないという子どももいます。家庭ではたくさん話せる子どもでも、緊張した場面では全く言葉が出てきません。このような場合は、保育者が子どもが好きな遊びに誘うことで子どもが遊びに没頭できるようになると、次第にリラックスして言葉もたくさん出てくるようになります。

これは入園直後の三歳児に限ったことではなく、小学校に入学したばかりの一年生にも言えることではないでしょうか。幼小接続プログラムやスタートカリキュラムにより、一年生の戸惑いや不安は以前よりもかなり軽減されていると思われますが、幼稚園と小学校との環境のギャップによる緊張感から、自分らしく話せなくなっている子どもたちもいるのではないでしょうか。子どもたちが幼稚園や保育園で楽しんでいた遊びを小学校の朝の時間帯に取り入れることで、子どもたちの緊張感が軽減されて、のびのびと発言ができる雰囲気が醸成されるのではないでしょうか。

6 ネガティブ感情も安心して表出できる場

「嬉しい」「楽しい」「大好き」などのポジティブな感情表現は周囲を明るい雰囲気にするので歓迎されますが、「楽しくなかった」「嫌だった」などのネガティブな感情表現は周囲を不快にしてしまうことも多いため、子どもに我慢するように求めてしまいがちです。しかしながら、不快な感情を経験した時に、保育者は子どもの気持ちを丁寧に聞き取り共感し、他の子どもたちと一緒に話し合う場を設けたり、適切な気持ちの表出の仕方を伝えたりします。

例えば、「遊びが楽しくなかった。疲れた」と言っている子どもに対して、「そんなことを言ったらみんなが嫌な気持ちになるよ」ではなく、「どういうところが楽しくなかったの？」と尋ねてみます。すると、遊びのルールが不平等だという問題点が分かり、他の子どもたちと話し合いの場を設けることになった事例があります。このような気持ちを受け止める経験をしてもらった子どもは、ネガティブな感情もただ我慢するのではなく、適切な方法で伝えることによって問題が解決することを学ぶのです。

7 一次的ことばから二次的ことばへ

幼児期から児童期にかけて、一対一の文脈に依存した一次的ことばから、不特定多数に向けられ文脈から独立した二次的ことばへと発達していきます。二次的ことばは、小学校入学後の教室内において本格的に必要とされますが、幼稚園や保育園でも二次的ことばを経験する機会を用意しています。例えば、日曜日にどんなことをしたのか、今日どんな遊びをしたのか、お散歩で見つけたもの、自分が作った作品の工夫した点など、さまざまなテーマでクラスの仲間の前で発表します。その際に、保育者は子どもの発表で情報が不足している部分を補ったり、話し手の子どもに質問をしたりなどの援助をすることによって、二次的ことばの発達を促しています。

国語教育は、学校教育の教科「国語」から始まると思われがちですが、乳幼児期の子どもの感情表出に対する大人の温かい関わりがその基盤にあるのではないでしょうか。

これからの言葉の学びで「問い」をもつことの大切さを展望する

筑波大学附属小学校教諭　白坂洋一《しらさかよういち》

鹿児島県公立小学校教諭を経て、現職。「子どもの論理」で創る国語授業研究会会長。子どもの学びがいきいきとする「問い」のあり方を探究する実践家。

1　はじめに

国語科授業での言葉の学びは、子どもたちの言語生活にどれほど生かされているだろうか。

実践の立場から言葉の学びを見つめたとき、国語科授業と言語生活との間には溝があると感じている。これからの言葉の学びを考える上での課題の一つだと考えている。

滝田（二〇一四）は、国語教育目標論の立場から国語科が抱える課題について、次の三点を挙げ、指摘している。

①学習者の国語科に対する学習意識の等閑視
②国語科授業の方法化・技術化
③国語科授業と言語生活の結びつきの希薄化

これらは決して、個別的課題ではなく、有機的に結びついた一つの課題だと考えている。その要因として、これまでの授業づくりが、教師の「教える」のみで構成されていなかっただろうかという思いがある。

これからの国語科授業では、言語生活に生きる言葉の学びが実現できるように、子どもの「学ぶ」を中心とした学習者主体の授業づくりを確立する必要がある。国語科授業と言語生活のつなぎ目となるのが子どもの「問い」である。

白水・小山（二〇二一）は、プロジェクト学習や問題解決型学習を例に、これらは「問いが学びを駆動する」という性質をもとにしていること、「持続的な探究学習を可能にし、好奇心を喚起し、長期保持できる知識や探究スキル、問題解決スキルの獲得を促し得る」ことを示した。

学習者主体の国語科授業の創造を目指したとき、学習者の「問い」は授業づくりの要となり、軸になると考える。

では、学習者の「問い」を軸として展開する国語科授業とはどのようなものか。授業としての具体を次に紹介する。

2 授業実践　単元名「問い日記をつくろう！」

〔「世界でいちばんやかましい音」（学校図書四年下）〕

本実践では、学習者が「問いをつくり、問いで読み合い、問いを評価する」ことを授業の柱に展開している。その柱の中心に位置付き、軸となるのが「問い」である。

「問いづくり」では、みんなで読み合いたい問いの検討・決定を行う。問いの協働生成を通して、学習材の内容だけでなく、その問いを通して、どんなことを読むことができそうかを教師と子どもたちで共有する。決定した問いでの読み合いの主体は子どもたちである。他者と語り合い、協働的に活動を進める経験を繰り返すことにより、子どもたちは次第に学習を調整する力を身に付けていく。

「読み合い」では、教師は子どもたち同士の相互交流を問いかけや助言を用いて促したり、活動そのものを観察し、把握したりすることが求められる。教師による学習状況の把握は省察に大きく関わる。学びを見守る伴走者的な視点で、学習過程を見守り、学びの様相を評価・分析することで、教師と子どもが共に省察する上での情報源となる。

「問いの評価」では、「問いはよかったか、新しい発見はどんなことだったか」などを観点に授業を省察する。「省察」は、自分ごととして学びを捉え直す営みであり、ふり返りやリフレクションとして注目されている。教師と子どもが共に授業を省察することを通して、学んだことを身体化し、味わい直すことで、学びの自覚化が働く。

ここで用いるのが中心的な言語活動として位置づけている「問い日記」である。その構成は、以下の通りである。

①問いの評価（問いはよかったか、その理由）

②読みの方略の価値づけ（問いで新しい発見はどんなことだったか、学べたこと）

③自己の思いの表現（次はどんな問いで考えたいか）

子どもたち自らがつくる「問い」をもとに読み、考えを交流するからこそ、ふり返りとしてまとめる「問い日記」では、自分事として学びのプロセスをとらえていく。

後述の単元計画を見ていただけると分かるように、第二次で「問いをつくり、問いで読み合い、問いを評価する」を一セットとして、繰り返しつつ、授業を展開している。

教師の役割は、子どもたち同士の相互交流を促すこと、学びの状況を把握してフィードバックしながら、省察を促すことに注力する必要があるといえる。これらの点から、「リフレクション型国語科授業」として提案している。

第一次「世界でいちばんやかましい音」を読もう！…①
・「世界でいちばんやかましい音」を読み、感想を交流する。
第二次 問い日記をつくろう！…⑥
・「世界でいちばんやかましい音」を読み合い、問い日記をつくる。〔三時間×二セット〕
―一セットの流れ―
①問いをつくり、問いの選択・検討をする。
②問いをもとに読み合う。
③問いをふり返って評価し、問い日記をつくる。
第三次「私」を語ろう！…②
・「世界でいちばんやかましい音」を読んで、自分の考えや経験、感想を書き、交流する。
・学んだことをどう活かしていくか、学習をふり返る。

一回目の問いづくりでは、「なぜガヤガヤの町は静かになったのにガヤガヤの町という名前を残したのか」に決定した。読み合いでは、町の入り口にある立て札の「これより」と「ようこそ」の意味づけが次のように図られた。

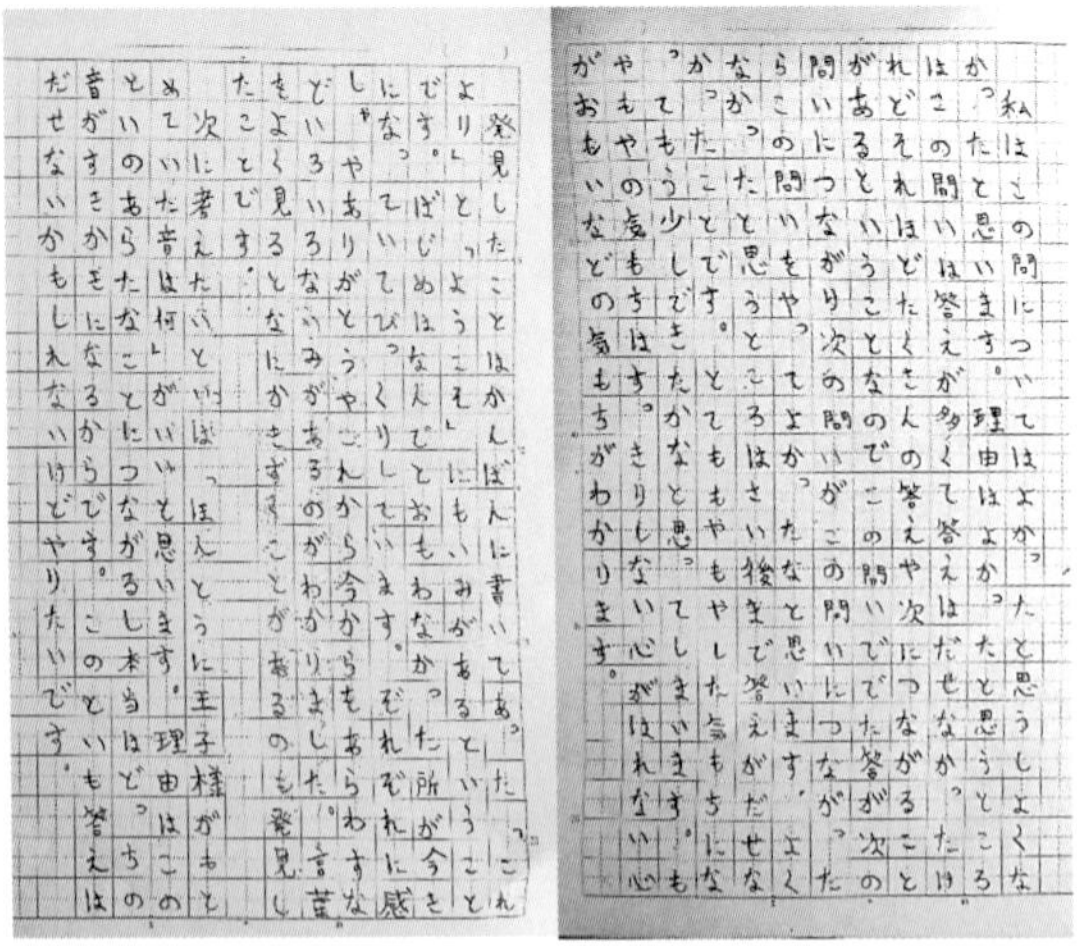
私はこの問いについてはよかったと思うしよくなかったと思います。理由はよかったと思うところはその問いは答えが多くて答えはだせなかったけれどそれほどたくさんの答えや次につながることがあるということなのでこの問いででた答が次の問いにつながり次の問いがこの問いにつながったらこの問いをやってよかったなと思います。よくなかったと思うところはさい後まで答えがだせなかったことです。とてももやもやした気もちになってもう少しできたかなと思ってしまいます。もやもやの気もちはすっきりしない心がはれない心がおもいなどの気もちがわかります。

発見したことはかんばんに書いてあった「これより」と「ようこそ」にもいみがあるということです。ばじめはなんでとおもわなかった所が今さになっていてびっくりしています。ぞれぞれに感しゃやありがとうやごれから今からもあらわすなどいろいろないみがあるのがわかりました。言葉をよく見るとなにかきずくことがあるのも発見したことです。
次に考えたいといは「ほんとうに王子様がもとめていた音は何」がいいと思います。理由はこのといのあらたなことにつながるし本当はどっちの音がすきかきになるからです。このといも答えはだせないかもしれないけどやりたいです。

C：来た人に、昔はやかましいところだったよ、でも今は変わったよということを伝えたかったんじゃないかな。
C：ここに「これより」って書いてあって、こっちには「ようこそ」って書いてあって、ここ（ようこそ）は「来て、いいところになったよ」って意味で、こっち（これより）は「気をつけて」という意味がある。

C：国語辞典で意味を調べてみたんだけど、「これより」は「これから」と意味が同じなんだけど、「この場所から」「ここから」という意味で、「ようこそ」には、「相手の訪問に対する感謝と歓迎の気持ち」ってあって、「これより」は特に歓迎もなしに伝えているだけってことだと思う。

立て札の「これより」は知らせを送る立場、「ようこそ」は受け入れる立場であることが意味づけられた場面だった。問いの評価では、立て札の変化、意味づけとともに、これには王子様が変容したことが関係していることが語られた。

3 終わりに

「学び」は学習者の中で起こる変化にもとづくものであって、教師に依るものではない。言葉の学びも同様である。「問い」があるからこそ、言葉の学びの主体が子どもとなり、省察によって、言葉の学びは自覚化される。そこに、伴走者としての教師の役割が求められる。教師の問いも、一つの刺激となって、他者との交流や再読の必要性を生み出す。これからの言葉の学びにおいて、「問い」は学びの架け橋となるだろう。

＊本研究は公益財団法人 博報堂教育財団による第18回 児童教育実践についての研究助成を受けたものです。

【引用・参考文献】

竜田徹（二〇一四）『構想力を育む国語教育』溪水社

小山義徳（二〇二一）・道田泰司編『「問う力」を育てる理論と実践 問い・質問・発問の活用の仕方を探る』ひつじ書房

香月正登・白坂洋一（二〇二二）「学習者側からの目標設定に関する実践的研究～国語学習意識の質的変化に着目して～」（第一四二回全国大学国語教育学会／自由研究発表資料）

白坂洋一（二〇二二）「問い日記をつくろう！」（第八五回国語教育全国大会（オンライン）／授業資料）

香月正登・白坂洋一・古沢由紀（二〇二三）「主体化する国語科授業の実証的研究の構想―国語学習サイクルの効果を中心に」（第一四四回全国大学国語教育学会／自由研究発表資料）

白坂洋一（二〇二三）「「問い日記」の言語活動的価値についての一考察」（国語教育探究，36号，四二頁―四九頁）

香月正登・白坂洋一・小泉芳男・古沢由紀・木原陽子（二〇二三）「主体化する国語科授業の目標設定～言葉を学ぶ習慣的思考を中心として～」（第一四五回全国大学国語教育学会／ 自由研究発表資料）

白坂洋一（二〇二三）「リフレクション型国語授業の展開―学習者の視点を、どう位置づけて授業を展開するか―」『教育研究』令和五年二月号研究発表

子どもの中に育とうとする言葉の力をどのように見取り、小学校につなぎ、伸ばすのか

教育特区の品川区で幼稚園副園長を務める。日本国語教育学会幼保部会運営委員。幼小接続教育のエキスパートとして、数多くの実践発表を行っている。

東京都品川区立台場幼稚園副園長　親泊《しんぱく》絵《え》里子《りこ》

幼児期の教育と小学校教育の接続は、今、様々な動きの中で、私は大きなチャンスの波が到来していると考える。「幼保小の架け橋プログラム」[1]はその一つとして、「見えにくい幼児教育の質の意義や価値を共有」することや、幼児期は「身体と感覚・感性を通じた体験が必要な時期である」ことなど、幼小接続において何が重要かを、小学校教員や家庭、地域、関係諸機関等、あらゆるつながりの中で、共に考えることができる可能性に期待が高まる。

幼児期に培った言葉の力を、どのように小学校以降の学びにつなぐのか。ともすると言葉の領域は、幼児期に育てたい力の中でも、〝見えやすい〟ものであるかもしれない。しかし、幼児期の言葉の育ちをどう読み取るのかは、その〝見えている〟もののみにとらわれてしまうと、子どもの育とうとする力を見失いかねない。

1 「言葉で上手く自己表現できない」姿は、〝言葉の力〟が育っていないのか

現場で最近気に掛かることは、子どもたちが自分の思いを言葉で上手く表現できない姿である。その表し方や伝え方、伝える内容、言葉の遣い方などが、気持ちと裏腹であったり、何ともアンバランスであったりする様子がある。けれどそれは、それこそ〝見えている〟面であり、その要因や背景を見つめていくと、漠然とした不安や、心が動かされる機会、受け入れられたり、つながったりする経験の不足によって、本来もつ力を発揮できずにいる姿なのではないかと感じる。むしろ、子どもたち自身は、大きくなろ

う！　大きくなりたい！　という思いを膨らませ、言葉で自己を表現しようともがいている、それは言葉の力が育とうとしている姿なのではないだろうか。

「架け橋特別委員会」の会議録[2]の中でも、「小学校での問題行動として、自分の感情をコントロールできないことが挙げられ、感情を表現する語彙力がないことが課題である。そういった問題に対応するために、幼児教育を学びたいという小学校からの要望が増えている。一方で、美しい言葉とか豊富な言葉を教えれば身につくものではなく、気持ちを受け止めてくれる人、伝えたいという幼児の気持ち、自分がもやもやとくすぶっている気持ちを言語化してくれる大人の存在などを含め、子供の環境を整備することが大切（一部抜粋）」とあった。共感するところが大きかった。

ここからは、小学校教員が子どもの切実な思いや困っている状況に寄り添い、幼児期からのつながりに目を向けていることが感じられる。語彙力の無さに、ただ言葉を教えることではなく、「子どもの環境を整備する」という考え方に、言葉の力を伸ばすための幼小接続のヒントがあると受け止めることができる。

特に言葉の力は、教師や周囲の大人が、子どもと言葉を通して関わることで育つ面が、肝心なのだと思う。「子どもが言葉で上手く自己表現できない」姿は、言葉の力が育とうとしている芽を見逃して、水を遣らない大人の影響が大きいのではないか。幼児期に育つ言葉の力を、架け橋期として小学校教育を見通し、つないで伸ばすために、次のことに考慮したい。

○架け橋期ならではの言葉の育ちを見極め、前倒しにならない、〝見える〟部分のみを急がないこと
○言葉の育ちを支える環境として、思いが揺れ動く体験と、子どもと大人の言葉のやりとりや言語化、子ども同士のやりとりを支える大人の存在が要となること

2　五歳児事例「思いが、伝えたい気持ちが、言葉を引き出す」～学級のみんなと楽しむ絵本の読み聞かせから～

五歳児B児の事例から考える。B児は、前所属園で集団生活に適応できず、心身に不調をきたし転園してきた。発達的な課題をもち合わせ、周囲の人に関心が高いが、思いばかりが先行して上手く関わることができず、気持ちと裏腹な言葉で思いを表していた。友達と関わりたいけれど、

相手にされなかったら…という不安が生じるのか、敢えて刺激的な言葉を使い、相手に嫌な思いをさせてしまうにもかかわらず、確実に相手が反応することにむしろ安堵を得ているような姿も見られ、互いに必死で苦しそうであった。

一方で、本児はイメージの豊かさをもち、本児から発信される考えに、他児も興味を示したり、面白さを感じたりしていた。そこで、本児のもつイメージの豊かさを踏まえ、学級で童話の読み聞かせを取り入れた。毎日、少しずつ読み進めることにし、挿絵は話の合間に挟む程度に提示しながら、教師は一人一人の目や表情を見つめながら、教師や学級の仲間と一体となって読み進める雰囲気を大事にした。友達と同じタイミングで息をのんだり、笑い合ったり、展開に期待をして目と目を合わせたり…。B児は〝みんなで過ごす楽しさ・心地よさ〟を体感しながら、お話を楽しむ中で自分の思ったことや考えを言葉で表し、そこに友達が喜んで応じることが、嬉しそうで満足感を味わっていた。

あるとき読み聞かせの時間がくると、B児はみんなが集まっている場所に、ダイブするように飛び込んだことがあった。これまではそのようなB児の行動に非難や抗議が集中したが、この時間を楽しみにするB児の気持ちを理解し共感していたのであろうK児が「Bくん、そういうときは〝入れて〟って言うんだよ」と、仕方ないなというように笑みを浮かべながら諭した。B児も、日頃否定されたと受け取る傾向が強いが、このときは心地良い空間の中でK児の言葉がすっと心の中に入ったのだろうか、「入れて！」とそれは大きな声で、〝伝えたい〟という思いで溢れるように言葉を放った。心配性のS児は「後から来たのに（いいの…？）」と呟いた。後から来た人は後ろへ回るというような、いわばルールやマナーといったことが守られないことに不安を感じたのではないかと思う。一方K児は「だってBくん楽しいから。」と応じた。教師は、「そうだね！昨日Bくんの言っていたことは、どうなるかな。今日のお話も楽しみだね。」と言い、S児の思いも図りながら様子を窺うと、S児は「Bくんも、あの続きが早く見たかったんだね。」と、B児に思いを寄せながら積極的に場所を空けた。

B児は発達の傾向からも、言葉のやりとりが難しい場面があるものの、教師や仲間と過ごしたり、受け入れられたりする心地よさを体感し、言葉で表現する楽しさや面白さを味わいながら言葉の力が育まれている。周囲の幼児たちも、B児との出会いによって多様な感情体験をしながら、自分の思いに気付いたり、そのことを言葉で表出したりして言葉による伝え合いが生まれていく。心を通わせ合いながら言葉の力が育ち合う姿である。

表れ出る言葉は未だ拙くても、教師や周囲の大人は、言葉につながる力を見逃さず、言葉の育ちを支える環境をつくり続けることが大切であると実感するのである。

3 育とうとする言葉の力を、小学校につなぐために

言葉の力を育むためには、言葉のやりとりを支える大人の存在が大切と考えるが、それは大人が指示したりリードしたりということとは全く別で、その存在の仕方を間違えば、その力を引き出せずに閉じ込めてしまうこともあるかもしれない。

大人は、幼児期、そして架け橋期ならではの世界や言葉（言葉につながる表現を含めて）の意味や価値、特性を、丁寧に深く理解しようとする姿勢をもっていたいと願う。その後の言葉の力の源が、そこにこそあると考えるからだ。

“見える言葉”だけを急ぐことなく、その世界や言葉を尊重し、体験と言葉の結びつきを豊かに重ねながら、子どもの中から生まれる言葉として身についていくよう導いていきたい。

こうして生まれる力を、幼小の教員同士が言葉の学びとしてつなぐ、同心協力して取り組む存在となり、互いに知恵を出し合って探り出していくことが、言葉の力をつなぐ実践者としての、今の私の夢である。

【引用・参考文献】

（1）「幼児教育と小学校教育の架け橋特別委員会における審議経過報告」4．目指す方向性（1）「社会に開かれたカリキュラム」実現に向けた、教育の質に関する認識の共有　令和四年三月三十一日
（2）「幼児教育と小学校教育の架け橋特別委員会―第7回会議の主な意見等の整理―」幼児教育と小学校教育の架け橋特別委員会（第8回令和四年五月二十三日）配付資料　参考資料2

中学校国語科の成果と課題
——PISA調査や全国学力・学習状況調査の結果から考える——

東京都の公立中学校教員、東京都教育庁で指導主事、統括指導主事を務めた後、令和四年度より現職。現場と行政での豊富な経験を生かし、精力的に講演や執筆活動を行っている。

国立教育政策研究所教育課程研究センター
研究開発部教育課程調査官・学力調査官
文部科学省初等中等教育局教育課程課教科調査官

鈴《すず》木《き》　太《た》郎《ろう》

1 はじめに

本稿では、中学校国語科の成果と課題について、次の資料から考えられることを中心に論じる。

・平成二八年に中央教育審議会が示した「幼稚園、小学校、中学校、高等学校及び特別支援学校の学習指導要領等の改善及び必要な方策等について（答申）」（以下、「答申」とする）

・ＯＥＣＤによる国際的な学習到達度に関する調査であるＰＩＳＡ調査の結果

・「令和五年度全国学力・学習状況調査」（以下、「令和五年度調査」とする）の結果

2 答申が示した中学校国語科の成果と課題

答申では、当時の学習指導要領における国語科の成果と課題をまとめている。そのうち中学校国語科に関連する内容を抜粋したものが資料1である。なお、下線部の「読解力に関して改善すべき課題」については、答申の補足資料（二九頁）の「読解力の向上に向けた対応策について①」において、「文章で表された情報を的確に理解し、自分の考えの形成に生かしていけるようにすること」「知覚した情報の意味を吟味して読み解くこと」などを課題として示している。平成二九年告示の中学校学習指導要領（以下、「新学習指導要領」とする）の国語科の目標及び内容等は、

これらの成果と課題を踏まえて改訂されている。

【資料1】答申が示した当時の学習指導要領における国語科の成果と課題（答申p.124より抜粋、下線は筆者による）

○　PISA2012（平成24年実施）においては、読解力の平均得点が比較可能な調査回以降、最も高くなっているなどの成果が見られたが、PISA2015（平成27年実施）においては、読解力について、国際的には引き続き平均得点が高い上位グループに位置しているものの、前回調査と比較して平均得点が有意に低下していると分析がなされている。これは、調査の方式がコンピュータを用いたテスト（ＣＢＴ）に全面移行する中で、子供たちが、紙ではないコンピュータ上の複数の画面から情報を取り出し、考察しながら解答することに慣れておらず、戸惑いがあったものと考えられるが、そうした影響に加えて、情報化の進展に伴い、特に子供にとって言葉を取り巻く環境が変化する中で、読解力に関して改善すべき課題が明らかとなったものと考えられる。

○　全国学力・学習状況調査等の結果によると、小学校では、文における主語を捉えることや文の構成を理解したり表現の工夫を捉えたりすること、目的に応じて文章を要約したり複数の情報を関連付けて理解を深めたりすることなどに課題があることが明らかになっている。中学校では、伝えたい内容や自分の考えについて根拠を明確にして書いたり話したりすることや、複数の資料から適切な情報を得てそれらを比較したり関連付けたりすること、文章を読んで根拠の明確さや論理の展開、表現の仕方等について評価することなどに課題があることが明らかになっている。

○　一方、全国学力・学習状況調査において、各教科等の指導のねらいを明確にした上で言語活動を適切に位置付けた学校の割合は、小学校、中学校ともに90％程度となっており、言語活動の充実を踏まえた授業改善が図られている。しかし、依然として教材への依存度が高いとの指摘もあり、更なる授業改善が求められる。

3　ＰＩＳＡ調査の結果

ＰＩＳＡ２０２２における日本の結果については、新型コロナウイルス感染症のため休校した期間が他国に比べて短かったことが影響した可能性のあることがＯＥＣＤから指摘されているが、読解力の平均得点は前回から有意に上昇し、前々回と同水準であった。ＰＩＳＡ調査は平均得点

【資料2】読解力の平均得点の推移（文部科学省・国立教育政策研究所「OECD生徒の学習到達度調査PISA２０２２のポイント」p.８より抜粋）

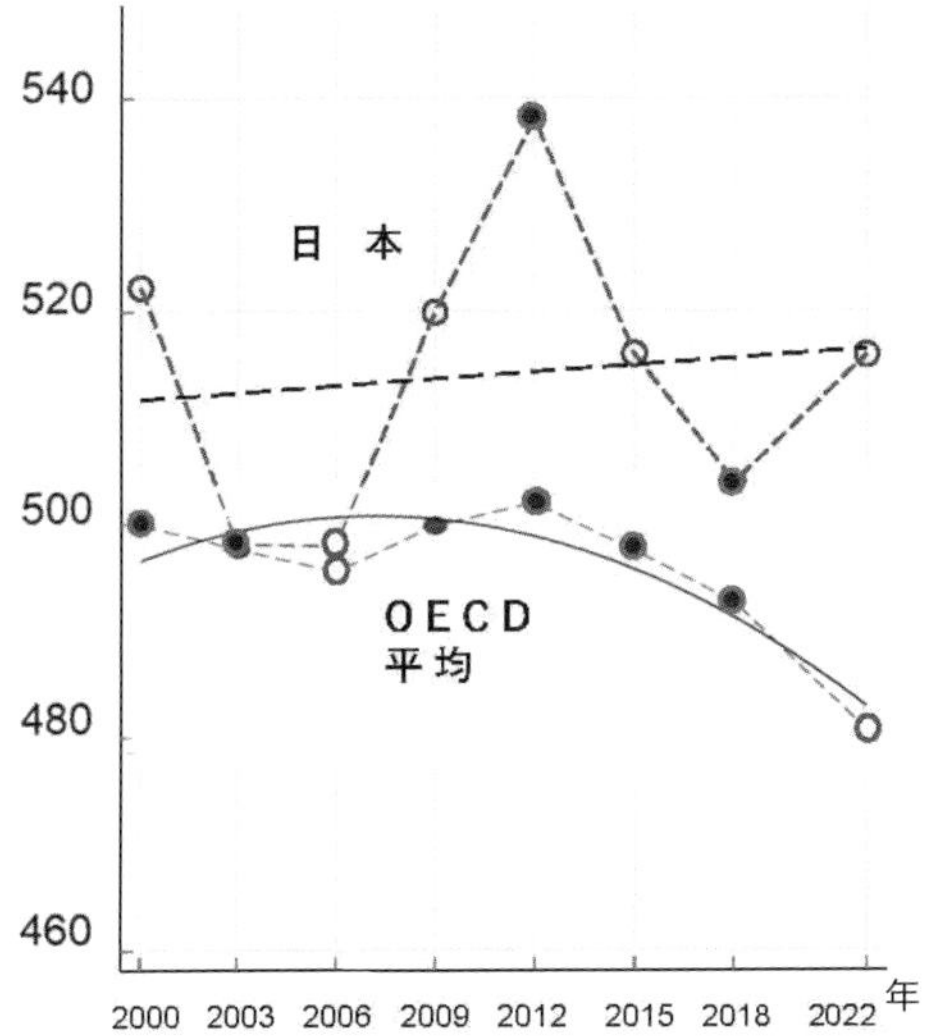

を経年比較することができる設計となっており、平均得点を比較する場合は数値の差を見るだけではなく、統計的に意味のある差（有意差）の有無の確認が重要である。そこで、調査が開始された二〇〇〇年（平成一二年）から二〇二二年（令和四年）までの平均得点の長期トレンドを確認すると、日本は平坦型であり、平均得点のトレンドに統計的に有意な変化がないことが分かる（資料2）。

4 令和五年度調査（中学校国語）の結果

令和五年度調査（中学校国語）の結果から考えられる「比較的できている点」及び「課題のある点」は資料3のとおりである（調査対象の生徒は、新学習指導要領が施行された令和三年度に中学校等の第一学年であった。）

5 これからの中学校国語科

答申では「言語活動の充実を踏まえた授業改善が図られている。しかし、依然として教材への依存度が高いとの指摘もあり、更なる授業改善が求められる。」（資料1）と述べている。また、PISA調査の結果から、日本の読解力の平均得点は世界的に高い水準にあるといえるが、その長期トレンドには統計的に有意な変化がないことが分かる。さらに、令和五年度調査の結果（中学校国語）からは、答申が示した課題と同様の課題も確認される。

これらの点を考えれば、今後、我が国の中学生の国語に関する資質・能力の向上を図るためには、新学習指導要領の趣旨を確認しつつ、その実現に向けた授業改善を一層充

【資料3】令和5年度全国学力・学習状況調査（中学校国語）の結果の課題等（文部科学省・国立教育政策研究所「令和5年度 全国学力・学習状況調査 報告書（中学校国語）」p.8より抜粋）

〔知識及び技能〕

言葉の特徴や使い方に関する事項

◇　事象や行為、心情を表す語句について理解することはできている〔 2一 〕。

◆　文脈に即して漢字を正しく書くことに課題がある〔 3二 〕。

情報の扱い方に関する事項

◆　情報と情報との関係について理解することに課題がある〔 1二、3三 〕。

我が国の言語文化に関する事項

◇　歴史的仮名遣いを現代仮名遣いに直して読むことはできている〔 4一 〕。

〔思考力、判断力、表現力等〕

話すこと・聞くこと

◇　目的や場面に応じて質問する内容を検討することはできている〔 1一 〕。

◇◆　聞き取ったことを基に、目的に沿って自分の考えをまとめることはできているが〔 1四 〕、話の内容を捉え、知りたい情報に合わせて効果的に質問することに課題がある〔 1三 〕。

書くこと

◆　読み手の立場に立って、叙述の仕方などを確かめて文章を整えることについては、改善の状況が見られるが、引き続き課題がある〔 3一 〕。

◇　自分の考えが伝わる文章になるように、根拠を明確にして書くことについては、改善の状況が見られる〔 3四 〕。

読むこと

◆　観点を明確にして文章を比較し、表現の効果について考えることに課題がある〔 2二 〕。

◇　文章の中心的な部分と付加的な部分について叙述を基に捉え、要旨を把握することについては、改善の状況が見られる〔 2三 〕。

◆　文章を読んで理解したことなどを知識や経験と結び付けて、自分の考えを広げたり深めたりすることに課題がある〔 2四 〕。

◆　文章の構成や展開、表現の効果について、根拠を明確にして考えることに課題がある〔 4三 〕。

◇…比較的できている点　◆…課題のある点　〔　〕内の記号は、問題番号

実させていく必要があるだろう。

令和三年に、中央教育審議会は「『令和の日本型学校教育』の構築を目指して～全ての子供たちの可能性を引き出す、個別最適な学びと、協働的な学びの実現～（答申）」を示した。ここでは、「社会の変化が加速度を増し、複雑で予測困難となってきている中、子供たちの資質・能力を確実に育成する必要があり、そのためには、新学習指導要領の着実な実施が重要であるとした。」（一頁）と述べている。

新学習指導要領では国語科の目標を「言葉による見方・考え方を働かせ、言語活動を通して、国語で正確に理解し適切に表現する資質・能力を次のとおり育成することを目指す。」とし、三つの柱で整理した資質・能力の育成を示している。この目標を実現するためには、例えば、「指導のねらいを明確にした上で言語活動を適切に位置付け」るだけでなく、言語活動を通した学習の過程で、生徒が自らの学習状況を把握し、自分に合った学習の進め方を工夫しながら粘り強く学習に取り組めるようにする手立てを講じることなどが求められるであろう。また、そのような手立てを講じた上で、生徒のよい点や進歩の状況などを積極的に評価し、学習したことの意義や価値を実感できるようにするとともに、学習の過程や成果を評価し、指導の改善や学習意欲の向上を図り、資質・能力の育成に生かす学習評価の充実も必要である。さらに、生徒の発達や学習の状況に応じて、知識及び技能を活用しながら学習課題の解決に取り組む過程で、思考力、判断力、表現力等を発揮できるような質の高い言語活動を創意工夫し、他教科等における言語活動や読書の指導、学校図書館における指導等とも関連付けた指導計画を作成するなど、カリキュラム・マネジメントを充実・強化することも重要であろう。

既にこれらの取組を行っている学校もあるだろうが、これからの中学校国語科教育には、これらの取組を一層着実に進めていくことが求められていると言えよう。そして、そのような取組を進めていくことで、生徒一人一人が、国語で正確に理解し適切に表現する資質・能力を身に付け、それぞれの個性に応じてその資質・能力を一層伸長できるようにしていくことが期待されているのである。

＊本稿は筆者個人の見解によるものであり、筆者の所属する組織を代表するものではないことを申し添える。

これからのＪＳＬ児童への国語科教育―教科書のことばの世界に根ざして―

日本語教育研究の若きエキスパート。博報堂財団の研究助成を複数回受け、優秀賞に輝く。日本語学習のための教科書コーパス研究は圧巻。

筑波大学教授　田《た》中《なか》祐《ゆう》輔《すけ》

1　戦後日本とＪＳＬ児童

戦後の外国ルーツのＪＳＬ(Japanese as a Second Language)児童に目を向けると、初期はＧＨＱやキリスト教団体の関係者の子どもたち、あるいは、駐留将兵と日本人女性との間に生まれた子どもたち、さらには、外地から家族と共に帰国した子どもたち等の中に、日本語支援を必要とする子どもがいた。日本の国際社会復帰後は、外交やビジネス、留学などで来日する人々も増え、その子どもたちに対する学校や地域での対応が必要となった。本格的に外国ルーツのＪＳＬ児童に目が向けられたのは、インドシナ難民と中国帰国者の受け入れが進んだ一九八〇年代である。

一九八三年三月一一日放送のＮＨＫ「福祉の時代 難民を受け入れて」では、アジア福祉教育財団難民事業本部・大和定住促進センターが紹介され、難民の子どもたちへの日本語支援が急務であることが報じられた。センターの一三週間の日本語講座に加え、大和市立南林間小学校でもＰＴＡ、校長、教師等の協力で県派遣日本語教師による教室が開かれた様子が放映された。この時の教育内容や教授法、生活指導の方法は、一九八四年に設置された中国帰国者定着促進センターでの子どもを対象とした日本語プログラムや小学校の日本語指導のモデルともなった。そしてまた、ＪＳＬ児童への日本語教育とその必要性が社会に認知されるきっかけともなった。

2 支援体制・制度

一九九〇年代には、南米を中心に日系人の来日が増加し、さらに二〇〇〇年代に入ると在住の外国人の多様化が進んだ。現在の在留外国人数は三〇七万人を超えている（法務省入国管理局二〇二三）。小学校に通う外国ルーツの児童と日本語指導が必要な日本国籍の帰国児童も急速に増え、日本語力不足によって学校生活や学業に支障を来たす場合があることや、進学や就職など中長期のキャリア形成の面でも困難が生じるケースがあること等が各所で報告されている。

こうした中、制度的な検討も進められ、日本語の指導を教育課程の一部の時間に替えて行うことができる「特別の教育課程」が二〇一四年度に設置された。さらに、第二言語としての日本語教員を児童数に応じて配置する制度も二〇一七年度からスタートした。学習ガイドブックや教材の提供も行われ、教員養成や研修にも取り組まれている。さらに、『Ｈｉｍａｗａｒｉ』（文化庁・日本語教育学会二〇二三）のように講座を受講できるシステム開発も進められている。

文部科学省（二〇二一年三月）では「日本語指導が必要な児童生徒に対する指導・支援体制を充実させると共に、日本人と外国人の子供が共に学ぶ環境を創出することにより、活力ある共生社会の実現を図る」方針が示された。我が国で学ぶ児童が等しく学習機会を得るには、日本語支援拡充に加え、日本語を母語とする児童もそうでない児童も分け隔てなく共に学ぶことのできる環境構築が求められている。

資料　在留外国人数と日本語指導が必要な児童数

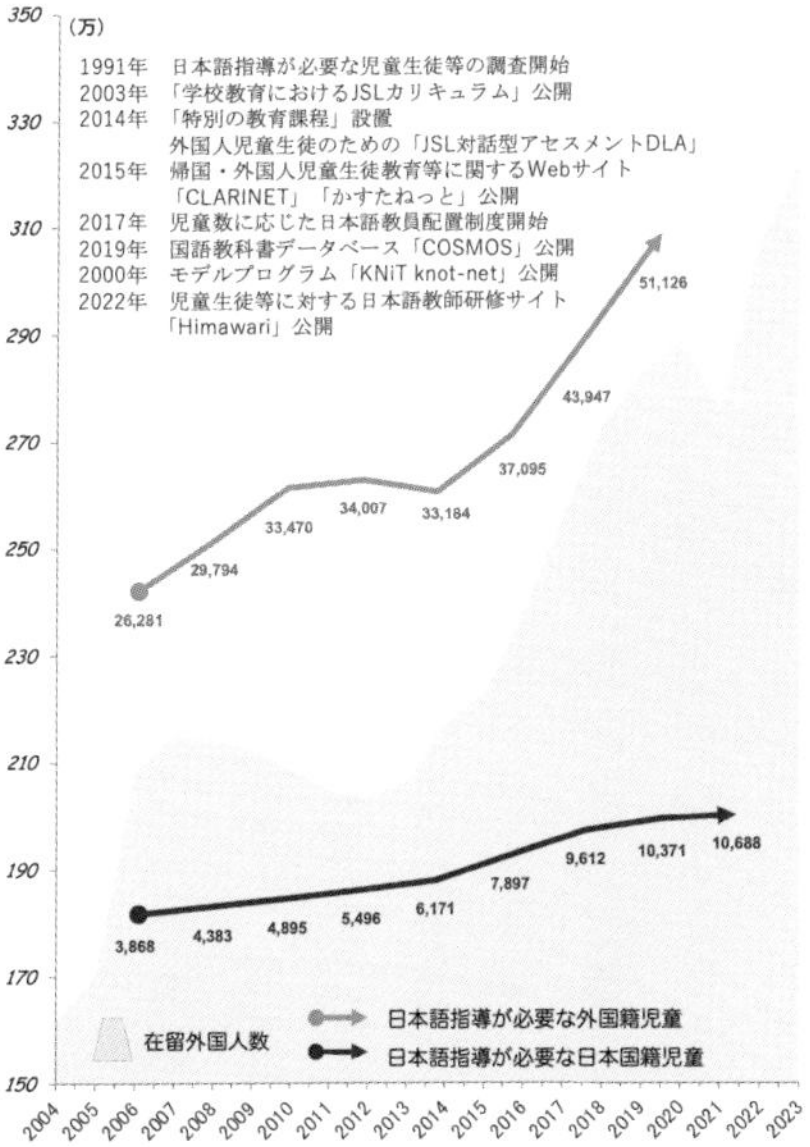

＊グラフは次の資料をもとに筆者作成：総務省統計局「在留外国人数」/文部科学省「外国人児童生徒等に対する教育支援に関する基礎資料」/文部科学省「日本語指導が必要な児童生徒の受入状況等に関する調査（平成30年）」

3 共に学ぶための国語

義務教育としての普通教育の目標の一つである「読書に親しませ、生活に必要な国語を正しく理解し、使用する基礎的な能力を養うこと」（学校教育法［昭和二十二年法律第二十六号］第二十一条五項）は、海外から帰国した日本国籍児童や来日した外国籍児童に対しても例外ではなく、むしろ切実な問題であり、それを支える国語科の役割は重要である。しかし実際には、国語科は高い語彙力が求められることから教科の中でも特に困難が伴う科目で、外国ルーツのＪＳＬ児童の教室参加は容易ではない。

児童が教科学習についていけない場合、通常取り出し指導、もしくは、入り込み指導で支援が行われる。各自治体や学校では人員や予算の不足から個別の支援者を確保することが難しく、取り出し指導が選択されることが多い。

ここで課題になるのが、取り出された児童が学ぶ内容である。全国的にＪＳＬ児童への取り出し指導では、在籍学級で使用されている教科書とは別の市販の日本語教科書等が用いられる。教科学習の前提となる日本語能力を育成するためには、第二言語として日本語を学習するための教材で指導することが効果的であるからだ。しかし、教科の内容から離れた指導に傾き過ぎると、児童が在籍学級に戻れない状態が恒常的に続く問題も指摘され始めている。また、長期にわたって在籍学級とは別教室で学ぶことを余儀なくされることで、児童の学校生活上の困難や学習動機の減退などにもつながることが実態として浮かび上がっている。

文部科学省（二〇二一）で示されている、ルーツや母語の異なる子どもたちが共に学べる環境創出の実現には、〝共に学ぶことのできる〟教科教育の検討が必要であり、とりわけ、第二言語としての日本語の学習支援を、藤森（二〇一六）が指摘する言語文化の総合的視座を失うことなく、教科内容に即して行うことのできる仕組みや教材開発が必要であると筆者は考えるのである。

4 求められる言語資源開発とその可能性

教科教育の内容に根差したＪＳＬ児童への言語的学習支援を行うためには、当該教科の内容と、用いられていることばの世界が正確に把握されていなければ難しい。

例えば、国語科では、第一学年から第六学年までの国語教科書掲載語彙が日本語支援の際に網羅的に把握されていることが、実際の国語科の教育内容と連動した日本語支援の第一の前提となる。国語教科書に掲載された語彙は、言い換えれば国語の習得に必須となる語彙でもある。全ての国語検定教科書の掲載語を把握するデータベースやコーパス開発が肝要であり、『ＣＯＳＭＯＳ』（田中二〇一九）のように国内外で活用可能な言語資源の確立が求められている。データに基づく教科書のことばの世界の把握は、単元や学年ごとにどのような語が扱われているか、何に留意して指導すべきかを理解する上で重要で、外国ルーツのＪＳＬ児童への日本語力に応じたサポートが可能となるだろう。
また、教科書コーパスをはじめとする言語資源の開発は、児童の言語的困難やつまずきの予めの把握など、ＪＳＬ児童の視点による語彙の難度判定などを行う上での支えともなる。さらに、各地域の児童のニーズに応じた補助教材作成等を行う上での基礎的資料ともなることが見込まれる。

5 共生社会におけるＪＳＬ児童への国語科教育

新たな時代において、日本語指導が必要な児童に対する指導・支援体制の充実が課題とされ、誰一人取り残されない教育の実現が求められている。そのためには、日本語を母語とする児童もそうでない児童も分け隔てなく共に学ぶことのできる環境構築が不可欠で、教科内容に即したことばの学習支援が重要である。コーパス等の言語資源に基づく国語教科書のことばの世界への理解は、国語科の豊かな教育内容と第二言語としての日本語支援とを結ぶ架け橋になる可能性があり、共生社会におけるこれからのＪＳＬ児童への国語科教育を拓く重要な手立てとなるだろう。

【参考文献】

ＮＨＫ（一九八三）「難民を受け入れて」『福祉の時代』一九八三・三・一二
田中祐輔（二〇一九）『ＣＯＳＭＯＳ』（https://cosmos.education/）
藤森裕治（二〇一六）「国語教科書にのぼる月」『読書科学』五八-三・一三三-一四六
文化庁・日本語教育学会（二〇二三）『Ｈｉｍａｗａｒｉ』（https://himawari-jle.com/）
法務省出入国在留管理庁（二〇二三）「令和四年末現在における在留外国人数について」
文部科学省（二〇二二）「外国人児童生徒等教育の現状と課題」

文学教育の再発見

高校国語教師を経て現職。文学教育の専門家として知らない人のいない研究者。文学の「他者」論や教材論など、数多くの研究論文で国語人を魅了。

愛知教育大学特別教授　**丹藤《たんどう》博文《ひろふみ》**

1　ＡＩ時代における文学教育の役割

二〇二二年一一月末、チャットＧＰＴが公開されて以降、生成ＡＩは世界的な話題となっている。禁止する国もあれば、ガイドラインを示しつつ利用を黙認している国もある。この国では、ＧＩＧＡスクール構想・ＩＣＴ教育として、教育においても、デジタル化は積極的に推進されようとしている。国語教育の学会や研究会、教員の研修会においても、ＩＣＴ教育をテーマにしたものが多いように見受けられる。参加してみると、はじめにＩＣＴ教育ありきであり、こんなこともできる、あんなこともできるといった方法の紹介から、こんなに便利なものをなぜ使わないのか、国策として予算化されているのだから利用すべし…といった発言まである。一方で、子どもたちの言語生活はどうか。学齢が進むにしたがって読書離れが進み、スマートフォンに費やす時間も一日平均四～五時間とされる。ＬＩＮＥ上では単語を交換し、本は読まず、文章もＡＩが作ってくれるとなったら、子どもたちのリテラシーの低下が懸念されることはけっして杞憂とは言えないだろう。もちろん、パソコンやインターネットが、情報の取得や日常的なコミュニケーションを格段に便利にしたことは疑いを容れない。これからを生きていく子どもたちにとって、デジタルやＡＩと無縁でいられるはずもないのだろう。しかし、デジタル環境がいくら便利であるにしても、あるいは生成ＡＩがどんなに可能性を持ったものであるにせよ、それがわれわれの内面的・文化的な生活を豊かなものにしているかどうかの視点も無視しえないのではないのか。また、少なくとも教育の文脈においては、ICT教育もタブレットも、あくまで手段であって目的ではないことを確認しておきたい。

本稿は、以下、AIの時代であろうとなかろうと文学教育の可能性を引き出し具体化することが求められることを主張するものである。なぜなら、子どもたちの人間的な成長にとって言葉の学びは不可欠であり、言葉の学びにとって文学の果たす役割がますます重要になるからである。

1 身体性

紙媒体の本というと、最近では「燃やせるゴミ」扱いをされることもあるが、紙媒体の本による読書の独自性はある。身体的な器官や活動をともなった経験であるという点である。まず、装幀を鑑賞する（視覚）。サイズも含めて紙の肌触りといった触覚にもかかわる。幼い頃母に本を買ってもらうと紙やインクの匂い（臭覚）をかいだものだった。文学は音読の対象でもあり聴覚ともかかわる。童話や小学校国語教科書の文学教材にはオノマトペがよく登場する。「エプロンを着けたままのお母さんの手をぐいぐい引っぱっていきます」（あまんきみこ『白いぼうし』）、「キック、キック、トントン」（宮澤賢治『雪渡り』）など、枚挙にいとまがない。オノマトペは、視覚はもちろん聴覚にも訴え、想像力の活性化とイメージ生成を促すものである。最近、教室では、子どもたちがそれぞれタブレットに向かい、黙々と作業をしている様子をよく見かけるが、読むことは音読という声をともなった身体的な活動であり、文学は読むばかりでなく聴く対象でもある。

2 想像・虚構

ホモ・サピエンスにとっての言語とは、コミュニケーションのためばかりでなく、いまではない時間・ここではない場所を想像するためのものでもある。「ライオンが来た。逃げろ」くらいのコミュニケーションなら動物でも遂行しているのであって、言語によって想像し、想像することで象徴や虚構を生み出してきた点にサピエンスにとっての言語がある。言語によって想像することで、民族・国家といった巨大な共同体を作り、文化を創造し文明を発展させてきた。ところが、現代では、言語による想像的な活動が危ういのではないか。自ら表象するより先に動画としてすでに与えられている。子どもたちは動画の受容と制作に夢中になっているようだ。また、求められているのは目に見える「エビデンス」「成果」であって、目の前にない虚構世界をあらしめることは、意味のない絵空事として扱われてはいないだろうか。文学を読むことは、読者が想像力をはたらかせ、想像（イメージ）世界・虚構世界を創出するという主体的・内面的な行為である。主体的に想像力をはたらかせ、想像世界を構築することをサピエンスは、何万年もの昔から絶え間なくいとなみつづけてきた。想像が創造の源泉であることは、いまさら言うまでもない。月へ行くことを夢見ることなしに宇宙開発もなかっただろう。夢見る力こそ、サピエンスのアイデンティティーである。想像力によって虚構世界を構築していくことを軽視してはならない。

3 私・他者

物語や小説といった虚構のテクストを読むということで、読者は物語世界において登場人物（主人公）の視点に立ち、感情移入する。それは、同化という体験でもある。そこでは、〈私〉であって、〈私〉でないという中間的な位相をとる。『ごんぎつね』であれば、自分はきつねではないけれど、「ごん」の気持ちもわかるといったことである。現実とは別の虚構世界において、読者は主人公とともに、ある出来事を体験する。そこで、現実の世界は相対化され、他者と出会うこととなる。他者とは、この場合自分とは別の世界観を生きる人物のことである。自分とは異質な他者に出会うということは、〈私〉も相対化され、〈私〉の認識が変容したり新たな認識を獲得したりするということでもある。他者理解なしに自己認識もない。これを異化体験とすると、同化体験とともにある異化体験が読書行為にとっての醍醐味であり、子どもたちの認識にとっても重要な内面的体験である。世界はグローバル化され多様性が標榜される一方で、同質性が求められ異質とみなされたものは排除される傾向にあるように見受けられる。○○ファーストとして同じ民族・自国といった同質性が優先される傾向が世界的に広まってはいないだろうか。「『私』は一個の他者です」（アルチュール・ランボー）とフランスの詩人が喝破したように、主体と他者の境界は自明なものではなく、むしろ二重構造となっている。しかし、いじめのように往々にして自分にとって異質なものは疎外される。この点文学の他者の視点に立つ異化体験が掛け値なしに重要である。つまり、共感や感動といった同化的な体験があって、批評・批判としての異化体験もあるということである。さらに言えば、それは〈私〉の内面における出来事であるという点である。

4 語り

文学を読むことが独特な体験であることの根拠として語りがある。動画や映画は、原理的に、この語りは不在なのであって、文学とは一線を画している。文学テクストにおける読書行為の生成を遂行するのは、この語りによる。語りは読者の内面にアクセスする。虚構テクストの特徴は、作者と語り手が分裂している点にあると言ってよい。作者と語り手を峻別し、テクストそれ自体を自立した言語表現とすることが読みの前提である。読者はテクストを読むことによって、第三者としての語り手を生成してもいるのである。読者は主体的に読むのであるが、語り手によって読まされてもいる。読んでいながら読まされてもいるという二重性が、虚構テクストを読むうえでの特徴なのである。読者は語り手の方略のうちにありながら、疑問をもったり共感したり…といったさまざまな反応を示す。読むとは、その意味で、読者と語り手とのせめぎあいなのである。そのせめぎあいを経て、語り手の語りは、やがて読者の内面の言葉になる。

2 子どもたちにとっての文学とその教育

文学を読むことの意味と意義について、その一端を述べてきた。語りによって内面化された言葉は、想像・虚構世界として読者の内に成立し、もう一つの現実として形成される。それは実際の外部の現実と対峙し、子どもたちの生きることを励まそうとするのではないか。いじめ・自殺・貧困・虐待など、子どもたちを取り巻く現実は、けっして容易なものではないだろう。とすれば、読者の内面に語りかけ、生きることを支える文学の力は、これからも必要であることは疑いを容れない。とすれば、これまでの文学教育を自明なものとせず、その機能や行為性を教室において具体化すべく、むしろ批判的・反省的な視点で再発見・再創造されなければならない。

子どもの言葉を育てる教師の言葉

『国語授業の常識を疑え！』や『国語科指導ことば』など授業づくりから教師のマインドセットまで幅広く提言。現役教師として説得力のある言葉の数々にファン多数

川崎市立はるひ野小学校教諭　土《ど》居《い》正博《まさひろ》

「子どもにとって、教師こそが最大の教育環境である」という主旨の言葉は非常によく用いられ、教師であれば恐らく一度は聞いたことがあるはずです。本稿のテーマで原稿依頼を頂いた時にパッと私の頭の中に思い浮かんだのがこの言葉でした。ちなみに、本稿を執筆するにあたりこの言葉の原典を探ってみたのですが、どうも明記されているものはないようです。一説によれば、ルドルフ・シュタイナーの「教育は自己教育です。どの教師も、みずからを教育する子どもの環境でしかないのです。」（ルドルフ・シュタイナー（一九九四）『シュタイナー教育の実践』イザラ書房　より）という言葉から派生したとする説が有力であるようです。諸説あるにせよ、私は「子どもにとって教師が最大の教育環境である」ということを日々教育現場にて痛感しています。

例えば、私が初任者の時こんなことがありました。何日も連続で宿題を忘れてきたある子が「サッカーが忙しくて…」と言い訳をしました。私は、「先生もサッカーが好きで学生時代ずっとサッカー部だったよ。でも、サッカーが好きだから、サッカーを〝言い訳〟にはしなかったよ。」と伝えました。すると、その子はハッとしたような顔をしていました。実際、私は大学でも体育会のサッカー部に所属しながら、小中高の教員免許の取得のための勉強や、アルバイトに励む日々を過ごしていました。それでも、「サッカーが忙しいから」などと、大好きなサッカーを言い訳

にしたくない、という思いを胸に学生時代を過ごしていました。そんな経験があったので、きっと私の言葉にも思いが乗り、熱がこもっていたのでしょう。内心、「小学四年生に果たしてどこまで伝わるかな」と思いながらも真剣に話したのを今でも覚えています。するとその子は次の日から打って変わったように宿題をしっかりやってくるようになりました。そして保護者面談の時に保護者にそのことを伝えると、「そうなんです！　先生から『サッカーを好きなら言い訳にするなと言われて、ぼくは言い訳にしたくないと思ったんだ』と家で言っています。ありがとうございます！」と涙ながらにおっしゃって頂きました。

私は、この経験をした時に、子どもにとって教師という存在は非常に大きいものだと改めて感じたのでした。ただ授業をするだけでなく、時には子どもの考え方や価値観などに対しても影響を与えうる、まさに「最大の教育環境」なのだと改めて感じたのでした。この経験は、子どもが良い方向に変化し、保護者からも感謝されたので、当然「嬉しい」と感じる経験でした。が、同時に「怖い」と感じる経験でもありました。子どもにとって教師のたった一言がこんなにも影響を及ぼすものだとは思ってもいなかったからです。たまたま今回は良い方向にいったから良いものの、これが悪い方向に影響を与えてしまうことも多々ありそうだと感じたのです。良くも悪くも、普段の何気ない言葉がけや振る舞いによって、子ども達に大きな影響を与えてしまうのが教師という存在なのです。

これは、子ども達の言葉を育てるという意味においてももちろん同様です。私は国語科を専門とし、実践研究を積み重ねたり、国語科授業づくりに関して研鑽を積んだりしているつもりです。そういったことももちろん子ども達の言葉を育てることに影響を与え得るでしょう。しかしながら、教師としての何気ない言葉がけや振る舞いによって与える影響も決して見過ごすことは出来ないと思っています。むしろそちらの方が大きいのではないかとすら考えます。毎日一緒に過ごす教師の使う言葉、言葉への姿勢、子ども達にどんな言葉をかけるか、などが子ども達の言葉に与える影響は、教師が予想する以上のものなのです。そして、その際重要となってくるのが、教師がいかに「自分の思いの乗った」言葉を子ども達に対して投げかけられるかだと思うのです。先に挙げたサッカーの例でも、私自身が「思いの乗った」言葉を子どもに投げかけることが出来たからこそ、子どもに刺さり、その言葉を媒介としながら子どもの行動が変化していったのだと思います。

　同じく初任者の年、こんなこともありました。その年は教室後方の黒板を係活動のために子ども達に開放していました。係活動を活性化させるため、それぞれの係が企画した催しのお知らせなどをそこに自由に書いてよいことにしていたのでした。ある日、マンガ係が「マンガのかき方教室」を開くことを後方の黒板に書いてお知らせしていました。すると翌日、そのお知らせの横に「べつに行きたくないな」と小さな文字で書かれているのを子ども達が発見しました。マンガ係の子はとても悲しそうな顔をしていました。私は、帰りの会で次のように話しました。「今日は悲しいことがありました。マンガ係のお知らせの横に、『行きたくないな』と書かれていたのです。先生は、犯人捜しをしたいのではありません。それでも、マンガ係の子達はどれだけ悲しい思いをしたことか。言葉って、本当にすごい大きな力を持っているんです。それは、プラスの方に使えば、人々に信じられないくらいの勇気と希望をくれる。先生も、今まで出会った人にもらった言葉でたくさんの勇気と希望をもらいました。その人にたとえしばらく会っていなくても、心の中にその言葉がずっと残っていて、勇気をくれるんです。でもね、そんな言葉の力をマイナスに使ってしまうと、同じようにその言葉はずっと言われた人の心に残って、ずっとずっと悲しい思いにさせて、勇気を削ってくるんです。みんなには、この言葉のもつ大きな力を、プラスに使える人、言葉を通して誰かを勇気づけられる人になってほしいんです」という主旨の話をしました。少し端折りましたが、実際は具体例などを入れながらもっと長く話したはずです。私がそれまで生きてきてもっていた、〝言葉〟というものに対する思いを子ども達にぶつけました。きっと、私自身の「思いの乗った」言葉になっていたのでしょう、子ども達はある程度長かった私の話を、真剣なまなざしで食い入るように聞いていました。その話の後、帰りの挨拶をして子どもを帰しました。するとある一人の子どもが教室に残っていました。その子は静かに私のもとにやってきて、「先生、黒板の言葉、僕がやってしまいました。」と泣きながら教えてくれました。翌日、その子はマンガ係の子に謝りたいと言い、自ら謝罪しました。そして、教室後方の黒板のマンガのかき方教室のお知らせの横に書かれていた「べつに行きたくないな」という言葉は消され、同じ字で「いいね！　楽しみ」と書き直されていました。この事件の後、相手を気遣った言葉や勇気づける言葉がクラスで多く使われるようになりました。

ここまでに紹介した二つの例に共通する点は、いずれも言葉を主に扱う国語授業の時間ではなく、それどころか授業時間ですらないという点です。しかしながら、授業と同等かそれ以上に、実質的に子ども達の使う言葉に対して影響を与えていることは明白です。だからこそ、教師は、子ども達の言葉に対して大きな影響を与えている、と常に意識しながら言葉を使っていく必要があるのです。

ここまで挙げた例は、子ども達にどのような言葉がけをするか、というものでした。その他にも、教師が普段どのような言葉遣いをしているか、ということも子ども達の言葉に大きな影響を与えると思います。ですから、まずは教師自身が、子どもの言葉に良い影響を与えるような言葉遣いをすることを、普段から意識すべきです。例えば、「すごい」とか「やばい」などの言葉で全てを表現してしまっていないでしょうか。教師がそのような姿勢では、子ども達が豊かな表現をしたいと思うとは考えられません。やはり、教師が率先して言葉の微妙な違いに敏感になり、本当に「自分の思いの乗った」言葉を選び使い分けていくことです。そういう教師の姿勢を見て、子どもも感化され、言葉の違いに敏感になり、自分の思いを乗せた豊かな表現をしていくようになるのだと思います。

このように、教師自身が子どもの言葉を育てる最大の教育環境であると自覚し、自分自身が「思いの乗った言葉」を使い、良き言葉の使い手であろうとすることこそが最も重要なことであると、私は考えます。そしてそれは、難しい言葉をたくさん知っているとか、流暢に話せるなどではなく、子ども達の心に届き、感化するような「自分の思いの乗った」言葉を使っていくことなのです。ＡＩが全盛を迎えていく今後、我々教師にますます求められるのは、こういった、人間らしい言葉の使い手であろうとすることであると思うのです。

映像文化は国語科教育にどのような貢献をもたらすか

甲南大学文学部教授　友田義行《ともだよしゆき》

日本の近代文字と映画研究の専門家。映像文化論の立場から、勅使河原宏と安部公房の協働による映画分析を進める。国語科教育への関心も深い。

1　国語科授業での映画の活用

国語科は言語を扱う科目であり、書記言語による表現だけが教材であるという印象が強い。だが実際には他教科と同様に、複数のモードから成る教科書（マルチモーダル・テクスト）が用いられてきた。特に小中学校の教科書では挿絵・図表・写真のような静止画像が本文の成立に欠かせない役割を果たしている例も多く、こうした図像テクストからの意味構築（ヴィジュアル・リテラシー）の学習は、様々なメディアが発信する情報を効果的に収集し批判的に分析・評価するメディア・リテラシー教育の基盤にも位置づけられ、国語科教育の重要な一要素といえる。スマートフォンやタブレット端末、ディスプレイの普及は、視覚・聴覚に訴える映像・音声表現の遍在化を加速させ、私たちは映像テクストに囲まれて生活している。こうした社会情勢に対応して、学校でもデジタル教科書を含むＩＣＴの導入が推進され、映像は教室でも身近なものとなっている。

ただ、ＩＣＴ導入の以前にも、授業者が補助教材として映画やテレビ番組といった映像テクストを活用することは実際に行われてきた。特に映画について大学生（二〇〇〇年代生まれ）にたずねてみると、中学校で『火垂《ほた》るの墓』を、高等学校で『つみきの家』や『羅生門』を、授業で「観《み》（せられ）た」といった声が聞かれる。もっとも、『火垂るの墓』は平和教材として、『つみきの家』は地球温暖化問題を考える社会科の授業で視聴したようである。いずれも教員が独自に教材化したケースと推察される。

筆者もかつて高等学校の国語科授業で映画の活用を試みたことがある。夏目漱石「夢十夜」を通読したあと、オムニバス映画『ユメ十夜』を鑑賞し、さらに黒澤明監督『夢』（第三夜「トンネル」のみ）も観て、自然主義的リアリズムとは異なる幻想性が生み出すリアリティを感じたり、トラウマや深層心理を表現する装置として夢が用いられているといったことを話し合う構想であった。だが、『ユメ十夜』はいくつかのパートで大胆な前衛的表現が採られており、強い関心を抱く学習者もいた一方で、演出の自由度が高すぎて原作の再読には充分につなげられない結果となった。『夢』は舞台装置としてのトンネルや、二度登場する犬の象徴性をめぐって活発な話し合いが行われたが、作品の情報密度が高く、一度の鑑賞では見落としや誤解が続出したため、反復上映の時間を確保することが難しかった。

右に挙げた身近な聞き取りや個人的な体験に基づく私見だが、映画を含む映像テクストを国語科教材として活用しようとすると、作品の選定や授業時間の確保という基本的な課題に直面する。本稿ではこうした課題への対応として、既習教材を原作とした短編『劇場版ごん』を用い、映画と原作を比較する授業構想を例示したい。そうすることで映像文化に親しむだけにとどまらず、原作を新たな観点から再読することが期待される。

2 『劇場版ごん』を原作と比較する

『劇場版ごん』（二〇一九年、八代健志監督）は「ごんぎつね」を原作としたストップモーション・アニメーションである。日本の小学校に通った大部分の者にとって学習済みのこの童話を、中学校や高等学校で劇場版と比較しながら読む授業は、多様な観点から文学テクストを精読することの面白さに加え、年月を経た再読によって学習者自身が成長を自覚できる点でも少なからぬ意義をもつだろう。

教科書から逸脱する授業となるが、単元名としては「映画と比較して原作を再読する」などが考えられる。映画と原作で表現される登場人物・舞台・台詞などの設定や役割を把握し（知識・技能）、映画と原作との比較から両者の差異を理解して表現することができる（思考力・判断力・表現力など）ことを単元目標としたい。一時間目に映画鑑賞（約三十分）と初発の感想交換を行い、二時間目に原作と比較して異なる点をまとめ、三時間目に原作との異なりを踏まえることでどのような解釈が生まれるかを話し合ったり発表したりする、といった授業計画を組むことができる。小学生のときに抱いた感想や授業内容を覚えている者がいれば、一層活発な交流が行われるはずだ。授業者は学習者が注目した場面をＩＣＴによって提示したり、聞き取った台詞を活字化した資料を準備したりすることが望ましい。

学習者からは次のような観点が提出されるはずだ。映画を鑑賞して考えたい問題や、映画を踏まえて原作で再注目したい点の例として列挙する。

・兵十の父親が描かれることでどのようなことが分かるか。
（兵十にとって父親はどのような存在か。）
・兵十にとって母親はどのような存在か。（あけびや兎の意味とあわせて考えてもよい。）
・兵十にとって加助はどのような存在か。
・なぜ虫たちはごんを責めるのか。
・彼岸花はどのような意味をもつか。

・兵十はなぜごんを撃ったのか。
・ごんにとって兵十はどのような存在か。
・ごんはなぜ二足／四足に変身するのか。
・この物語は悲劇か。

映画鑑賞を通して、原作単独では看取困難な次のような解釈を引き出すことができるだろう。兵十の父親は村で猟師の役割も担う人物である。彼の亡きあとは、村人の加助が兵十と母親を気にかけている。父も加助も、まだ一人前ではない青年の兵十に「生きるための殺生」が必要であることを説く。これは村落共同体の共通認識である。加助はしきりに「もっとしっかりしろ」と兵十に説くが、彼（ら）が求めるのは、端的に言えば「男らしさ」だ。やがて兵十は見事にいたずら狐を仕留める。兵十はいわば、村（世間）の常識や習慣に従って、男親たちの示した一人前の男としての役目を果たしたに過ぎない。しかし、兵十は栗を届けてくれたのがごんだと知り、撃ったことを後悔する。兵十の母親は殺生を嫌がる彼の優しさを肯定していたが、兵十は自分の意志を貫くことができなかったのだ。兵十らしい生き方を妨げたのは皮肉にも、兵十のためを思って助言していた父親や加助だ。誰もが他者を思いやりながら、結果的にその人らしさを否定して惑わせてしまう、そうした悲しい構図を読み取ることも可能だろう。

ごんは死に瀕した母親孤に何もしてやれなかった自らの体験を兵十に重ねていく。「おまえのせいで兵十はおっかあにうなぎを食べさせられなかった」と責める虫の声は、ごんが自らに向けた心の声でもある。ごんが届けた栗やあけびを、兵十は自分を心配した亡き母が届けてくれるものと信じ、お礼に彼岸花を供える。ごんはこれを自分への贈り物と解釈し、喜びに包まれるのだった。一人暮らしになった兵十を哀れみ、恵みをもたらしてくれる見えない存在は、加助の言葉を借りれば神様である。ごんの「無償の愛」は、神の行為に匹敵するものであったかもしれない（実際には感謝の見返りを求めてもいたが）。一方、兵十にとって自分を見守り食料まで届けてくれる存在は、母にほかならない。つまり、ごんは兵十の母親代わりでもあったのだ。この点は原作を精読することでも気付ける解釈であるので、映画を契機に原作の再読を促したい。映画は映像作家が原作を解釈した結果（二次テクスト）なのだ。このことに気付くと、映画を先行研究のように活用することができる。映画が明示・暗示する観点を自らのものとし、原作から新たな意味構築を行うことが可能になるのである。

ごんは人間から見れば四足の獣だ。だが自意識では人間に近い。ゆえに映画では、人の視界から外れると二足の姿になる。この点も原作の前半と終盤で内的焦点化の対象がごんから兵十へと転換する語りの容態に着目を促すだろう。

ごんは農作業のついでに彼岸花を摘んで帰る兵十の姿を見て、遠くへ逃げるのではなく、兵十が通りかかる祠《ほこら》の陰に隠れる。その姿から、贖罪の気持ちだけでなく、恋愛にも似た感情を兵十に抱いていることが伝わる。客観的には誤解とすれ違いに過ぎないが、両者が幸福な「交流」の時間を生きたことが、映画では彼岸花やトンボによって鮮やかに表現されている。たとえ結末が兵十にとって悲劇であっても、かけがえのない時間を過ごせたごんに後悔はないのかもしれない。この観点も、原作の再評価を促すだろう。多くの読者が悲劇として捉える原作を、幸福な出会いの物語として読む可能性が開かれる。原作をもつ映画は、原作を再読する新しい〈目〉を与えてくれるのである。

教師はどこまで子どもに委ねられるか
—GIGAスクール構想、ICT活用の観点から—

放送大学教授　中川《なかがわ》一史《ひとし》

金沢大学助教授を経て現職。専門はメディア教育、情報教育。ICT教育にかかる国の審議会・委員会委員を数多く務める。会議のコーディネート力は抜群。

1 個別最適な学びの中の「学習の個性化」

　中央教育審議会が二〇二一年に公開した「令和の日本型学校教育の構築を目指して～全ての子供たちの可能性を引き出す、個別最適な学びと、協働的な学びの実現～（答申）【概要】」によると、二〇二〇年代を通じて実現すべき「令和の日本型学校教育」の姿として、「個別最適な学び」と「協働的な学び」を一体的に充実し「主体的・対話的で深い学び」の実現に向けた授業改善につなげる、としている。筆者が特に着目しているのが、「個別最適な学び」の中の「学習の個性化」である。ここでは、「子供自身が学習が最適となるよう調整する」としている。主語は教師ではない。これまでの「教師差配の授業」から「子ども差配の授業」へ。「教え込む授業」から「学び取る授業」へ。この転換こそが、GIGAスクール構想一人一台端末環境の整備のベースにあると考えている。子ども自身が自己調整する力を、これからの子どもたちにどのようにつけられるのか、教師や学校が問われることになるだろう。

　個別最適な学びというと、子ども個々がそれぞれのペースで活動している姿をイメージする。つまり、「個別」最適な学びだ。それ自体、否定するものではないが、むしろ、個別「最適」な学びであることが重要に思う。一人ひとりがバラバラに違うことをやれば良いということではなく、その子ども自身の選択や判断が最適であるかどうかを誰がきちんと評価したり助言したりしているのか、ということだ。

2 端末活用三つのフェーズ

GIGAスクール構想により、一人一台端末環境が整ってから数年間、全国の多くの学校や自治体に関わっての実感は、端末活用には三つのフェーズが存在するということだった（上図）。フェーズ1からフェーズ3へ、教師主導から児童生徒主導へと移行していく。

図　端末活用の３つのフェーズ

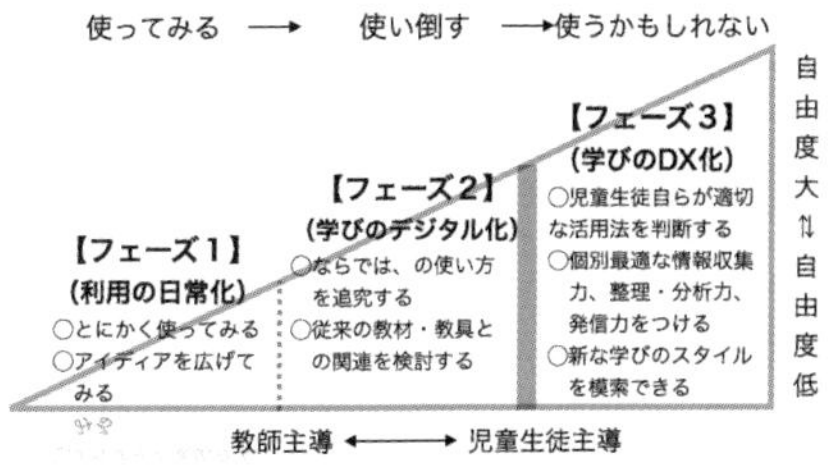
使ってみる → 使い倒す → 使うかもしれない
自由度大 ⇅ 自由度低
【フェーズ3】
（学びのDX化）
○児童生徒自らが適切な活用法を判断する
○個別最適な情報収集力、整理・分析力、発信力をつける
○新な学びのスタイルを模索できる
【フェーズ2】
（学びのデジタル化）
○ならでは、の使い方を追究する
○従来の教材・教具との関連を検討する
【フェーズ1】
（利用の日常化）
○とにかく使ってみる
○アイディアを広げてみる
教師主導 ←→ 児童生徒主導

フェーズ1は「とにかく使ってみる」フェーズだ。学習効果を追究するよりも、まずは四の五の言わずに活用アイディアそのものを広げてきたフェーズだ。一人一台端末導入後は、しばらくこのフェーズだった。しかしそこを脱し、多くの学校はフェーズ2にいる。ICTならでは、の使い方を追究し、従来の教材・教具（例えば、紙のワークシートを使うのか、端末を使うのか）との関連を考えるフェーズだ。いわゆる「ICT活用効果」を検討するのがこのフェーズだ。それに対し、フェーズ3になると「使い倒す（フェーズ2）」から「使うかもしれない」になる。一見、使う頻度が下がっているように見受けられるし、実際、そういう子どももいるだろう。フェーズ1やフェーズ2では、一斉に同じタイミングで端末を使う（あるいは、使わない）授業場面がとても多い。しかし、フェーズ3になると、子ども本人が必要だと感じたら自分で判断して端末を使っているし、その使い方もどんなアプリを使うかについても多岐にわたる。先に述べた、個別「最適」な学びを具現化しているワンシーンと考えることもできる。今後、どのように新たな学びのスタイルを模索していくのか、学校ぐるみでしっかり共有していく必要があると考える。いずれにしても、単なるデジタル化に終わるのであれば、誤解を恐れずに言えば、一人一台端末環境は必要ない。三人に一台程度を共有して使い回していれば充分であるし、その方が校内でのメンテナンスも楽である。

3 洗練された「しやすさ」の追究

端末環境を活用しながら児童生徒主導の学習が行われるときに、七つの「しやすさ」をどれだけ洗練させられるかが学びのＤＸ化に向かう鍵となるだろう。

【その１：書きやすい・消しやすい】

端末上の画面には、子どもはよく書き込む。いくら消しゴムで消せるからと言っても、紙で消すのとは訳が違う。特に、国語学習者用デジタル教科書上では、本文によく書き込む姿が見られる。端末上では、一瞬で消せることにより、思考を止めない。

【その２：動かしやすい・試しやすい】

端末上で、カードや短冊の配置を動かすことにより、その関係性や順序、構想メモなどを視覚的に確認することや、「こうだったらどうなる？」と、自在に試行錯誤することができる。

【その３：共有しやすい・連動しやすい】

協働ツールや学習支援ソフトウェアを活用することで、互いの意見を確認し合う。ただし、協働ツール等を「使えば良い」というわけではない。場合によっては、もっとしっかりと個人で深めてから友達と共有した方が良いタイミングでも、すぐに、他の子の考えなどを見てしまい、それに流される場面も見受けられることも留意したい。

【その４：大きくしやすい・着目しやすい】

端末を拡大することで、ある画像データの細部まで見ることができる。と言うことは余計な情報を排除して着目するということにもなる。その結果、集中してじっくり取り組むことができる。

【その５：繰り返しやすい・確認しやすい】

端末で漢字のデジタルドリルにより、正誤や書き順の確認などを、一人ひとりのペースで進めることができる。また、例えば古典の映像を個別に何度も視聴して、理解を深めることができる。

【その６：残しやすい・比べやすい】

自分のスピーチを友達に撮ってもらい、モデル映像と比べながら、より上手になる手助けにすることができる。また、端末上やクラウド上に保存して、後で記録を活用することができる。学習履歴などは、教師も子ども自身も状況を把握でき、評価や後の活動の見通しを持つことができる。

【その７：説明しやすい・まとめやすい】

自分なりに書き込んだりまとめたりすると、見せるハメ、説明するハメになる。そのことにより、考えをあらためて整理することができる。また、自身の思考のメモでありながら、同時に他者へのプレゼン資料にもなり得る。

この七つの「しやすさ」は、活用の際に組み合わせることがよくある。いずれにしても、児童生徒自身が軽やかに関連させながら、知識の定着、理解の補完、技能の習得、思考の深化・拡大、表現・発信などに有効活用していくことが重要である。

4 あたりまえの壁を超える

ある学校で、校長先生が国語学習者用デジタル教科書を活用した授業をしてくださった。六年生物語教材「やまなし」だったと思うが、はじめに子どもたちと課題を確認してほぼ四五分ずっと子どもたちの個人活動だった。しかしその間、授業者は机間指導しながら、デジタル教科書の書き込みを見て、特徴的な子どもの解釈を黒板に子どもの名前付きで書き始める。それを見ながら、ある子どもは自分と異なる友達の解釈を見つけ、その子のところに駆け寄り議論が始まる。まさに協働の場があちこちに起こる。この授業を参観することで、これまで自分がいつのまにか二つのあたり前を前提に授業を参観していることをあらためて感じた。板書は一斉指導の整理として行われるものというあたりまえと、子ども同士の話し合いは教師の指示で一斉に行われるものというあたりまえだ。もちろん、授業の進め方についての賛否両論はあるだろうが、立ち止まって見つめ直す良い機会になったのは間違いない。

また、学習者用デジタル教科書が登場し、「教科書は読むもの」というこれまでのあたりまえが通用しなくなってきている。先の「しやすさ」で述べたように、国語学習者用デジタル教科書の活用においては、児童生徒はよく書き込む。すぐに消せることがわかっているからだ。消しゴムがあるからと言って、そんなに紙の教科書に書き込むことはあまりないだろう。読むためのものから書くため、共有するためのものに、教科書そのものの捉えも変わっていくということだ。さらに、デジタル教科書に関して言うと、慣れている児童生徒のクラスでは、授業中、頻繁に何らかの操作をしている。これまでの学習規律では、「先生が話しているでしょ、手は膝、目はこっち」とやっている箇所で、だ。もちろん学年や学級の実態にもよるが、これまでの学習規律を再考する機会にもなっている。

このように、これまでのあたりまえを立ち止まって考えてみる機会が一人一台端末環境の登場で訪れたと考えることもできるだろう。

古典を文法的に考えることの面白さ
──品詞分解の先にあるもの──

明星大学教授　永田里美《ながたさとみ》

日本語学の専門家。古典文法を現代の国語とのつながりから有機的に学ぶための専門的知識と授業力、そして膨大な読書量にかけて、比類なき研究者。

1 古典は必要か

二〇二三年冬、コロナ禍で開催が先延ばしにされていたM社との食事会がようやく実現化しました。M社は、筆者がここ数年、作文支援をテーマに産学協働研究を行っている企業です。主催者のUご夫妻は日本語変換システムを構築した草分け的存在で、現在はM社を起業し、タブレットのアプリケーションを開発されておられます。

食事会ではふとしたきっかけで古典の不要論が話題に上がりました。「もちろん、古典は必要ですよ」とすかさず仰るのは、社長の妻で専務を務めるHさんでした。Hさんはプログラマーとして名を知られる一方、藍工房で伝統的な技法を使った作品づくりにも勤しんでおられます。そんな専務に対して言葉を挟んだのは社長のKさんでした。その趣旨は「新しいものがどんどんと出てくるこの時代、学ばなければならないものがたくさんあるというのに、古典を学ぶ時間がどこにあるの？古典にどんな実用性があるの？」というものでした。社長、専務ご夫妻の明るく和やかな雰囲気のなか、食卓を囲む我々はしばし古典の不要論について思案をめぐらせたことでした。

2 古典文法の暗記と訳の再現の先に

たしかに、かつては古典が実用的に必要とされていた時代がありました。例えば、『六百番歌合』で藤原俊成（一一一四～一二〇四）が「源氏見ざる歌詠みは遺恨のことなり（『源氏物語』を読んでいない歌人は残念なことだ）」と述べるように、『源氏物語』は当時の歌人にとって共有されるべき知識でした。当時の歌人に限らず、かつての我々の社会では人前で歌を詠むという行為が社会的な作法として必要とされていた時代があり、そこでは和歌の文化的価値観を教養として持ち得ていなければなりませんでした（前田雅之『なぜ古典を勉強するのか』文学通信、二〇一八年）。また、我々の社会には文語で手紙を書かなければならない時代が長らく存在していました。そのようなとき、文語の文法を学ぶことはそのまま実用とつながっていたのです。

翻って、現代において古典は必要かと問われた場合、筆者としては古典の実用性は多分にあると信じて疑わないものの、学校という教育の場において、これまでのような古典の学習方法を踏襲していくことには疑問を感じています。

その一つが、文語文法（以下、学校で使用される古典文法という語を用います）の暗記です。かつては歌を詠んだり、手紙を書いたりするにあたって古典文法を使いこなす必要がありました。しかし、現代ではこうした場面に遭遇する児童・生徒は、ほんの一握りでありましょう。多くの児童・生徒にとって古典文法は文語を読むために必要なものです。とはいえ彼らが読むのはいわゆる定番化された古典作品に限られており、そうした古典作品には古来、数多くの訓詁注釈が作成されています。現代であれば、インターネットを介してすぐさまに閲覧することが可能です。

そのような環境下、教室ではいまだに古典の原文を読むために、網羅的に古典文法を学び、活用表を覚え、品詞を分解し、訳出作業をするという授業が多くみられます。ちなみに現行の学習指導要領では中学校、高等学校ともに「古典を読むために必要な文語のきまりを知」るという程度にとどまります。加えて先述の通り、生徒たちはインターネットを介して定番作品を読むために必要な文語のきまりを手元で確認することができます。これらを勘案したとき、古典文法の網羅的な知識を暗記し、訳を再現することに力が注がれる授業の実態に筆者は疑問を禁じえません。

筆者は、これからの古典の教育は現代に至るまでに作成された数々の注釈を見比べながら、自分が納得できる注釈を選び、見極め、そして自分の解釈として取り入れていくという選択眼を培うことに重きが置かれるべきであると考えます。選択という行為のなかには、提示された注釈そのものを疑ってみることも含まれるはずです。

3 違和感に立ち止まってみる

一例として、高等学校の教科書で多くの生徒が学ぶ『伊勢物語』を取り上げてみます。左に挙げるのは第九段の「東下り」の冒頭の一部です（本文、訳ともに『新編日本古典文学全集』小学館による）。

（原文）むかし、男ありけり。その男、身をえうなきものに思ひなして、京にはあらじ、あづまの方にすむべき国もとめにとてゆきけり。（中略）道しれる人もなくて、まどひいきけり。三河の国八橋といふ所にいたりぬ。（中略）その沢にかきつばたいとおもしろく咲きたり。それを見て、ある人のいはく、「かきつばた、といふ五文字を句のかみにすゑて、旅の心をよめ」といひければ、よめる。

（訳）昔、男がいた。その男が、わが身を無用のものであると思いこんで、京にはおるまい、東国の方に居住できる国を求めようと思って出かけて行った。（中略）道を知った人もおらず、さまよいつつ行ったのである。三河の国の八橋という所に行き着いた。（中略）その沢に燕子花がたいそう風趣あるさまで咲いていた。それを見て、同行のある人が言うには、「『かきつばた』という五文字を句の頭に置いて、旅中の思いを詠じてごらんなさい」とのことだったので、男は詠んだ。

ここに挙げられた現代語訳は日本語として誤りはありませんし、教室の生徒が右のように訳出したならばテストは満点となるでしょう。しかし、原文と訳とをよく見比べると違和感を覚える箇所がいくつかあります。例えば現代語訳で「～た」と訳された箇所を見てみると、同じ「た」でも対応する古語は異なります。

・昔、男がいた（むかし、男ありけり）
・八橋という所に行き着いた（八橋といふ所にいたりぬ）
・詠んだ（男はよめる）

さらに訳の中には現代語とはいえないような書き言葉が混ざっています。

・京にはおるまい（京にはあらじ）

今を生きる高校生に「まい」は日常語ではありません。彼らは「京にはいない」など、「ない」を使用するはずです。これらについて、通常の注釈書では「けり」が（間接）過去、「ぬ」は完了、「り」は存続、「じ」「まじ（まい）」は否定の意思と説明されますが、なぜ、現代語ではこうした表現をしないのか、ということまでは説明されていません。

4 文法的に考えるとは認識のあり様を捉えること

右のような古語と現代語の相違があるにもかかわらず、多くの生徒は品詞分解を覚えるのに精一杯でその先を考えようとはしません。しかし情報化社会にあり、古典の現代語訳が容易に閲覧されるこの時代において教室の生徒には、訳を再現する暗記力ではなく、与えられた訳の一語、一語を吟味しようとする姿勢を涵養したいものです。なぜ現代語で「た」と表現されるものが古語では「けり」「ぬ」「り」で表されるのか。また、古語に存在した「じ」「まい」はなぜ現代語では「ない」で済ませてしまえるのか。そのようなことを考えていくと、古代に生きた人々と現代を生きる我々とでは、時や否定といった認識の切り分け方が異なっていることに行き着きます。それと同時に、古人が見た、あるいは想像した風景が立体的に見えてくるでしょうし、現代を生きる我々の認識のあり様をも照射することとなります。今後、古典のテストを行うとしたら、用言や助動詞の活用表を添付資料として提示し、いくつかの訳例を並べ、生徒に吟味させてはいかがでしょうか。小松英雄（『伊勢物語の表現を掘り起こす』笠間書院、二〇一〇年）によれば、右に挙げた『伊勢物語』には日本語学的見地から検証されるべき余地が大いにあると指摘されています。

言葉は文化そのものです。文法とは大きく捉えると、その言葉の中に生きる人々の認識や世界観の一端であるといえます。古典は、しばしば親しみがない、遠い存在のように思われがちですが、それらを逆手に取れば、現代日本語や現代的なものの見方を再認識する糸口をいくつも用意してくれているまたとない素材ともいえるのです。

M社の専務は、パリの展覧会に向けて梅をテーマに藍染の作品を製作中とのことです。梅についてはAIが古典の知識を教えてくれるけれど、まだまだ不十分であると仰っていました。伝統的なモチーフがどのように解釈された作品となるのか、今から楽しみにしているところです。

どの子供も、自分の言葉をもっている

所属校が主催するオンライン研究会GATAーPLUSなどでも中心的なメンバーとして研究をリード。次世代を担う授業者のトップランナー。
新潟大学附属新潟小学校指導教諭　中野《なかの》裕己《ゆうき》

1 「先生、煽《あお》られました」

このような訴えが、最近多くなった。小学校の教室で過ごすようになって一五年になるが、「煽る」という言葉は、少なくとも一五年前には聞こえてこなかった。

この「煽る」という言葉で表現される諍《いさか》いは、なかなかに厄介である。まず、こちらとしてはその状況をイメージすることが難しい。当然、「どんなふうに煽られたの?」と具体を問いかけるのだが、なかなかに要領を得ないことが多い。低学年の子供になると、「煽られたは、煽られたなの」と、塞ぎ込んでしまうこともある。そこで、相手側に「〇〇さんが煽られたって言っているのだけれど……」と事情を聞くのだが、返答は「煽っていないよ」。こうなると、もう迷宮入りのような気さえしてくる。「煽る」とは、いったい何を意味する言葉なのか。

このように同じ言葉を共有しても分かり合えないということは、学校生活の様々な場面で起こりうる。コミュニケーションの道具であるはずの言葉を介しても、分かり合えないのである。このことは、国語辞典に掲載された意味を暗記したとしても解決することは難しいだろう。先に挙げた「煽られた」にしても、「挑発」のような意味として一応の共通理解は得られている。一般的な意味が食い違っているわけではないのである。

子供たちが分かり合うために大切なこと、それはその言葉の背景に何があるかを知ることである。そのような、言葉の背景を探る経験をどれだけ積むことができるか、小学校段階の言葉の学びはそこにある。

2 言葉の背景を探る

先の「先生、煽られました」の例であれば、訴えてきた子供と、次のようなやりとりをする。

C 先生、煽られました。

T そうなんだ。煽られたんだね。**どんな気持ちになったの?**

C すごくイライラした。

T どうして?

C だってぼくは一生懸命縄跳びしていたのに、ひっかかったら笑うから…

この子供の「煽られた」という言葉の背景には、イライラしたこと、一生懸命縄跳びをしていたのにひっかかってしまったこと、そしてそれを笑われたように感じたことがあった。このように、教師自身が、「煽られた」という言葉の背景を探り、理解しようと努めるのである。また、このやりとりを、可能であれば相手側の子供に聞かせることも大切である。そして、次のように問いかける。

T ○○さんが「煽られた」って思った**気持ち、分かってあげられるかな。**

C うーん。

T 分かってあげられたところまで教えて。

C ○○さんが縄跳びのことを笑われたって、それを「煽られた」って言っていることは分かったんだけど、ぼくは笑ってないよ。

T なるほど、「煽られた」の気持ちは分かってあげられたけど、ちょっと違うところがあるんだね…

このように、「煽られた」という言葉の背景を探ることで、コミュニケーションは大分噛み合ってくる。

言葉の背景を探るとは、言葉を介した他者理解の営みである。特に小学校段階では、その方略を、体に馴染ませることが重要である。方略とは、その言葉を使用するに至った他者の気持ちを問い直したり、推し測ったりすることを指す。また、ここであえて「体に馴染ませる」という表現を使用したのは、この方略が「知ってすぐできるようになる」類のものではないからである。つまり、繰り返し経験することで、少しずつ身に付いてくる。そう考えると、小学生の日常生活には、その機会が溢れている。

3 授業でも、「気持ちを分かってあげられるかな」

言葉の背景を探る経験は、当然授業においても積むことができる。ここでは、四年生「ごんぎつね」（光村四年下）の授業場面を紹介したい。ここでは、母を亡くした兵十に対するごんの気持ちを全体で検討している。

C1　私は、「おれと同じひとりぼっちの兵十か」という文から考えたんですけど、自分と同じひとりぼっちで同情してて、ごんは友達になりたいと考えているんじゃないかな。

T　「おれと同じ……」の文から友達になりたいって気持ち、分かってあげられるかな？

C2　ごんもひとりぼっちってことでは立場が一緒だから、同じ気持ちになることもできるし、寄り添うこともできるから。

T　立場が一緒だと同じ気持ちになれるって？

C3　兵十もごんもどっちもひとりぼっちだから、同じ、なんか悲しい気持ちみたいな、マイナスな気持ちを二人で共感できる。

C4　同じってことは共感。あと、互いに同じひとりぼっちだから、同情する。

C5　なんかこれ（「おれと同じ」）、いろいろな意味があるな。※つぶやき

検討の中心は、ごんの心内語である「おれと同じ、ひとりぼっちの兵十か」である。C1は「おれと同じ、ひとりぼっちの兵十か」の背景を探り、「同情していて」「友達になりたい」などとごんの気持ちを語っている。それを受けて教師は、「気持ち分かってあげられるかな」と全体に問うのである。これにより、教室は、「おれと同じ、ひとりぼっちの兵十か」の背景を協働して探っていくことになる。子供たちは課題意識を「おれと同じ」という言葉に焦点化し、C2「立場が一緒」「寄り添うこともできる」、C3「マイナスな気持ちを二人で共感できる」などと発言している。「おれと同じ」と語ったごんの気持ちが次々に言語化されているのである。そこまで他の子供の発言をじっと聞いていてメモしていた子供は、C5「なんかこれ（「おれと同じ」）、い

ろいろな意味があるな」とつぶやいている。この姿は、言葉の背景を多用に理解した姿である。さらに言えば、たった一つの言葉の背景には多様な情報が含まれているという、言葉の認識を深めた姿とも言える。

このように、授業においては、協働して言葉の背景を探る機会を創ることができる。学級単位の集団で行われることで、多様に理解する可能性が高まると言える。

4 どの子供も、自分の言葉をもっている

ここまで日常生活の事例、授業の事例を通して述べた通り、小学校段階の言葉の学びは、言葉の背景を探ることが重要であると考えている。最後に、そのような言葉の学びを共にする教師の役割について明確にしておきたい。

ある研修会で、こんな質問をいただいたことがある。

> 物語の学習で、初発の感想を書かせますか? 初発の感想を書かせると、子供の考えが多様になりすぎて授業がやりづらくなると、先輩から聞いたのですが

みなさんはどのように考えられるだろうか。いろいろと思うところはあるのだが、特に「子供の考えが多様に**なりすぎて**」というところには、抵抗感を抱く。多様であるからこそ、言葉の背景を探る必然性が生まれるのである。その多様さを封じ込めて、真っ白なキャンパスに教師が色をつけていくような観で授業をしてはいけない。教材とした文章自体の理想的な「まとめ」は創りやすいかもしれないが、それはあくまでその文章の中に閉じられた学びであり、言葉の学びとは言い難い。

入学したばかりの一年生の子供であっても、自分の言葉をもっている。つまり、表出する言葉の背景には、様々な思いや経験がある。教師の役割は、日常生活でも、授業でも、言葉の背景を探るガイドをすることである。そして、言葉の背景にあるものが言語化されるように引き出し、よりよく共有できるように支えていくのである。

言葉の背景を探ることを通して、言葉の難しさと面白さを十分に味わってほしい。そんなふうに願いながら、教室で子供たちと過ごしている。

語彙学習を支える子どもの学びと教師の学び

東京学芸大学教授　中村和弘《なかむらかずひろ》

小学校教師を経て現職。日本国語教育学会企画情報部長、中央教育審議会教育課程部会国語ＷＧ委員等を歴任。単元的発想で国語教育の活性化に尽力。

1 語彙学習とは

語彙の学習は、知っている言葉や使える言葉を増やしていくことがねらいである。その際、言葉そのものを増やしていく方向と、言葉と言葉の関係を増やしていく方向との二つがある。

前者であれば、例えば、「色の言葉」「人物の様子を表す言葉」「心情を表す言葉」など、意味のまとまりで増やしていく。「へえ、そんな色の言葉があるんだ。知らなかった」と子どもたちは新しい言葉と出合っていく。

後者の場合は、例えば「『寒い』と『冷たい』は何が違うだろうか」というように、言葉と言葉の意味や使い方の関係性に気付いていく。言葉そのものは知っていても、意味を比較したり使い方を検討したりすることで、「なるほど、私たちはそんなふうに使い分けていたのか」と、子どもたちは見えていなかった関係性と出合っていくのである。

言葉は単独で存在しつつも、別の言葉とつながっている。意味のまとまりという面的なつながりもあれば、類義語や対義語、上位語・下位語などの関係的なつながりもある。言葉を「点」で増やしながら、それらを「線」で結びつけて、「面」や「立体」へと仕立てていく。子ども一人一人の内側に、大きくて緻密な言葉のネットワークをつくっていく。語彙の学習はそのようにイメージすることができる。

2 言葉を内側に浸透させる

もともと、言葉自体は子どもの身の回りにあるものである。一日に目にする言葉、耳にする言葉は、いったいどれくらいあるだろうか。一般的には、それらの言葉は子どもの中には入ってこない。たくさんの言葉と触れてはいるが、ほとんどスルーしているということになる。言葉と「出合って」はいないということである。

一方で、言葉を増やすには、「そんな言葉があるんだ」「そんな使い分けをしていたのか」など、言葉を意識することが欠かせない。言葉を意識することで、子どもたちの中に発見が生まれる。その発見や気付きが、外側にあった言葉を内側に浸透させる作用をもたらす。

いわば、子ども自身が「言葉のアンテナ」を高くするということが、語彙学習のベースにあるということである。外側にあるさまざまな言葉の中から、「これは」と思う言葉と出合い、意味や使い方を考えながら自分の内側へと入れてなじませていく。

平成二九年、三〇年版の学習指導要領では、国語科の目標として「言葉による見方・考え方を働かせ」という一節をおくことで、そのあたりのことをうまく位置づけている。

3 「言葉のアンテナ」を立てる

いわゆる語彙リストを子どもに与えて、「そこにある言葉を使って文章を書きましょう」というだけの学習では、うまくいかないことがある。「おっ、この言葉は」という出合いがないからである。

そのためにも、「この言葉を使うと、登場人物の様子がぴったり表現できるね」「こういう言い方をすれば、このときの気持ちをスラッと書けるんだ」という発見や気付きをもたらす学習過程が、ぜひとも必要になってくる。

逆に、先に述べた「言葉のアンテナ」が高くなっていると、国語教科書にある語彙リストの中から言葉を探すのではなく、日常の生活場面や他教科等の学習場面の中で、「この言葉、おもしろそうだな」「この言い方、素敵だな」と言葉を見つけ、自分のものにしていくことができる。子ども自身が外側にある言葉を自分の内側に取り込み、ネットワークの中に組み込んでいくことができるようになる。

4 言葉を面白いと思える子ども

そういう意味では、子どもにとっての言葉の発見は、気持ちや様子をぴったり表現できる言葉と出合うという、実利的なケースばかりではないことになる。単に、「聞いたことのない言葉だけど、面白そうだね」「よくわからないけど、その言い方は大人っぽくていいな」という感覚的なものでも充分なケースもあるだろう。

筆者が小学校の教員をしていたときのことだが、一人の男の子が国語辞典で「不如意」という言葉を見つけてきて、「ふにょい、ふにょい」と連発していた光景を思い出す。「手元が不如意なもので」のような言い方は、大人でもあまりしないだろうが、まして小学生が知ったからといって、作文で使うような言葉ではない。想像するに、「ふにょい」という日本語らしからぬ音の響きというか語感にその子は面白みを発見して、教室中を連呼して回るという行動に出たのだろう。

このような言葉との出合いも、語彙学習のベースとして私は大切なような気がしている。

5 言葉と出合わせる教師の役割

これも忘れられないある教室の光景だが、日直の子が、家でお菓子作りをしたことのスピーチをしていた。その中で「へら」という言葉が出てきて、スピーチの後で担任の先生が、「みんな『へら』って、知ってる?」と子どもたちに投げかけた。「知らない」「聞いたことない」という子もいれば、「私も使ったことあるよ」という子もいる。先生は黒板に簡単な絵を描いて、「お料理に使う、こういうのだね」「家庭科室にあるかもしれないよ」と話をした。子どもたちも「へえ」「家に帰ったら探してみよう」と口々に応えていた。この間わずかに一、二分のやりとりだったが、教室に「へら」という言葉が浸透していくのを私は目の当たりにした。

もちろん、「へら」という言葉自体は、日常的に子どもが使う必要のあるものでもない。それなのに、この教室の光景が印象に残っているのは、教師による言葉の浸透力ということを深く感じたからである。

今そのときに、ある言葉を取り上げて、子どもたちに投げかける。それは語彙リストとして用意された言葉ではなく、今、その場で、この子たちに向けて、教師であるこの私が投げかける言葉である。そういう意味では、「生きのいい言葉」である。新鮮で勢いもある。自然、子どもたちへの浸透性も高くなる。

教室の中のさまざまな生活や学習の場面で、ふと飛び交う言葉の群れの中から、「これは」と思った言葉を機を逃さずつかみ出し、子どもたちの前に並べてみせる。「子どもの語彙を増やそう」と大上段に構えた学習活動ではなく、こうした日常的なやりとりの中で、自然なかたちで新しい言葉に出合わせていく。このような取り組みもまた、語彙学習のベースにあるように思う。

6 大人の私たちもまた、言葉と出合う

新しい言葉や表現と出合うことは、大人にとっても楽しみとしての意味合いが大きいと思う。まして、それは強制されるものではない。私は音楽評論家が、どのような言葉を使って音楽の世界を表現するのかに興味がある。

例えば、吉田秀和は、タートライ四重奏団の演奏するハイドンの弦楽四重奏曲を次のように評している。

> タートライのヴァイオリンはきれいな音というよりむしろ、少しきしむような雑音性をもっている。それが、こういう音楽では、特によく合う。これは送葬の行進というより、むしろ、心の非常な痛み、嘆きと悼みの入りまじる音響というほうがいいかもしれないのだから。
>
> (『音楽の時間V(吉田秀和全集二三)』二〇〇四年、白水社、一三五頁)

ヴァイオリンの音色を表現するのに、「少しきしむような雑音性をもっている」という言い方があることを知り、私は驚きと新鮮さと納得を覚えてしまう。評論を通して、さまざまな言い回しや表現の仕方に出合うことができる。そして、「なるほど」という思いが強いときほど、その言葉はスッと私の内側に入ってくる。

これからの語彙学習を考えるとき、どのような言葉を与えるかという側面とともに、言葉と出会うという子どもや教師のこうした学びの側面も、大切になってくるのではないかと思う。

研究助成、実践教育活動顕彰に携わる主体からみた国語科教育

博報堂教育財団研究助成事業の責任者として、若手の教育研究を支援する。企業の教育研究貢献という立場から国語教育の進むべき道を提案する。

博報堂教育財団事業局長　成岡《なるおか》浩章《ひろあき》

教育のプロではない私は、携わっている事業を通じて印象に残っている研究や実践活動を紹介させていただく。

はじめに、博報堂教育財団は、児童に対する国語教育と視覚・聴覚障がい者に対する教育を助成し、あわせてその活動に関する研究調査を行い、児童の健全なる人間形成に寄与することを目的に、一九七〇年に財団法人博報児童教育振興会として誕生、二〇一一年に公益財団法人に認定され、二〇二〇年に現在の名称に変更した。設立当初に、すぐれた教育実践を顕彰する「博報賞」を創設。その後、「児童教育実践についての研究助成」他を始め、現在七つの事業を展開。設立五〇周年を機に、活動領域を「こども・ことば・教育」と捉え直し、「ことばの力」をこどもたちの生きる力へと育む事業展開を加速させている。私たちが根幹に置くのは、「ことばの力」。これは話を「聞く力」、文を「読む力」はもちろん、それを感じ「話す力」を指す。さらには、考えを伝えるために、ことばを生み出し、書き出していくなどの「総合力（書く力）」だと考える。我々はその「ことばの力」を基軸に、未来志向で社会とつながり新しい価値を生み出していくための場の形成や人材開発支援などに取り組んでいる。

次に、私レベルが考える国語科教育に関して述べる。国語は、答えがなく難しい学習教科とよく聞く。では、どうやって教師は教えていくのか。深く読めること（読解力）の強化も大事だが、こどもたちはどんなアプローチ（解釈）

をするのか、どこに目をつけるのか、上から目線でなく、こどもたちと並走しながら取組むのが大事ではないかと、時に二児の親として息子たちと机に向き合いながら感じている。こどもたちを主体として、彼らと教師の関係を、〝学ぶ人〟と〝共に学ぶ人〟とし、こどもたちが学びたいと思うことを考えて働きかけることが重要だと思う。教師の聞き方も大事で、こどもたちの考えを言い換えて確認し解釈することで、内容は後から自然についてくるのではないかと考える。また、教えること、教え方ばかりが考えられたり、教材、教材の解釈ばかりが語られたりと、こどもが語られていないのが課題でもあるという声を聞いたこともある。国語学習サイクルを通じて、こどもの事実がどれだけ見られるのかが大事で、これこそが国語科教育の醍醐味ではないかと思慮する。

　ここからは、前述の「ことばの力」で触れた視点で採択された「研究助成」、優れた教育実践を顕彰する「博報賞」受賞活動から、特に印象に残っているものをいくつか紹介していく。

「聞く力」の活動として、読むことの学習に聞き合う活動を意図的・積極的に取り入れ、学習の改善を図る中で、聞き合う力を実生活で働く力として定着させることを目指した実践的な活動があった。聞き合いを通して言語能力を身につけていく「目指すこどもの姿」を発達段階に応じて設定し、「対話における情緒的要素」「聞き合う目的」「聞き合う内容」「聞き合う方法」の在り方を基盤として聞き合う活動を取り入れていた。例えば、「つまり〜ということですね」のように、聞く方も話をまとめ、さらに考えを深めていく質問をするなど、「聞き合う学習」が進められていて、聞くことの大切さを再認識した。「聞く」ということを出発点に置くことで、「聞いてもらえる」対話の場が生まれていた。

　次に、「読む力」の研究を紹介する。深い読解力を育むには、「問い」が効果的なことの一つであるとお聞きしたことがある。よき「問い」にはよき学びを導く力があり、答えを見つけることよりも、自らの学びを構築していくには、「問い」を見つけることが大事だと言う。「問い」を決定、読み合い、評価するというプロセスを繰り返し、国語学習意識がどのように変化するかを実証的に明らかにし、方略的意識や自律的意識等の高まりを見出し、学習者の育ちに応じた教師のかかわり方の研究をされている研究者のお話が印象的であった。リフレクションの在り方に重きを置き、「ことばを学ぶ習慣的思考」の定位に挑戦されていた。小学生たちが、「問い」を出し合い、プライオリティをおく「問い」を決め、その「問い」に対し、考えをまとめるべく、教材を熟読・模索している過程で、ロジカルな表現を構築していく姿は、発言後の自己肯定感に満ちた笑顔とも相まって、ほっこりさせられた。

また、他の研究者は、三つのアプローチ【Ennis,1989】をパッケージ化したカリキュラム構成で、質問の仕方について理解する、質問を使って良い結論に導く、質の高い意見交流により質問を学ぼう、という研究もされており、「質問行動」による、こどもたちの文章理解力を育むための研究の深さを垣間見た。

「話す力」の活動としては、持続可能な社会づくりの担い手を育み、グローバル時代に必要な論理的な思考力・表現力を生徒に身につけさせることを目的として「ことば科」を設置し、自分の考えを相手に正しく効果的に伝えるために複数の教科で連携して取り組まれていた活動が印象深い。国語系「論理」領域では、初めに言語技術的な「話型・文型などの型」をトレーニングさせ、他教科との合科的なチーム・ティーチングによる課題解決的な学習単元でその「型」を活用して発表や議論をする場を設定していた。論題に対して焦点をずらさずに的確に言及すること、自分たちに有利な情報を後から出さないことを徹底し、立場の根拠はしっかりしているか、質疑への応答は適切かなどを検証しながら、あらかじめ決められていた賛成・反対の立場でのディベートで、「話す力」を育んでいた。相手に自分の思いを的確に伝わる話法を鍛えることで、コミュニケーションに自信をもち、これが他の「ことばの力」にも好影響を与えていると感じた。

続いて、「書く力」の活動を紹介する。定期的な研究活動や独自の作文事業を通し、児童生徒の「書くこと」に対する意欲及び記述力の向上、教師の指導力向上に大きく寄与している活動を取材した際、国語科教育の原点を目指す集いと感じた。教科書の作文教材の減少等もあり、教師も児童生徒も「何を、どのように」書けば良いのか迷っている中、作文構想ができるような場を設け、「着想」「構想」「構成」「記述」「推敲」のプロセスに添い三〇種類のワークシートを開発、教師や児童生徒同士で「対話」を繰り返すことで、主体的に生活文や読書感想文に取り組み、書くことに躊躇していた児童生徒も、作文塾終了時には、書き上げることができるようになる。英語の5W1H的な要素を埋め、それらを関連づけることでストーリーを構築し、最初は「したこと」で完結することが多かった文章が、「対話」を通じ、話している方にも、聞いている方にも発見があり、書き手が自分で思いがけないことを思い出してそれをことばにすることができるようにもなる。指導者も「対話」を通じてその子について大切な発見もしている。「博報賞」審査委員の山元隆春教授（広島大学大学院）は、「書き手の心の奥底の思いを探り当てる深針のようなことばを伝えることができた時、その書き手の作文の『したこと』に『私はこう考えました』という考えが加わる」とおっしゃっていたのが印象的であった。

また、的確にことばを選び、まとめる力を培うための思考ツールの活用と、語彙を増やし、相手意識を高めるための環境づくりと活動のために、ワークシートを活用し、こどもの思考を整理することで、書くことに抵抗感をもつこどもも文章を書くことができるようになる取組もあった。読むことと書くことの学習を関連づけ、はがきサイズの新聞を活用することで書く内容を焦点化させていくことができるようにする取組であった。文章の構成を構造的に見ることができるようになり、大事なことばに着目させることで、その後の書く活動においても、大事なことばを使いながら文章をまとめることにつながると感じた。「博報賞」前審査委員長の森山卓郎教授（早稲田大学）は、「活動の目的と基本的な方法が明確であること、なにより、自分の思い・考えを表現する喜びがあること、そして、ふだんから『書く』活動がなされていて基盤としての力がついていることが見てとれた」とおっしゃっていた。

以上、特に印象のある研究、実践活動である。こどもたちの内側から、こんこんと湧きあがる笑顔、新しい学びに目を輝かせ、ことばで心をつなぎあい押しつけることではけして生まれないこどもの笑顔のために、今後も尽力していきたい。

言葉の力を育む学びの高度化設計
―高校国語教育の視点から―

Eテレ「現代の国語」講師、ラジオ「文学国語」「論理国語」講師も務める高校国語教育のリーダー。生徒がいきいきと学ぶ授業づくりのアイデアにかけては並ぶ人なし。

筑波大学附属高等学校教諭　畑《はた》綾乃《あやの》

1 これからの国語教育の課題

　言葉は、コミュニケーションだけではなく、思考や発想、価値観の形成、世界認識に関わり、豊かな言葉の力を身につけることで、それらをより生き生きとしたものにすることができる。「豊かな言葉の力」と一言で言っても、そこには、言葉を使いこなす力という語学的要素、表された言葉の奥にある伝統や系譜を捉えるという文化的要素、他者や世界と関わる資質・能力という社会的要素など、様々な側面がある。実社会における言葉を用いた具体的な活動は、それらが互いに関係し合って成り立っている。そんな「豊かな言葉の力」を育むことは、これまでも国語科として目指してきたものではあるが、実社会自体が変化するため、当然、それに応じて伸ばすべき力も更新され、近年、周知の通りコンピテンシーベースの授業が求められている。「知識や技能」の習得に偏らず、それを活用するための「思考力・判断力・表現力」、その根底に働く「主体的に学習に取り組む態度」、これらの資質・能力の育成を軸に、各教科はその特性に応じて具体化するというわけだ。

　この現状において、私の目下の問題関心は、「国語科におけるコンピテンシーベースの学びはどのように高度化できるのか」である。現在、国語においても必然的に、トーク&チョークの知識伝達的講義式授業が当たり前、という無意識の前提は崩れ、アクティブラーニングを取り入れた授業スタイルも増えている。授業形態が多様化すると同時に、授業をデザインする上では「なぜこの段階で、その内容で、その活動なのか」「それを年間でどう配置するのか」など、その意義や有効性も複雑化する。コロナ禍を経て、「教室で、対面で授業をする」ことさえ無意識の前提ではなく、授業空間の意義の必要性も突きつけられている。ただ扱う素材を変えて同じ活動をしているだけでは不十分だろう。現場では、一つの単元、一年間の科目の授業を経て高度化すること、また、学校の実情に即して必履修科目とその上位科目へと系統的に高度化を図るカリキュラムマネジメントが必要となる。

ここでは、この課題に向き合いつつ進めている授業デザインの実際、及び現場における実感と考察を述べる。

2 「伸ばしたい力」の具体化

国語科で身につけさせたい力については、学習指導要領において三領域に分けて指導事項として示されているが、個々の教員としては、それをよりどころとしつつ目の前の生徒の現状を捉え、さらに具体化・細分化する必要がある。その時に大事な指標となるのは、自校における「スクールポリシー」だ。その学校として育てたい生徒像と、目の前の生徒たちの状況を見据え、その距離感を図って逆算することで、年間の学習目標や各単元目標が立ち上がる。私自身が、自校のスクールポリシーと生徒たちを前にして、伸ばしたい力を言語化してみると次のようなものが挙げられる。

- ・様々な次元で他者と対話する力、協働する力
- ・論理と感性を調和させて洞察する力、表現する力
- ・自分に引き寄せて考える力（没入する、自分事として捉える、共感して寄り添う）
- ・自分を引き離して考える力（客観視、俯瞰、メタ認知）
- ・多角的視点と構造的理解によって価値判断する力
- ・多様な価値観の中での合意形成する力
- ・多様な価値観の中で自己を相対化する力
- ・創造的思考力（新たな価値を見出す・生み出す）
- ・価値観、世界認識を自らバージョンアップしていく力
- ・これらの力を支え、高度化するための知識・技能
- ・文化や人の営みとの関係の中で言葉を捉える力

厳密に「国語科として」表現するならば、「言語的〜」「言葉を活用して〜」「作品・文章を素材・題材として〜」

などの言葉がそれぞれに入ることになる。

毎年、次年度の担当科目が決まり、「さあ、この一年間でどんな単元を組み立てようか」という時には、広げた教科書、その他の教材とにらめっこしながら、これらの伸ばしたい力を見据え、当該科目の特性を生かした「読む」「書く」「話す・聞く」の各活動と掛け合わせ、単元デザインを構想する。そうしてできる単元の原型を年間でどのような流れで配置するか、実授業時数と行事などの学校の動きと見比べながらパズルを解くようにラインナップを作る。

3 単元の設計と年間での配列

ふわふわとした授業アイデアの固まりを一つの単元に仕上げていくとき、また、個々の単元の素材と活動を決めて年間で配置していくとき、思案のポイントは高度化設計だ。コンテンツベースならば、扱う素材の配列を考えることとなり、知識伝達ベースならば知識事項の配列を考えることになる。しかし、コンピテンシーベースであれば、生徒が身につけるコンピテンシーを高度化できるように活動を高度化して配列する必要がある。それを軸にしつつも、素材の種類・難易度と知識・技能も併せて高度化したい。加えて、いまだ別軸である大学受験に必要な力も見据えたい。一単元または一年間の授業で伸ばしたい力は何か、それをどのレベルまで高度化するか、それにはどの活動で、どのステップを踏ませるか…。これは本当に複雑なパズルだ。

4 科目としての系統性

高等学校における学びを考えるにあたっては、中学校段階からどのように高度化させるのか、また、必履修科目から選択科目へどのように高度化を図るのか。素材となる文章の難易度はこれまでの経験値を目安にできるが、コンピテンシーを段階的に高度化するための指標も必要だ。そこで、現在、その問題意識を共有した同附属校の中学校教員と一緒に、中高で同じコンピテンシーをベースにして、そ

【年間計画を立てる視点】

●素材の精選(難易度、分量、種類…)

●どのような言語活動入れ、配列するか
●どんなテーマで単元を配列するか
●素材のジャンルのバランスをどうするか

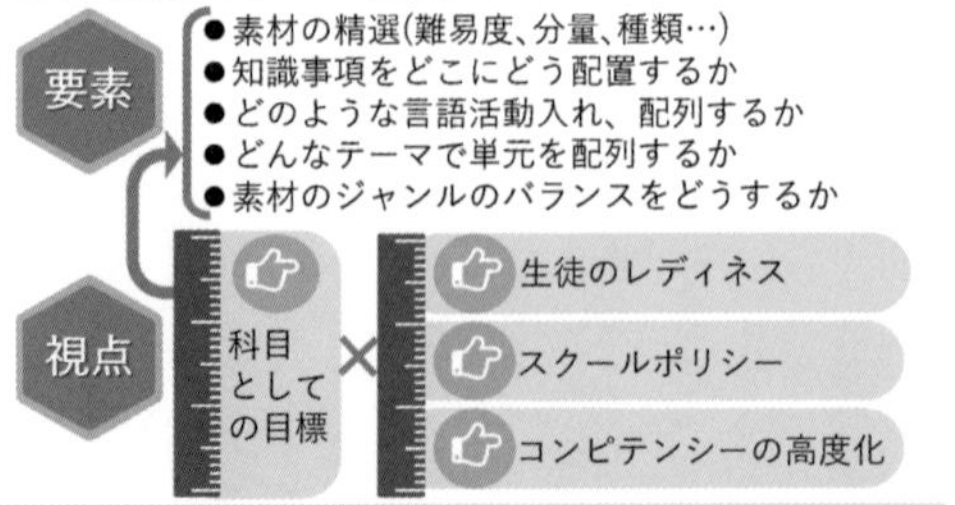
生徒のレディネス
優先すべきものを「骨組み」とし、バランスを考えて「肉付け」する

れぞれの発達段階・学習段階に応じた単元をデザインして実践し、高度化の要素を考察している。

〈例1〉コンピテンシー…物事を多角的、論理的に考察し、価値判断する。
◆中学三年生…ニュースを題材に、三角ロジックを用いて、二項対立的に思考を深める活動
◆高校一年生…複数の図表を題材に、トゥールミンモデルを用いて、主観と客観をメタ認知し、複数のものを関連付けて考察する活動

〈例2〉コンピテンシー…時空を隔てた文章を、論理的に読解し、論理と感性を駆使して表す。
◆中学三年生…故事成語を生活と結びつけ、資料を活用して「ドラマ」で捉えて価値づける。
◆高校一年生…故事成語と現代小説を題材に、時空を越えた「寓話の力」を知り、古典から現代を洞察して「物語」を創作する。

このような実践を続けながら、コンピテンシーベースでの高度化のキーワードを洗い出している。途中段階として見えてきているものは、下図の通りである。併せて、それぞれの段階において、生徒の学力や学校で育てたい生徒像に応じた活動のさらなる工夫も可能であり、その点についても中高で実践を試みている。汎用性の検証や、評価との関連性の考察も必要だ。国語科としても、また、カリキュラム・マネジメントの側面からも、「豊かな言葉の力」を育む学びの高度化設計について、実践を通して引き続き考えていきたい。

【コンピテンシーベースでの系統性“キーワード”】

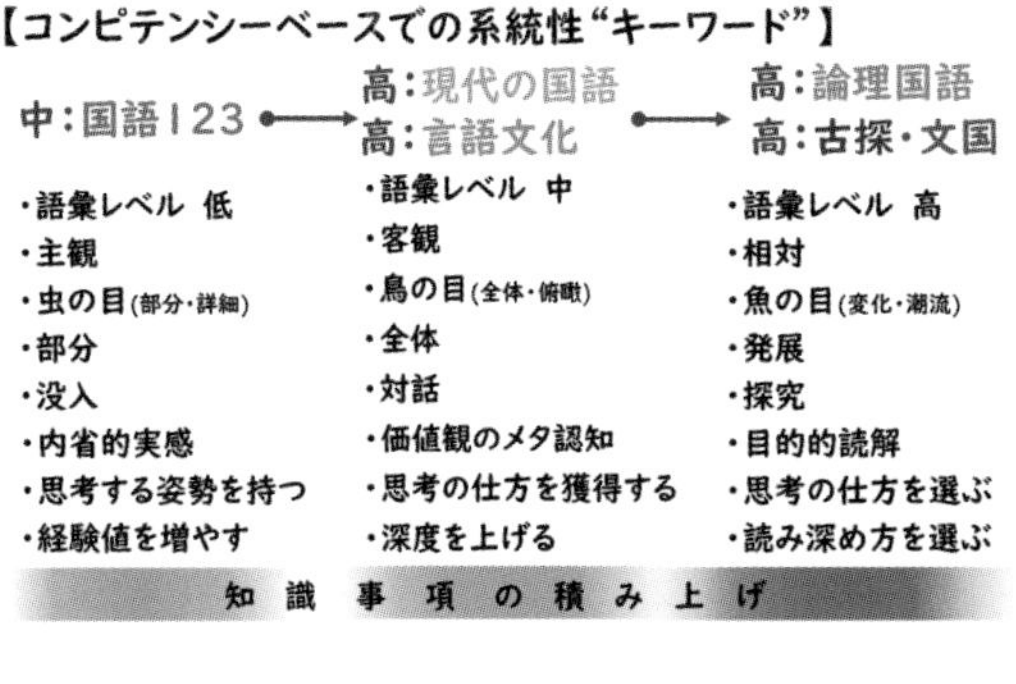

中：国語123 →	高：現代の国語／高：言語文化 →	高：論理国語／高：古探・文国
・語彙レベル 低	・語彙レベル 中	・語彙レベル 高
・主観	・客観	・相対
・虫の目(部分・詳細)	・鳥の目(全体・俯瞰)	・魚の目(変化・潮流)
・部分	・全体	・発展
・没入	・対話	・探究
・内省的実感	・価値観のメタ認知	・目的的読解
・思考する姿勢を持つ	・思考の仕方を獲得する	・思考の仕方を選ぶ
・経験値を増やす	・深度を上げる	・読み深め方を選ぶ

知 識 事 項 の 積 み 上 げ

赤ちゃんの母語獲得と国語教育

東京大学教授　針生悦子《はりゅうえつこ》

青山学院大学を経て現職。専門は発達心理学、認知科学。赤ちゃんの言語獲得研究の第一人者で、専門的な内容を一般人にもわかりやすく説く文章が魅力。

1 はじめに

私は、日本語環境で育つ赤ちゃんがどのように日本語を話せるようになっていくのかについて研究しています。つまり、母語獲得が私の研究テーマです。

というお話をすると、多くの方がおっしゃるのは、「母語である日本語は何の苦労もせずにいつのまにか使えるようになったのに、外国語の学習では苦労する。母語の習得のしかたの中に外国語学習で参考にできるようなことはないのか」ということです。そこで本稿ではまず、赤ちゃんの言語学習は外国語学習の参考にできるのかというところから始めて、赤ちゃんの言語学習は国語教育にも何かヒントを与えてくれるのかについても考えてみたいと思います。

2 外国語学習へのヒント？

赤ちゃんの母語獲得も外国語の学習も言語の問題だという意味では、赤ちゃんの研究でわかったことで外国語の学習に生かせそうなことは確かにあるのかもしれません。ただ、「赤ちゃんに見習えば…」と言われるとき期待されているのはたいてい、簡単でお手軽なあまり苦労のない〝赤ちゃん伝授の魔法の方法〟のような気がします。たとえば、赤ちゃんは周囲の人が話す言語を聞き流しているだけでいつの間にか話せるようになるのだから、大人だって同じようにすればいいのではないか、というような。

もちろん聞いたことのない言語は話せるようになりませんから、使えるようになるためにはその言語を聞く必要があります。しかし、赤ちゃんは聞き流しているうちに、その言語を聞き取り話せるようになるわけではありません。それが証拠に、テレビを見せていただけでは赤ちゃんはテレビで使われていた言語を使えるようにはなりません。

アメリカで報告された有名な事例に、次のようなものがあります。夫婦とも聴覚障害のある両親のもとに、聴覚には問題のない子どもが生まれました。夫婦は「この子は（手話ではなく）話す言語を覚えるのだ」と考え、できるだけテレビを見せるようにしました。しかし、その子は三歳になってもまともに話せるようにならなかったのです。

これを聞いたあなたは次のように考えたかもしれません。きちんと話せるというところまでいかなくても、外国語を聞かせておけば、その言語の音の聞きとりくらいはできるようになるのでは？　たとえば、日本語環境で育つ子どもに、英語のビデオを見せたりオーディオを聞かせたりしておけば、日本語話者にはできないと言われる**L**と**R**の聞き分けができるようになるのでは？　しかし、ある研究で、一歳になる前の子どもに、外国語のビデオを見せたりオーディオを聞かせたりしてみたのですが、そのような効果は得られませんでした。

もっとも、その研究では、ビデオを見せた赤ちゃんや、オーディオを聞かせた赤ちゃんだけでなく、その外国語を話す女性と遊んでもらった赤ちゃんについても、その外国語の音の聞き分け能力を調べました。すると、女性に遊んでもらった赤ちゃんたちだけは、その女性の話す言語の音の聞き分け成績が上がっていたのです。ここからわかるのは、赤ちゃんの母語獲得を支えているのは、ただただその言語を聞き流すことではなく、誰かとのリアルなやりとりの中でその言語を聴くことだということです。

ここから、外国語を学ぶときのヒントを得ようとするなら、やはり言語は、誰かとのリアルなやりとりの中でこそよく学習できる、ということになるでしょうか。最近の「外国語活動」は、その教訓を生かそうとするものでしょう。しかし、もう一つ、見逃してならないのは、赤ちゃんはそれこそ一日中そういうやりとりの中にいる、ということです。そうして大量の言語を聞くのです。そこまで真似しなければならないとすれば、赤ちゃんの学習法を真似たからと言って、ラクできるはずはないことはもうおわかりいただけると思います。

3 やりとりしながら学ぶ国語？

次に、赤ちゃんが母語を身につけていくときのやり方の中に、国語教育が参考にできることはあるかについて考えてみましょう。ここまで見てきたように、赤ちゃんの母語獲得においては言語でのやりとりこそが重要です。そして、国語の授業はと言えば、たいてい、教師と生徒のやりとりの中で、文章教材を理解したり、味わったりということが目ざされています。その意味では、赤ちゃんから学べることがあるにしてもそれは既に実践されているように見えます。しかし、よく考えてみると、赤ちゃんの母語獲得にとってやりとりが持つ意味と、国語の授業の中でやりとりが持つ意味は、同じではないように思われます。

赤ちゃんが母語を身につけていくときには、やりとりの中で使われた単語や文を覚え、母語を話せるようになっていきます。赤ちゃんにとっては、ほかの人とうまくやりとりできるようになることが目標で、学ぶべき言語はすべてやりとりの中に埋め込まれています。

一方、国語の授業で教師と生徒、あるいは生徒どうしがやりとりをするのは、やりとりに使われる単語や文を学習するためではありません。物語や説明文などの言語材料について学ぶためです。物語であれば、登場人物はどう感じ考えふるまい、その結果として何が起こったのか、また、説明文や論説文では、そのような文のつながりから読み取ることのできる書き手の考えとはどのようなものか、を理解しようとします。そのために、教師は質問するわけです。となれば、授業の中でのやりとりは、ただやりとりすればそれでいいというものではなく、やりとりを開始するためにどこでどのような問いかけがなされるかということが重い意味を持つものになります。とにかくやりとりがつながっていけばよかった赤ちゃんのときとは大違いです。

そのことは、石井光太氏の著書『誰が国語力を殺すのか』の冒頭で紹介されていたショッキングなエピソードについて読んだときにも、改めて考えさせられました。そのエピソードとは次のようなものです。

石井氏が小学四年生の「ごんぎつね」の授業を見学したときのことです。場面はまさに、兵十の母親が亡くなって村の人たちが集まって大鍋で何かを煮ているというところ。「鍋で何を煮ているのか」について班で話し合った子どもたちは続々と「死んだお母さんをお鍋に入れて消毒しているところ」「(亡くなった人を埋葬するために)お湯で煮て骨にしていた」といった考えを発表したのです。

石井氏によれば、これはもう読解力以前に常識がない、その総合力としての国語力が今まさに危機に瀕している、というわけです。私も、確かに現代の子どもは、葬儀に集まった人にふるまうための料理を作るところを見たこともなければ経験もないだろうと思いました。が、それより気になったのは、どうしてここで「鍋で何を煮ているか」について班で話し合ってまで考えさせなければならなかったのだろう、ということでした。

班で話し合ってまで考えなければならないとすれば、ふつうは、それが物語展開を理解する上で重要なポイントだからです。その点からすれば、「亡くなった母親を鍋で煮て骨にする」という子どもたちの答えには、問われたことを物語展開の鍵となるできごとと関連づけて考えようとしたことがうかがえます。その意味では、この子どもたちのこの反応に私たちはそれほど失望しなくてもよいのかもしれません。むしろ、子どもたちの思考をそのような方向に向けてしまったのは、まさに、ここで「鍋で何を煮ているか」を問うたことなのです。

4 まとめ

赤ちゃんがやりとりしながらやりとりそのものについて学ぶのだとすれば、その段階を越えた子どもたちは国語の授業で、やりとりしながら、やりとりの外側にある何らかの題材について学ぶわけです。そうなれば、やりとりは続けばよいのではなく、吟味され精選された問いのもと、展開されなければなりません。ここにも、外国語学習の場合と同様、赤ちゃんのやっていることを真似すればすぐにうまくいくというわけではない現実があります。それでも、同じだといったん仮定して吟味してみればこそ見えてくる違いこそが、異なる発達段階の子どもに異なる目標でかかわるときに心すべきことなのだろうとも思います。

読むこと書くこと、聴くこと語ること

國學院大學教授　深谷優子《ふかやゆうこ》

東北大学を経て現職。教育心理学者。日本読書学会事務局長。数々の学会誌編集委員を歴任。心理学の世界から読書と読書教育の実態・開発研究に取り組む。

スマホやタブレットPCを含むデジタルデバイスは生活においても仕事においても広く普及し、電子媒体での読み書きが遍在するようになった。いつでもどこでも気軽に情報にアクセスできる環境により、文や文章による情報の発信と受信、すなわち読み書きを多くの人が日常的に行っている。もし、「日々これだけ多くの読み書きを行っているのだから、もはや読書など必要ないのではないか」と主張されたとしたら、私たちは反論できるのだろうか。

1 豊富に情報があれば理解しやすいのか

文章を読んで理解する、すなわち読解とは、どのような過程であり何が必要とされるのか。文章を読むとき、私たちは書かれている文字を解読し、単語を認知し、文や文章の意味を組み立てていくが、文字や単語、あるいは文法の知識だけがあればいいというわけではない。書かれている文脈や背景知識など多くの知識が必要となる。もし適切な知識が利用できないならば、表層的な処理しかできず比喩やアイロニーは理解できない。あるいは部分的にしか理解できず、そこから拡大解釈してしまい、結果的に誤った理解をしてしまう。

紙であれ、電子媒体であれ、読解の基本的な過程は変わらない。適切な知識を投入できないと、浅い理解、誤った理解になりやすい。ただし、電子媒体では自分の理解のモニタリング、「わかった」「わからない」の判断がしにくい人もいるようだ。

電子媒体で文章を読む場合、紙とは異なる構造の特徴に対処する必要がある。見出しをクリックしたら本文が開く階層構造、文／文章の細切れの提示、目を引くタグ付、いずれも読み手の注意を向けさせる機能をもつ。また、文字だけでなく音声や画像・映像が伴われていることも多い。

こうした特徴をもつ電子媒体での文字を含む「情報」の閲覧・視聴では、たとえ文字の部分、書かれた文章の理解が十分でない場合でも、「わかった」と誤って判断することさえある。筆者の授業において、電子媒体で閲覧した資料や視聴した動画について意見や感想を書かせたところ、適切に読解・理解している学生もいるものの、一部の資料の見出しや人目を惹くような言葉、動画のごく一部にのみ注目した浅い読解、誤った理解をしてしまう学生も少なからずいた（深谷、印刷中）。

電子媒体の場合、おそらく紙の場合よりも豊富な情報が利用可能であるからこそ、文章自体に対する自分の「わからなさ（わからない感じ）」がマスクされ、理解が不十分だと本人が気づきにくいのかもしれない。メタ認知がうまく機能しないとなると、その後の再読や学習への動機や行動にはつながらない。利用できる情報が豊富に提示されていても、それを十分理解して活用することができないままになってしまう。

2 読解は文字の処理だけではない

文章は、その言葉が書かれた場所や時代を超えて伝達可能な情報である。同じ言葉であっても、音声で語られた場合は話し手、空間、時間といった場や文脈が付随するのとは対照的である。前述したように、文章を読解するとき、書かれている文字の処理だけでなく、文脈や背景知識を適切に投入する必要があるが、それを使って、読み手は文章から切り離された書き手や場や文脈を適切に復元（reinstatement）していく。この復元作業によって、その文章は読み手にとって、より具体的な場と文脈を伴うものとなる。復元作業では、いわば、書き手が書いた／語った状況を、読み手が書きなおすように読む、そんな能動的な読みが起こりうる。同時に、この作業は誤った推論、不正確な理解につながってしまう危険性もあることには注意が必要だ。

文章を読むときは、音読に限らず熟達した読み手による黙読であっても心内での音声化が伴うことが示唆されている。文字は言葉の視覚的な記号であり、もともと言葉は音声によって語られ聴かれるものである。だから読むときにも、誰かの語る言葉として文章を心の中で音声化して、その言葉を聴くように読むのかもしれない。

私たちはまた、文章の書き手についても多かれ少なかれ思いを巡らせながら読む。その文章の特徴から特定の人の「らしさ」を感じることがある。言葉の選び方、配置の仕方、読み上げたときのテンポ、論の展開の仕方、文体、他の文章との細かい差異などなど。時にはエラーや間違いとされるところから、私たちは文章に「らしさ」を感じとる。そこに人格（character、人物）を想定しさえする。たとえ生成系ＡＩによる作文であると知っていても、私たちはＡＩ「らしさ」を感じてしまうし、皮肉を言われた、悪意を感じる、などあたかも実在する人格のようにＡＩを感じてしまうのだ。

これは物語の登場人物についても同様だ。架空の人物であると知っているけれども、その世界に没入し、あたかも自分や友人に対するかのように登場人物の動機を推し量り、理解しようとする。そうした心情把握がされやすい文芸作品を読むことで、実際に他者の心的状態の推測や共感性に効果をもつという指摘もある。没入して読む、復元しながら読む、こうした読みは読む力だけでなく書く力、考える力を支える活動なのである。

3 意図的な言葉の運用が景色の解像度を上げる

冒頭の「読書は必要なのか」という問いに戻ろう。「読書」はたしかに古今東西の活字文化をはじめ新たな情報にアクセスするチャンネルのひとつである。しかし、唯一ではない。ほかにも映画・動画、ゲーム、音楽、芸術、多くのチャンネルが存在するし、対人コミュニケーションを通じて得られる情報も多い。

「読書」を特定の知識や情報を得る手段としてのみ考えるならば、競合する情報提供のチャンネルは現在数多くあるし、本でなくＡＩがまとめた内容を読んで事足りるかもしれない。しかし、書いてあることから書かれていないことについてじっくり吟味しながら読む、自分がコントロールしやすい時間と空間において熱中/没入して読む、持続的に読む、これはやはり読書という社会文化的実践が適している活動だろう。もちろん、とにかく読書すればよい、本をたくさん読めばよい、というわけではない。大事なのは、集中して考える時間を設けること。それを容易に行いやすいのが読書であり、すなわちどのように読むか、本と向き合うのか、そのプロセスがここでの鍵となる。

筆者は以前、詩人の長田弘の読書論を引用し、「本を読むということとは、書かれている内容を読むだけでなく、そこにかかれていないものに思いを巡らし想像しそして思考すること」として、書かれている内容のみの理解や要約作成以上の営みとして読書をとらえなおした(深谷、二〇一九)。

書かれた文字を解読する作業だけに矮小化することなく、読むこと書くこと、語ること聴くことを行き来する活動として読書を考えてみる。書きなおすように復元しながら読む、語られる言葉を聴くように音声化しながら読む。自然な帰結としてより細やかに言葉で表現する力、言語化できる力となり、読み書きをさらに豊かにする。

情報をいくら収集してもそれが集積した情報以上の新しい価値をもたらすわけではない。わからなさや曖昧さに耐えながら読み、考え、細やかに言語化する。そこで我がものとなった知識と理解、そして想像力を基に価値が創られうる。

細やかな言語化とは何か。世の中に物理的に存在するもの、構成概念的なもの。自分の見えている事物や風景。身体的な感覚。感情あるいは感情とすら認知されていないような体内の感覚。数値や図表。あらゆるものを分節化(articulate)し、明確化、言語化していく。こうした意図的な言葉の運用により、読解力と同時に、世界に接するときの眼差しの解像度が上げられる。細やかな言語化により、得られる情報の量と質が向上し、その情報をもとに思考判断する際の選択肢が増える。言語化する力をつけることで、より豊かな景色が見えてくる。確かな知識と理解をもとに想像が、そして新たな価値の創造が可能となる。

【文献】

深谷 優子 二〇一九 第四章 児童期における読書.『読書教育の未来(日本読書学会編集)』、三九-四八頁、ひつじ書房.
深谷 優子 印刷中 授業における動画利用の実際とその課題 國學院大學教育学研究室紀要 第五八号

心理学の世界から読書教育をとらえると
―物語・小説を中心に―

言語心理学の立場から、「読書」と『読書教育』の研究に打ち込む専門家。日本読書学会副会長。緻密で説得力に富んだ研究論文は、読者を驚嘆させる。

法政大学教授　福田由紀《ふくだゆき》

1 物語・小説などの文章による脳内の変化

文章を読むと、その視覚情報は、後頭葉にある視覚野に入り、仮名といった表音文字はそこから頭頂葉の角回で音に変換され、表意文字である漢字の情報は側頭葉後下部で形態情報が分析される。それぞれの情報は、側頭葉のウェルニッケ野に伝達され、意味のある言葉として理解される(Iwata、一九八四)。また、前頭葉のブローカ野は文法や文章の読解に関わっている(酒井、二〇一一)。このように、文章を読むことは、広い範囲の脳の活動を高める行為といえる。

また、文章を読んでいる際、知覚や運動処理に関連する脳部位も活性化されている。例えば、Aziz-Zadeh et al.(二〇〇六)は、ピアノのペダルを踏む運動を描写した文章を読んだ時と、同じ状況の映像を見ている時には、同じ左半球の運動前野が活性化していることを報告した。私たちの主観的体験としては、ただ文章を静かに読んでいるだけだが、知覚や運動処理に関連する脳部位も活性化している。

さらに、酒井(二〇一一)は、活字は音声や映像よりも情報量が少ないため、想像力を用いる必要性を指摘している。つまり、映像と音声を伴った動画などの情報は、その量が多いので視聴しただけで内容は理解できる。一方、本の文章は情報量が少ないため、それまでの文脈や自分の知識を総動員して推測する必要がある。つまり、文章を読むという行動は私たちに高度な心的処理を要求している。

2 物語・小説などの文章による心的な変化

本を読むことは、脳活動を高めるだけではなく、私たちの心にも変化を生じさせる。例えば、物語・小説を読むと私たちは清々しいなどの感想を持ったり、面白いなどの評価を行ったり、いわゆる読後感を持つ（福田他、二〇二二）。そして、ポジティブな内容の小説を読んだ場合、中立的な内容の文章を読んだ場合よりも読み手の気分はポジティブに変化する（福田・佐藤、二〇一七）。このように、物語・小説は私たちに影響を与える。

また、読んでいる最中に私たちは物語・小説の世界に入り込み、時間も忘れて読むこともある。この現象は没入体験と呼ばれ、読み手は満足感や喜びを感じるだけではなく、自己意識や態度、信念にも変化が生じる（小山内・楠見、二〇一四）。さらに、常深（二〇二一）は物語・小説読解時に構築される心的表象である状況モデルの構造と、自伝的記憶のそれが類似しているとし、そのため読み手は物語の世界を疑似体験している可能性を指摘している。つまり、現実には経験できないかもしれない他者の人生や事柄を私たちは物語・小説を読むことを通して、擬似的ではあるが、体験できる。

このように物語を読むことは、豊かな体験を私たちに提供し、その結果、私たちのさまざまな側面を変容させる。しかし、学校読書調査においては、一か月間の不読率は小学四～六年生では六・八％、中学生では一二・五％、高校生では五五・三％と学年が上昇するほど高くなっている（毎日新聞社、二〇二〇）。また、現在の二一歳における不読率は五六・九％であった。（文部科学省、二〇二三）。つまり、高校生以降になると五割強の人が本を読んでいない。

3 授業の中の物語・小説

私たちが本格的に物語・小説を読むようになるのは小学校入学後である。国語の授業で物語・小説を学習教材として読んでいる。では、そこで読まれている物語・小説は、どのような特性を持っているのであろうか。

井関他（二〇二一）は、小学校から高校までの教科書に掲載されている物語・小説の作品の印象をセンチメント分析によって明らかにした。その分析では、単語の感情価を基準とし、各作品の一文の感情価を算出し、文ごとの値を合計し平均値を求め、それを各作品の文章の感情価とした。その結果、学年が上がるにしたがって、物語・小説の印象はネガティブであることが明らかになり、国語科そのものの印象や意欲に影響を与える可能性を指摘している。国語科の印象に関しては、吉本（二〇一五）が小学生五年生や中学二年生、高校二年生に好きな教科を尋ねている。その結果、小学生や中学生の国語の順位は英語も含めて一〇位中九位であった。一方、高校生では九位中五位と少し向上するが、どの校種でも国語は好きな教科とはいいがたい。教科書に掲載されているネガティブな文章が学習者の授業への態度に影響を与えている可能性がある。

しかし、ポジティブな物語・小説のみを教科書に掲載させればいいという単純な話ではないだろう。登場人物の悲しみを疑似体験することにより、その感情やその人がおかれた状況の深い理解に到達し、態度が変容する可能性がある。例えば、寺本他（二〇二二）は、看護学士課程教育では死を迎えつつある人と家族を援助する能力の育成が必要であることを指摘している。その能力の育成のために、長年飼っていたペットの死を描いた絵本を題材とし講義とグループワークを用いた授業を行った。その結果、看護学生の死に対するイメージはネガティブからポジティブへ、死を肯定的に捉える死生観に変化した。このように、物語・小説を読むことは読み手にその世界を疑似的に体験させ、その結果、読み手の態度や信念に変化を生じさせる。よって、ネガティブな内容といえども、学習目的や教授法によって、教授者が目指している学習者の変容を実現することもできると考えられる。

また、国語の教科書には一般書籍とは異なり、多くの挿絵が含まれている。挿絵には読み手の理解を促進する機能がある（和田、二〇一九；福田、一九九六）。物語・小説を含めた文章は情報量が少ないため、読み解くのには心的努力が必要である。しかし、挿絵のような視覚的情報をうまく使うことにより、より心的負荷が少ない方法で読むことができる。そのような経験を積むことによって、その後の物語・小説を読む礎になるだろう。

【引用文献】

Aziz-Zadeh, L., Wilson, S.M., Rizzolatti, G., & Iacoboni, M. (2006). Congruent embodied representations for visually presented actions and linguistic phrases describing actions. Current Biology, 16, 1818-1823.

福田 由紀（一九九六）「物語理解における視覚的イメージの視点の役割」風間書房

福田 由紀・菊池理紗・伊藤拓人・望月正哉・井関龍太・常深浩平（二〇二二）「読後感尺度の開発―物語文章を対象として―」『日本心理学会第八六回大会発表抄録集』1PM-053-PL.

福田 由紀・佐藤 志保（二〇一七）「ポジティブな文章を読むと気分が良くなるのか?」『読書科学』59、161-171.

井関 龍太・福田 由紀・常深 浩平・望月 正哉・菊池 理紗・長田 友紀・石黒 圭（二〇二一）「教科書で出会った物語たち（4）―国語教材は学年が上がるほどネガティブになる?―」『日本教育心理学会第六三回総会発表論文集』193.

Iwata, M.(1984). Kanji versus Kana neuropsychological correlates of the Japanese writing system. Trends in neurosciences, 7, 290-293.

毎日新聞社（二〇二〇）『読書世論調査二〇二〇年版』毎日新聞社

文部科学省（二〇一三）「二一世紀出生児縦断調査」（平成一三年出生児）第一一回調査 https://www.mext.go.jp/b_menu/toukei/chousa08/21seiki/kekka/mext_00003.html（二〇二三年一二月二日現在）

小山内 秀和・楠見 孝（二〇一三）「物語世界への没入体験―読解過程における位置づけとその機能―」『心理学評論』56、457-473.

酒井 邦嘉（二〇一一）『脳を創る読書―なぜ「紙の本」が人にとって必要なのか―』実業之日本社

常深 浩平（二〇二一）「物語読解の身体化認知―知覚的記憶と自伝的記憶の役割と広がり―」『認知科学』28、642-652.

寺本 久美子・高見 清美・天野 敬子（二〇二二）「看護学生の死生観―絵本を題材にしたACP（アドバンス・ケア・プランニング）教材を使用して―」『千里金蘭大学紀要』19、107-115.

吉本 真代（二〇一五）「第5回学習基本調査報告書」 https://berd.benesse.jp/shotouchutou/research/detail1.php?id=4862（二〇二三年一二月11日現在）

和田 裕一（二〇一九）「挿絵が物語文の読解における状況モデルの構築に及ぼす影響」『心理学研究』90、368-377.

自閉スペクトラム症の子どもの言葉と国語教育の問題

東京学芸大学大学院教授　藤野《ふじの》　博《ひろし》

専門は特別支援教育。テーマは心の理論、自閉スペクトラム症、コミュニケーション支援等。言語聴覚士として病院勤務経験を有する。東京学芸大学附属特別支援学校校長。

1 自閉スペクトラム症と言語・認知の特性

発達障害のひとつに「自閉スペクトラム症（Autism Spectrum Disorder：ＡＳＤ）」がある。ＡＳＤは、社会的コミュニケーションおよび対人的相互反応の問題と、行動、興味、または活動の限定された反復的な様式を特徴とする。平易に表現すると、人との関わり合いの困難と強いこだわりの問題があるということである。

コミュニケーション面では会話に著しい問題がみられる。話すことはできても、かみあった会話ができない。相互のやりとりにならず一方的になる。また、字義通りの意味は理解できても、言葉の背後にある意図の理解に困難が生じる。いわゆる行間を読むことができない。その背景には認知の特性がある。心の理論と呼ばれる認知システムの問題と中枢性統合と呼ばれる心的機能の働きに弱さがあると考えられている。心の理論は次のようなテスト課題によってアセスメントがなされる。

> サリーはビー玉をかごに入れて部屋を出て行きました。部屋に入ってきたアン君はかごの中にビー玉を見つけ、それを箱に入れ替えました。部屋に戻ったサリーはビー玉で遊ぼうと思いました。サリーはどこを探すでしょう？

答えはかごである。サリーはかごの中にボールを入れ、箱に入れ替えられたのを見ていないので、かごの中にあると思うはずだからだ。ＡＳＤのない通常の発達（定型発達）の子どもは四歳頃にこの問題が正答できるようになるが、知的発達に遅れがなくてもＡＳＤの子どもは正答するのが難しく、箱と答えてしまう。サリーの視点に立つことができず、自分の視点で答えるからである。

また、弱い中枢性統合とは木を見て森を見ないような認知の傾向のことである。左の図版（部分が丸で全体が四角）を提示し、右の選択肢（部分が四角で全体が四角と部分が丸で全体が菱形）のうちどちらに似ているか問うと、定型発達の子どもは全体が同じ方を選ぶがＡＳＤの子どもは部分が同じ方を選ぶ傾向があるという実験結果が報告されている。

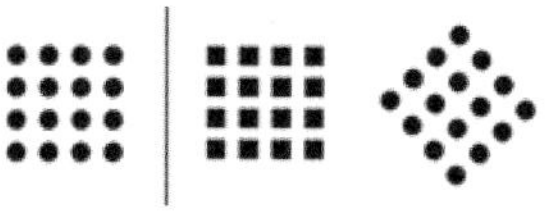

このような認知の特性は細部に目を向け過ぎて要点を把握することの難しさにつながる。そのような認知の特徴は言葉やコミュニケーションに影響する。例えば、ＡＳＤの子にミニチュアの寝具セットを見せ、ベッド、布団、枕を指して「これ何？」と問うと、ベッドと布団はその名前を答えたが、枕は餃子と答えたというエピソードがある。見た目が餃子にそっくりだったからだ。しかし、通常は餃子に似ていても状況から「枕」と答えるだろう。その物だけに注意が向き、状況・文脈が考慮されなかったためである。また、「調理室はファンの音がうるさかった」という文を聞いて、ファンを換気扇のプロペラのことでなく歌手のファンのことだと思ってしまったというエピソードもある。こちらも文脈が考慮されず、ひとつの語だけに注目したためになされた解釈と考えられる。

2 子どもの語り（ナラティブ）の発達

子どもは四歳頃に、自分が行ったことや、身の回りで起こったことなどを大人に話すようになる。例えば「動物園に行ってきた。キリンさんを見たよ。背が高かった。」などと話す。何をしたら、どのようになって、どのように思ったか、というように、出来事が時間的・因果的につなげられ、そのことに対する考えなどが述べられている語りのことを「ナラティブ」という。「○○したら（原因）、○○

になった（結果）、〇〇だと思った（考え）」という表現スタイルである。

ナラティブには自分が経験した出来事を語ることと、想像して物語を作ることの二つの側面がある。物語には一定の展開のパターンがある。それは物語文法などと呼ばれている。それは次のような要素などからなる。

【始まり】お母さんと男の子が家でのんびりしていました。
【出来事】お母さんは一人で買い物に出かけました。
【心の動き】男の子はちょっと寂しくなりました。
【意図と計画】そこで、男の子はお母さんを驚かせて遊ぼうと思いました。
【試み】男の子はドアの陰に隠れ、お母さんがドアを開けた瞬間に飛び出しました。
【結果】お母さんはびっくりして飛び上がりました。
【解決】男の子は作戦がうまくいって大笑いしました。
【結末】お母さんも一緒に笑いました。

これは作文を書く力に関係するだろう。起承転結と心の動きは作文の基本的な構成要素といえる。ナラティブの発達は、作文を構成する力の土台になると考えられる。

3 ASDの子どものナラティブの特徴

ASDの子どもはナラティブの形式で、自分に起こった出来事を表現したり、想像の話を作ったりすることに困難がある。出来事の羅列になり、テーマが分かりにくい。出来事相互の関係も分かりにくく、脈絡やストーリー性が感じられない。我々が行った実験をひとつ紹介する。

大きな赤い三角形と小さな青い三角形が動くアニメーションがある。次のストーリーを想像させる動きをする。「お母さん（赤く大きな三角）が家の外に向かって動き、子ども（青く小さな三角）がついて行った。お母さんは家の外に出たが、子どもは怖がって外に出られなかった。お母さんは家の中に戻り、子どもを励まそうとして、後ろからそっと押した。子どもは外に出ることができ、お母さんと一緒に喜んだ。」（下図）。このアニメーショ

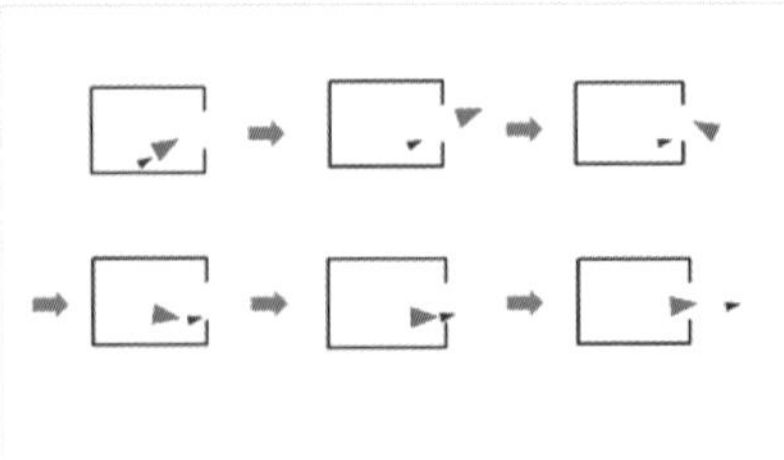

ンを小学生に見せて、「アニメで見たことをお話してください」と指示すると次のように語った。

【定型発達：小学四年生（語い年齢：九歳十一か月）】

小さい三角がなかなか出れなくて、大きい三角が励まして、おいでよ早く、と言ってるように見えた。

【ASD：小学三年生（語い年齢：十歳十一か月）】

一回、赤が枠から出て、そして戻ってきて青を押して、青が四回くらい、くるくる回って、戻ってきた。

定型発達の小学四年生では、図形を人に見立てたストーリーになっており、意図や感情の表現が含まれている。そして「○○したら、○○になって、○○と思った」という典型的なナラティブの形式になっている。一方、ASDの小学三年生は定型発達の四年生よりも語彙力はむしろ高いのだが、出来事を見た通りに表現しているだけで人に見立てていない。因果関係の表現がなく、意図や感情などの心の状態も表現されていない。正確な事実の描写にはなっているがストーリー性が感じられないのである。ASDの子どものこのようなナラティブの特徴は作文の苦手さの背景になっていると考えられる。

4 ASDの子どもの作文の困難とその要因

ASDの子どもは国語の学習においては作文が特に苦手なことが多い。その困難さは彼らの認知の特徴から説明できる。作文を書くことに必要な作業を挙げていくと、情報の選択、筋の立案、言語化、書いたものの点検などがある。このうち、情報の選択は、例えば作文に書こうとするイベントの中でどのエピソードを取り上げるかなどである。ニュースバリューの大きなエピソードもあれば些細なエピソードもあるだろう。どのエピソードを選ぶかは幹と枝葉をより分ける作業で中枢性統合の働きが関係する。また、自分が書いた文を他の人が読んだらどのように受け取るかを想像して文章を点検し推敲することも大切であるが、それには他者の視点に立つ力である心の理論が必要である。

ASDの子どもの国語教育においては、ナラティブのような言語活動の特徴、心の理論や中枢性統合などの認知特性について理解することが支援につながり重要である。

予測不可能事象に満ちた世界で生きた学びを実感する

文教大学教授　藤森《ふじもり》裕治《ゆうじ》

都立高校、信州大学を経て現職。専門は幼児教育、国語科教育、日本民俗学。予測不可能事象、汎用的言語能力をテーマに、国内外の実践場面を訪れている。

1 ある臨死体験者の述懐

私の脳裡に刻まれている最も古い記憶は、産湯である。母の実家で産声を上げた自分が、台所の板の間に置かれた盥《たらい》の湯に浸かっているのを見下ろしている記憶だ。常識的にはあり得ない話だが、古今東西、生死にかかわる場面で奇妙な体験をし、記憶している人は珍しくないらしい。

立花隆『証言・臨死体験』（文藝春秋社一九九六）では、死にかけた人の体験談が数多く紹介されている。長野県に住む木内鶴彦氏もその一人で、過去三回死にかけ、意識が肉体から離れたという。意識と肉体とが分離すると苦痛を感じなくなり、人の身体に憑依したり、好きな時代や場所に瞬間移動したりすることができたと語っている。まるでオカルト話だが、ここではその真偽を問題にしない。

私が興味を抱いたのは、意識が自由に飛翔する臨死体験を、木内氏が講演会などでどう述懐しているかである。

氏によれば、悩みも苦しみもなく、意識のおもむくままどこにでも行ける体験は愉快で心地よかったが、たいくつだったという。息を吹き返してもとの生活に戻り、煩悩と屈託の日々に身を置いてみると、ままならない現世こそが生きている実感を与えてくれることに気付いたとのことである。とすれば、解決困難な問題が山積する現代社会は、我々の意識が活性化する場としてもっと前向きにとらえることができるのではないかと、木内氏は述懐している。

2 理想的な教室の情景

臨死体験者が語る「あの世」は静謐で美しく、理想郷の様相を呈している。目の前には清澄な小川や一面の花畑が広がり、死んだ家族がいる。

こうした「あの世」の情景になぞらえて、「この世」にある学びの場の、理想的と思われる情景を描いてみよう。

実在感と安定感、清潔感で満たされた学び舎に、子どもたちが集まっている。彼らは誰一人侮られることがなく、互いに信頼し、共同体を構成するすべての人から愛されている。彼らは自分に最も適した課題や学び方を選ぶことができるし、級友たちと協働して活動する場も十分にある。教師は、子どもたちの伴走者として、彼らが胸を躍らせて学ぶことのできる環境づくりに努めている……。

イタリアのレッジョ・エミリアやフランスのフレネ学校など、右のような情景を体現した教育機関は、世界各地にある。そこでは、子どもたちの自然な発達や知的好奇心に対する透徹した教育哲学があり、保護者の理解や地域社会の支援を受けて、恵まれた小規模経営が成り立っている。

けれども、日本のごく一般的な教育機関で、上述の情景を実現し維持することは、おそらく至難の業である。教師の毎日は煩わしい業務に追われ、子どもたちの状態は日々変化する。特別な配慮を必要とする子どもはほぼすべての教室におり、思いがけない事態によって保育活動や授業が停滞したり混乱したりすることは、日常茶飯事である。

教師の大部分は誠実な人格者である。自らの制御能力を超え、騒然とした教室に立つと、慚愧に耐えない。明日は少しでも改善させようと、自らを叱咤激励する。そうした姿勢は、教師の成長にとって価値あるものに違いない。

しかし、予測不可能で混沌に満ちた教室が、ほんとうに理想とはほど遠い情景なのだろうか。子どもたちが学びに没頭する環境を目指すこと自体に異論はないが、たとえば前掲の教室の実現なくして真正の学びはあり得ないという考えに、私は一抹の疑問を禁じ得ない。

3 予測不可能事象に満ちた教室

臨死体験者である木内氏の述懐を引き合いにするなら、何もかも思い通りにことが進む整った環境は、たいくつだということになる。私は、これを裏付けるような事態を、ある幼稚園で眼にしたことがある。園児の求めに応じて保育者が精巧に拵えた「回転寿司コーナー」を遊びの場として、寿司屋さんごっこが始まった。ところがあまりにも作り込まれた環境構成に、園児たちはものの十分ほどで飽きてしまい、見向きもされなくなったのである。

子どもたちと教師が信頼し合い、子どもたちそれぞれの資質・能力や感性・情緒が協働の学びを通して育つ環境。なるほど理想的な環境ではある。だが、これを実現すべき教室では、教師や子どもたちの予想や期待を裏切る不意の出来事（以下「予測不可能事象」）が頻繁に発生し、当事者たちは、多種多様なストレスをかかえるはずだ。社会学者のN．ルーマン（Niklas Luhmann）や教育学者の上田薫が指摘したように、対人コミュニケーションでは自分と相手がどんな態度や言葉でかかわるかが互いに予測できないという、二重の不確定性（Double Contingency）が作用する。そのため、齟齬や誤解、すれ違いが、頻繁に発生する。

ここで臨死体験者の述懐を再度引用すれば、人が生きている意識を強く感じる世界とは、このような世界なのである。予測不可能事象に振り回され、混乱し葛藤し狼狽しながら生きていく。これが「この世」の真の姿なのだ。

もとより、予測不可能事象がもたらす作用は、否定的なものだけではない。常識や固定観念を見直し、新たなものの見方・考え方をうながすことも、予測不可能事象がもつ重要なはたらきである。これに着目した実践理論として、たとえば、ケンブリッジ大学では、「限界なき学びの創造」プロジェクトが立ち上げられている。教育水準局の査察で最低評価だった初等学校を、わずか六年間で全英屈指の最優秀校に変えたプロジェクトで、その構成概念の一つが「予測不可能性（Unpredictability）」であった。教室は、予測不可能な出来事に満ちている。そのただ中に身を置き、自らを刷新してこそ、限界なき成長可能性への道を切り拓くことができるという実践理論である。

4 トリックスターとしての子どもたち

新たな創造につながる予測不可能事象の担い手として、文化人類学ではトリックスター（Trickster）という存在が指摘されている。道徳を無視し、詐術やいたずらによって秩序を乱すことを主要な役割とする神話的主人公を指す。日本神話に登場する「因幡《いなば》の素兎《しろうさぎ》」や「素戔嗚尊《すさのおのみこと》」などが代表例である。彼らのふるまいは既存の秩序を混乱させるが、一方では、医療技術や農業の創始など、新しい文化の創成に貢献している。

教育実践場面の中にも、これとよく似た子どもがいる。集団の規律に従わず、勝手に立ち歩いたりして秩序を乱す子どもだ。彼らも予測不可能な言動で教師や級友の顰蹙を買うが、時折、驚くような指摘や行動を示すことがあって侮れない。いわば、教室のトリックスターである。

私にもさまざまなトリックスターとの出会いがあった。わけても、単位制高校の教師時代に出会った藍子（仮名）は忘れられない。『羅生門』の解釈をめぐる討論が行われていた最中、「あなたの授業は気分が悪くなる」といって教室を出て行ったトリックスターである。

後日、本人に授業をボイコットした事情を尋ねると、「先生は私たちに自由な議論を求めておきながら、自分が用意していた解釈へと誘導していた。しかも先生の解釈は私には全然真新しいものではなく、この不快感に耐えられなかった」といわれた。返す言葉が浮かばなかった。

5 生きた学びを実感する教室

藍子退室事件は、私に教育学研究への道を拓かせる契機となった。経緯は過去の拙著『国語科授業研究の深層』（東洋館出版社二〇〇九）に記したので詳述しないが、いまあらためて振り返ると、この予測不可能事象にはもうひとりのトリックスターがいたことに気付く。

ほかでもない、教師としての私自身である。活発な議論に相好を崩していた私は、藍子の行動に狼狽し、生徒たちが注視する中、みっともない姿をさらしたはずだ。彼らは教師の「衣」を剥がされて、呆然と教壇に立ち尽くす私を目撃したに違いない。そうしてある者は、教師と生徒との関係性に対する固定観念を刷新したはずである。

予測不可能事象に振り回され、混乱と葛藤と試行錯誤を繰り返し、ときに新たなものの見方・考え方を獲得する。かくして「暮れやすい日々を傾斜して歩んでいく」。

生きた学びを実感する教室とは、そういう世界ではなかろうか。これまでも、そしてこれからも――。

国語科として育成すべき「情報活用能力」とは何か
—単元「情報の海を泳ぐ」の実践から—

筑波大学附属中学校教諭　細川《ほそかわ》李花《りか》

未来の国語教育を担う若き実践家。長野県の中学校教諭から現職へ。並外れた根性と授業力の持ち主で、子どもたちを心から愛する姿勢は筋金入り。

1 いま、「情報」と向き合う

インターネットは飛躍的に生活に浸透し、膨大な情報を瞬時に与え続ける。その一方で、「フィルターバブル」や「エコーチェンバー」等、インターネットを通じて多様な情報に出会っているという「思い込み」を抱き、無自覚なまま限られた情報網の中で情報収集を完結させてしまう危険性も生じている。また、ＳＮＳの普及により、誰もが簡単に、いつでも世界中に情報を発信できる時代となりこれまでの情報の受信者に比重を置いたメディアリテラシーの学習は、発信者として情報とどのように向き合っていいのかという点についても主体的に学ぶ機会が求められている。

中学校においても、技術・家庭科や総合の時間において「情報」の学習内容を扱っているが、小稿では言葉の教育としての国語科教育において、どのような点を重視して「情報活用能力」を育成していくべきかについて、筆者がとりくんだ実践をもとに提案したい。

2 単元の提案

【単元名】 情報の海を泳ぐ－「情報とのつきあい方」を考える
【対象】 筑波大学附属中学校二年生（約二〇〇名）
【実施時期・時間数】 二〇二三年一月・全七時間
【ねらい】 情報の「受信者」・「発信者」として、どのように各メディアとつきあっていくべきかを考える。

「情報の受信者」として…学習者にとって身近な情報を分析することで、「誰が」「どのような意図・目的」で「どのような編集の工夫」を取り入れながら情報を発信しているのかについて考える。

「情報の発信者」として…「情報の海の泳ぎ方」提案会を通して、すべての学習者が情報の「発信者」としての立場を経験し、「相手意識」をもって自分が伝えたいことを、効果的に表現し、伝える手段・方法を学ぶ。

【単元の展開】

〈第一次〉「編集」の面白さと危険性を知る（一時間）

・授業者が提示した複数の画像資料や文章、新聞記事など（発信者の「編集」や「意図」が読みとりやすいもの）を見て、身の回りの情報が「編集」されていることに気づく。

・「編集」の面白さと危険性について考え、意見を発表する。

…情報の発信者の立場や視点・切りとり方によって、「受信者」が受け取る印象が異なる（写真の選び方・グラフの目盛りの大きさ・キャッチコピー・新聞記事やネットニュースの見出しなどの働きに注目する）。

…言語表現の違いによって、同じ話題でも「受信者」に異なった意味で受けとられたり、誤った情報を提供したりすることがあることに気づく。

・「新聞」「テレビ」「ポスターやCM、電光掲示板などの広告」「書籍」「インターネット（自治体や省庁など公的なもの）」「インターネット（SNSや動画投稿サイトなど個人が簡単に発信できるもの）」の六種類のメディアについて、各班で担当するメディアを決め、「編集」がみられる「情報」（資料）を各自で集めてくる。

〈第二次〉「情報の海の泳ぎ方（各メディアとのつきあい方）」について班ごとに追究する（三時間）

◯ 持ち寄った資料をもとに以下の学習活動を行う。

・担当するメディアについて、他のメディアと比べながら特徴（長所・短所）をまとめる。

・そのメディアとつきあっていく上で「配慮すべき点」を班で話し合い、スライドにまとめ、発表の準備をする。

◯ 発表にあたって意識すること

・第一次で学んだ「編集の面白さと危険性」をふまえ、情報の「発信者」として発表に臨んでいることを意識する。

・自分たちの伝えたいことが、どのようにしたら正確に、かつ効果的に伝わるか考える（客観的資料を使う）。

〈第三次〉「情報の海の泳ぎ方」の提案会をする（三時間）

・友だちの発表から各メディアとの上手なつきあい方を学び、自らの発表における「情報の収集」と「発信の仕方」に生かすとともに、自己評価を行い、改善点を探す。

3 指導の実際

〈学習者の発表から明らかになった各メディアの特徴〉

① テレビ

《長所》専門家が解説するので「権威性」が増す／大勢で視聴可能／ユーザー数が多く、影響力が大きい

《短所》「スポンサーの思惑」が反映しやすい／情報が「一方向」的で、比較や取捨選択がしにくい

② 新聞

《長所》「見出し」「レイアウト」「レトリック」の使い分けが多彩／出版物を出す新聞社も多く、校閲も経ているので情報の「信憑性」が高い

《短所》「速報性」がない／情報取得が有料／新聞社の思想や方針が強く出やすい／若者の「新聞離れ」

③ インターネット（個人）

《長所》圧倒的に「速報性」や「拡散力」が高い／「匿名性」があり気軽に発信できる／「情報量」が多い

《短所》「速報性」はあるが、誤報も多い／「匿名性」があるため「フェイクニュース」や「誹謗中傷投稿」も起こりやすく、モラルが低下する／「多様な情報に触れているつもり」に陥りやすい／依存性がある

※ 他の三種類のメディアについては省略した。

4 本単元の学習の成果

① 今回の学習活動を通して、学習者は「受信者」と「発信者」の両極からメディアごとの情報の特徴（長所・短所・信頼性など）について考える機会をもつことができた。

② マスメディアの情報にも「印象操作」（＝編集）がなされていることに気づくことで、「真実」を伝えていると思いがちな情報を問い直す視点をもつことができた。

③ 従来のメディアリテラシーにおける「情報を鵜呑みにしない」という領域を越えて、各メディアの長所に焦点を当て、どの場面で、どのメディアの長所を生かした情

報活用が可能かについて具体的に考える機会を得た。

④「受信者」を意識して情報の内容、表現方法、レトリックを選択することで、自分が他者に伝えたいことをどうやって効果的に伝えるか、そのためにはどんな工夫が必要かといった国語科独自の探究を深めることができた。

5 国語科でどのように「情報活用能力」を育成するか

わたしたちを取りまく情報の多くは言語で表現され、伝達され、受けとられる。そして、言語表現の向こう側には必ず「相手」がいるという点で「受信者」も「発信者」も同様である。「相手意識」をもって情報を受信するとはどういうことか、また、情報を発信するとはどういうことかについて、体験を通して学習することが国語科における「情報活用能力」の育成には欠かせない要素であるといえる。

この学習活動を行うにあたり、すべての情報は「編集」されたものであり、その背後には人間が存在していることを理解した上で、読んだり、聞いたり、話したり、書いたりすることが重要となる。「情報の受信者」として、情報収集の目的や情報の出典、信頼性などを考えながら情報を収集したり、「情報の発信者」として、聞き手であるクラスの仲間を意識し、自分たちが提案したい内容を、どのような資料を用いてどのような言語表現で伝えていったらよいかを考えたりすることによって、学習者が情報活用能力を高め、言葉の力を身につけることができると考える。

本単元においては、六種類に分類したメディアについて、学習者自身がそれぞれの長所と短所を考える場を設定した。また「受信者」という立場だけでなく、「発信者」として情報と向き合う機会も設定した。それぞれのメディアの特徴をとらえ、「発信者」としてのかかわり方についても考えを深めることで、複数のメディアから得た言語表現や映像表現をどのような場面で情報として活用していくか、また、発信する際にどのような点に留意すればよいのかについて体験と考察を深めることができたのではないかと思う。

GIGAスクール構想が実施されて以降、教室の机上にはタブレットが常備され、学習者が多様な検索ツールを駆使できる環境が整った。本当に必要な「情報」をどのように「創造」していくかが問われる時代を迎えている。

教科書の視点からみた言葉の学びの行方

公益財団法人教科書研究センター参与
細野《ほその》二郎《じろう》

公益財団法人教科書研究センター参与として、教科書にかかわるさまざまな調査研究活動をアレンジメント。国内外の教科書事情に詳しい。

1 国語がすべての学びの中心

国語がすべての教科の学びの中核をなすことは言うまでもない。国語が理解できなければ、他教科も理解できない。算数・数学の文章題を理解できない子供が多いということが問題になったが、理科や社会でも同じで基本はすべて国語である。

平成二九年学習指導要領の改訂に際しても国語の占める位置が大切なことから中教審の「言語能力の向上に関する特別チーム」で言語能力に関する集中的な議論が行われている。学習指導要領の国語では他教科と同様に三つの資質・能力、「知識及び技能」「思考力、判断力、表現力等」「学びに向かう力、人間性等」という形で整理された。

また、重要な視点として「教科等横断的な学習」が組み込まれた。現代的な諸課題に対応するために、教科等横断的な視点からの資質・能力の育成が重視された。教科の中心に国語が位置することから教科等横断的な学習もその中心には国語があるといえよう。そして、学習指導要領を具体的な教材の形にしたものが教科書である。

2 教科書の役割

学校教育の中で教科書は重要な役割を担っている。私共の調査で、教師の普段の授業での教科書の使い方をきいたところ、「教科書だけを使ってその内容を逐一とりあつかう」「教科書を主に使うがその他の教材もところどころ使う」の二つを合わせて、小学校国語では、九六・二％、中学校国語で、九七・二％であった。学校教育の中で、教科書は重要な地位を占めており、学校ではやはり教科書中心の授業が進められていることがわかる(注1)。

教科書は、教科書発行者から教科書検定を経て発行されるわけであるが、編集に当たっては各教科書発行者が工夫を凝らし、どのような内容にすれば学習指導要領の目標を達成することができるのか検討しながら編集にあたる。端的に言えば、教科書は、教科書を使って指導・学習をすれば、学習指導要領の目標が達成されるように作られているわけである。

近世末期の「読み書き算盤」の読み書き、から現代においては、国語教科書にいろいろな要素が入れられてきた。学習指導要領の改訂に伴って教科書も変化してきたわけである。現行の指導要領では、内容は、「話すこと・聞くこと」「書くこと」「読むこと」に整理され、その取扱い等について、例えば、「コンピュータやネットワークの活用」などの文言が組み入れられている。

それでは、このような力をどのように育成していけばよいのか。教科書は、平成二〇年の学習指導要領の改訂を契機として打ち出された「新しい教科書観」に即して大きく変わった。教科書は従来主として教える側の「教材」という意味合いが強かった。これが、児童・生徒の自学自習にも耐えうる、いわば「学習材」に軸足を移したのである。子供たちが自ら教科書で学習が進められるよう様々な工夫がされた。例えば教科書の冒頭にオリエンテーションのページが付いた。そこには学習の進め方や学習の見通しなどがまとめられ学習の全体像がわかるようになっている。また、何よりも素晴らしいのが、単元ごとに旧来の教科書より、より具体的に丁寧な学習の仕方が示されていることである。さらに、巻末にはさまざまな付録がついている。教科書で学習すれば子供たちはすばらしい力がつくように編集されているのである。

3 教科書は子供の学習を促すような作りになっている

教科書が素晴らしくても子供が学習しなければ国語の力

はつかない。紙と鉛筆、あるいはタブレットにタッチペンをもって漢字を覚える。語彙を増やす。図書館で本をたくさん読む。教科書はこのような学習を促すような作りになっている。私共で平成二八年に作文コンクールを実施した。応募作品から国語に関する感想を拾ってみる。(注2)

「国語でも、心が温まるお話や少し悲しいお話、元気がわいてくるお話などお話以外にも漢字の遊びや色々な事がのっていてとても勉強になります」（小4）

「私が特に好きなのは、国語の教科書の絵です。……巻末の資料も役に立つと思います。」（小5）

「私の好きな教科書は国語です。国語の教科書は、たくさんの物語が詰め込まれています。」（小6）

「……後ろの方に、漢字がのっています。一番うしろには色の種類がのっていて、とてもおもしろい」（中1）

「国語の教科書は、勉強するときだけ使うのではなく、入っている説明文や小説をひまなとき読んだり、オススメの本を読んでみたり、おもしろく好きです」（中2）

「国語の教科書はいわば短編集のようで、物語や説明文、古典などがあり、とても楽しく読めます。」（中3）

児童生徒から国語の教科書が面白いと言っていただけたらしめたもので、その子は教科書でじっくり学習することになる。作文コンクールの作文を読んでわかったのだが、四月に教科書が配られると国語の教科書を先に全部読んでしまうという子供が一定数いる。読み物がすきな子なのだろう。最近の教科書はこんな子が増えるような素晴らしい作りになっている。

4 紙の教科書を補う技術の進歩

技術の進歩は今まで出来なかったことを可能にした。新しい技術を使うことで、子供たちの理解する力が格段に高まり、紙では難しかったことが容易になり、学習の進捗が早まると考える。指導者用デジタル教科書はすでに多くの学校で使われている。指導者用デジタル教科書の最大のメリットは一斉授業において、子供たちが顔を上げて授業を受けることが出来ることである。今まで、子供たちは下を向いて授業を受けていた。今は顔を上にあげて電子黒板を見ながら授業を受けることが出来て、教師は子供たちの表情を見ながら授業を進めることが出来るようになった。

国語の学習者用デジタル教科書は、まだ一部の学校でしか導入されていないが、これからの普及が期待される。国語の学習者用デジタル教科書のメリットもたくさんあるが、教科書の本文を抜き出して整理する機能が最も効果的な使い方であると思っている。理論的な文章、込み入った文章などはなかなか理解することが難しかった。この機能を使って分析すれば、複雑な文章も容易に理解できる。ひとたびこの方法を習得すれば、デジタル教科書がなくとも紙と鉛筆で難解な文章を理解することが出来よう。

生成ＡＩの活用も国語の学習を効率的に進めるための手段として有効であろう。先日、ある中学校で先進的な取り組みをされている教師のＡＩを使った授業を見せていただいた。ある短編についての生徒たちの感想文をＡＩに読ませ、生徒たちが何に注目しているかＡＩに聞くのだが、直ちにＡＩは、いくつかの観点を列記してくれた。そこから授業はさらに進む。今まで出来なかった授業が可能になった。ＡＩについては、これから教育での活用方法が研究されると思うが、使い方によっては魅力的な道具となろう。

5 教科書の視点からみた言葉の学びの行方

これからの国語科教育はどうあるべきか。私は、進化をとげる紙の教科書の使用と「デジタル教科書」「生成ＡＩ」などの最新の技術を活用することにより現代的な諸課題に対応することが出来ると考えている。すでに紙の教科書は現代的な諸課題に対応するために、いろいろな要素が盛り込まれており、教科等横断的な学習にも活用できるよう編集を凝らしている。さらに、最新の技術を活用することにより、今まで紙の教科書だけではできなかった学習が可能になり、効率的に言葉の学びを深めることができると考えている。紙の教科書にもまたデジタル教科書など最新の機器にもさまざまな長所や短所がある。それらをうまく組み合わせて短所を克服し実効性のあるものにしなければならない。その点は、学校現場で授業に携わる先生方の取り組みにかかっている。

（注１）教科書研究センター「義務教育教科書に関する教師の意識及び保護者の要望についての調査」調査結果報告書、平成二〇年九月

（注２）教科書研究センター「子供たちは教科書をどう思っているのか」平成三〇年五月

「わくわく」を国語教室に！
―三つの立場で文学的文章の国語教室に関わって―

公立小中学校、大学附属小学校、指導主事職等を経て現職。氏の人柄が創造する学びの共同体はいつも笑顔と美しさに満ち、参観する者の胸にしみる。

長野県佐久市立浅間中学校長　宮島《みやじま》卓朗《たくろう》

1 国語教室　いろいろな立場で観てみると

私は国語教室に、三つの立場で関わってきました。長野県の小学校・中学校の教員としての立場。子どもと共に国語教室を実際に創っていた立場です。その後、県内の先生方に伴走し国語教室を支援させていただいた指導主事としての立場。現在は管理職として自校の生徒と先生が創る国語教室を観ている立場になります。

様々な立場で国語教室に関わってくることができましたし、これからも関わっていきたいと思っています。それぞれの立場で、特に文学的文章でどんな国語教室と関わってきたか、まとめてみたいと思います。

2 国語教室を創っていた立場（教員時代）

この立場が最も長く国語教室と関わった時代です。その中で信州大学教育学部附属松本小学校に勤務していたときのこと。研究テーマは「『読みの迷い』を晴らしながら確かな読みの力を育んでいく」でした。文学的文章の読みの中で、子どもたちはふと立ち止まります。それらを『読みの迷い』とし、考え合う国語教室を創造しました。

小学校五年生、宮沢賢治の「注文の多い料理店」を読んだときのことです。物語後半、二人の紳士は山猫の注文に気付き、「**ふたりは泣いて泣いて泣いて泣いて泣きました**」となります。「山猫の注文に早く気付けばよかった」という後悔の「泣く」なのか、自分の生き方や考え方がいけなかったんだというある意味、高次の後悔の「泣く」なのか、『読みの迷い』をもったのです。

導入場面の紳士の描写や犬や漁師が助けに来たときの描写などを指摘しながら、子どもたちは自分のことしか考えていない「泣く」だと迷いを晴らしていきました。また、その「泣く」は賢治作品「ツェねずみ」の最後の描写「**わめくやら、泣くやら**」の「泣く」と同様であると子どもたちは指摘しました。反対に、賢治作品「虔十公園林」の後半の描写「**ほんとうによろこんで泣きました**」の「泣く」は「生き方や考え方が伝わった喜び」の「泣く」と指摘しました。そして授業終盤、一人の子どもが

「私にも両方の『泣く』がある」と自分の生き方と重ねながら語るのでした。新たな発見や気付きを通し、『読みの迷い』を晴らしていった国語教室でした。

上田市立清明小学校教員時代、六年生で宮沢賢治の「やまなし」を読んでいたときのことです。好きな登場人物を紹介していると、「『**かわせみ**』がいい」という動植物が好きな子どもがいました。かわせみがいい、という子どもはこの一人のみ。教室はざわつきました。思いや考えが触れ合い、交じり合うことで思考が活性化し始めた状態です。

「『**かわせみ**』がいい」という友だちの理由はこうです。

「『海の命』とつなげて、与吉じいさの『**千匹に一匹でいいんだ**』という言葉と同じ。かわせみも生きるために魚を取っている。だから、そのかわせみがいい」

すると、今度は逆に教室は静かになりました。そして、別の子どもは次のような発言をしました。

「私は『よだかの星』が好きです。よだかは羽虫を食さないと生きていけない。かわせみがよだかで、魚が羽虫だとしたら、かわせみも好きな登場人物になった」

一人の友だちの予想外の発言から「問い」をもち、ざわつきながら自分の考えとつなげ、思考を深めていく、そんな国語教室でした。

3 国語教室に伴走していた立場（指導主事時代）

長野県内の学校を訪問させてもらい、国語教室を中心にたくさんの授業を参観させていただきました。

ある中学校での「走れメロス」の授業中のことです。おもむろに一人の生徒が、

「先生、最後の場面でセリヌンティウスが『**かわいい娘さん**』と言っています。かわいくないと『**赤面**』しな

かったかも」

と言うのです。授業者はびっくりしながらも、「太宰はなぜ、『**かわいい**』をわざわざ入れたんだろう」と問い返しました。授業を参観していた私は、「**かわいい**」発言を聞き流していました。しかし、授業者の「太宰はなぜ『**かわいい**』をわざわざ入れたのか」という問い返しによって、生徒は考えだし、私も一緒に考えだしたのでした。

そして、この国語教室では、「**勇者は赤面した**」などとつなげながら、「勇者も同じ人間なんだ」「勇者を絶対化せず、人間臭さを太宰は表したかったんだ」と考えていったのでした。

また、「少年の日の思い出」を扱っている中学校の国語教室でのことです。一人の生徒が次のように発言します。

「『**指で粉々に押しつぶしてしまった**』あと、『**僕**』はその粉をどうしたかな」

この教室もざわつき始めました。「そのままゴミ箱に捨てちゃったりして」「それはないでしょ」と、教科書をめくり始める生徒もいました。『僕』のこの後のことを、これまでの『僕』から読み解こうとしていたのでした。

この二つの国語教室でのできごとは、いわゆる指導案には書かれていなかったものです。でも、子どもは「問い」をつぶやき、それに友だちや授業者が反応し、生徒の思考が深まっていきました。国語教室は、斬新なつぶやきがあり、問いがあり、新たな発見がある場なのでした。そのよさを、主事として伝えていきました。

4 自校の国語教室を観る立場（管理職時代）

管理職となり自校の教室を回っています。それが国語の授業だと、少し滞在時間が長くなったり、授業者や子どもたちと会話したりしています。

ある中学一年の国語教室では、安東みきえの「星の花が降るころに」の中にある変化するものについて気付いたことを、一人一台端末に打ち込んでいました。ある生徒が銀木犀の表現が「**甘い香りで白く小さい花びらは小さな星の形**」から、ビニール袋の中の銀木犀は「**花びらは小さく縮んで、もう色もすっかりあせている**」と変化していることを入力していました。端末に入力したものは、瞬時に友だちと共有できます。この生徒は、同じ変化に気付いている友だちのところに行き、「全然違うよね」と声をかけ対話を始めたのです。

そして、教科書の開くページを何度も変えて読み比べながら、

「一つのものに捕らわれずに、周りに大切なものがあることに気付いたんだ」

と友だちに語りかけていました。

また、ある二年生の教室では、三浦哲郎の「盆土産」の最後の場面で「男車掌」がなぜ登場するか、話し合っていました。

「『**痰をはいて**』とあって、ちょっと汚い。いきなり現実的」

「そのあと父親は『**何も言わず**』だから、子どものことを思いつつも仕事に気持ちを切り替えた」

など、作品の構成や登場人物の心情について考えを交流していました。

私は思わず、「生徒の気付き、おもしろいね」と授業者に声をかけてしまいました。授業者も笑顔で「そうなんですよ。私もなるほど、って思うことがたくさんあって、わくわくしました」と答えてくれました。それを聞いていた生徒たちは、まんざらでもないような表情をし、とてもあたたかな国語教室が創られているなあと感じました。

5 「わくわく」する国語教室を

こうやってまとめてみると、国語教室に関わる立場は違っても変わらないものがあることに気が付きました。

それは、「わくわく」することです。その「わくわく」は新たな「問い」や「迷い」であったり、新たな発見や気付きであったり、自分たちの納得解であったりします。

この「わくわく」が国語教室にあると、子どもたちは思考を活性化します。子どもたちが好きなゲームに例えると、物語のダンジョンを探索しているようなもの。そしてそれは、物語の中だけに留まることなく、自分自身の思いや考え、生き方とつながってくるのです。

これらは、予定調和的には生まれません。むしろ、国語教室の片隅のつぶやきであったり、トリックスター的な子どもの存在であったりします。そのつぶやきや存在を、授業者も「国語科の見方・考え方」を働かせながらいかしていっているのです。そんな「わくわく」する国語教室とこれからも関わっていきたいと思っています。

「書くこと」と公教育

一般社団法人麻布教育ラボ所長。教育コンサルタントとして、日本はもとより世界各地の授業改善に尽力。超一流の授業観察眼と実践哲学の持ち主。

麻布教育ラボ所長　村瀬《むらせ》公胤《まさつぐ》

1 現代社会と書くこと

全国の学校を訪問し、多くの子どもたちを見ていると、〝書くこと〟とはなんと複雑で深い問題なのかと思うときがあります。いま、学力格差が問題になっている時代ですが、書くことの格差は、その深層にある大きな問題の一つであろうと思います。

現代日本人は、ツイッター（現X）やフェイスブックなどで毎日、何かを書いています。国民全体が書く文字数を合計したら、ひと昔前の何十倍にもなるでしょう。しかし、それはつぶやきやおしゃべりであり、書くこととは本質的に違うものであるように思えます。大衆がこれほど文字を多く書く社会は、これまでの人類史上にはなかったことかもしれませんが、それであってもなお、書くことに人々が親しんでいるとは言い難いように思います。

一方で、現代社会は大衆に書くことを要求しているようです。わかりやすいところでは、ＯＥＣＤのＰＩＳＡ調査に始まり文科省の学力学習状況調査まで、大量の記述解答が求められています。書くことは現代人の必須リテラシーまたはスキルとして、教育評価の対象になっていると言えるでしょう。

本稿では、書くこととは何であるのかと考察することを通して、公教育はそれについて何ができるのかを展望してみたいと思います。

2 教室の場面から

国語の専門家ではない私が、この問題に関心を持ったのは、教室のある場面からです。小学校の低学年で、運動会か何かの作文だったのでしょう、筆が進まない子に先生が「お話しするように書けばいいのよ」と声をかけました。聞いていた私は、話し言葉を文字にすることは、はたして書くことであると言ってよいのかと疑問を感じました。

こうした指導の是非は、専門家でない私が論じるものではありませんが、似たような場面にその後も何度か出遭うたびに、私は違和感を持ちました。逆に、書くことが苦手な子どもたちを注意深く観察していると、書くとは、話すことを単純に文字にすることではなく、両者の間に深い溝があるのではという直観にたどり着きます。先生以上に、子どものほうがその溝に敏感であるのが実態のようです。

3 表現することの意味

書くことも含め、表現一般にある種の誤解があるのかもしれません。ワタシの気持ちとか真実の思いというものがこのワタシの内のどこかに存在していて、それを外に表すのが表現だという思い込みです。すると、表現という行為の意味は、内を外に正しく伝達することに切り詰められてしまいます。

私が疑問を感じた前述の作文指導は、まさに内なるものを固定していて、あとはそれを表に出すだけだ、と考えているのでしょう。だから、話すのも書くのも同じと思えるのだろうと推測されます。

しかし、表現の本質は〝出会い〟にあります。ワタシと何かが出会ったとき、そこに表現を要請する何かが生まれます。運動会の徒競走で一着になったとき、美しい景色に見惚れたとき、まさに言葉にならない何かが生まれていて、それが人をして表現という行為に突き動かすのです。

ただ、突き動かしたそれが何であるのかは、まだかたちを見せていません。音楽、詩歌、絵画、何かの手段でそれは表現されるのですが、表現される瞬間まで、それが何であるかは決定されません。内にあるものを外に出すのではなく、表現された瞬間に「そういう出会いがあったのだ」と発見される、それが表現という行為です。

4 協同探究としての書くこと

書くこともまた表現の一つとして、発見の作業なのでしょう。ただそれは、話すことと異なり、書き直し＝推敲という、特殊な作業を伴った独特の表現形態です。それゆえ私たちは、「何度書き直しても、書き表せない」と苦しんだり、「書いているうちに自分でも思っていなかったことが出てきた」という経験をしたりします。

書くことは、推敲という〝発見し直し〟が許されているという点で、希有な表現手段です。子どもに運動会の記憶を話させて先生が文字にしても、それは子どもの文章にはなりません。運動会について書くという行為は、運動会でワタシは何と出会ったのかを発見する作業を必要としています。教室で作文が書けなかった子は、その難しさと正面から格闘していたと考えてもよいでしょう。

書くことは、まるで水が出るまで井戸を掘り直し続けるようなものかもしれません。発見あるいは探究と呼んでもよいかもしれません、書くことには話すことにはない困難と面白さがあり、それが両者の質的な差異です。

では、書けると書けないの違いは何か、その問いの答えも推敲にあります。倉澤（一九五四）は、「書くことは読むこと」であるとしたうえで、読むことすなわち推敲とは「自己の内なる他を相手として、語りかけ、反問し、考え、追求」することであると述べました。つまり、書くことができる人は、心の中にもう一人の自分または他者を棲まわせている人ということになります。

先の比喩で言えば、井戸は一人では掘れなくて、あちらかこちらかと相談しながら掘るということです。そして、掘りあてた水が、ほんとうに飲みたかった水なのかと吟味してもらうことも必要であるということです。

5 書くことの学び方

以上のように考えることで、書くことの学び方も見えてきます。心の中の他者が充実するには、たくさんの人との対話経験を必要とします。それには、じっさいに対面しての対話もあるでしょうし、読書という時空を越えた対話もあるでしょう。読書経験が豊富な人が文章を達意に書けるのは、多くの他者を自分の中に棲まわせているからです。

一方、対面での対話について留意するべき点は、それがただのお話しではないということです。先の倉澤の言葉をふたたび引けば、「語りかけ、反問し、考え、追求」を共にしてくれる他者が必要ということなので、同質性の高い気楽な日常会話ではなく、むしろ異質性が浮かび上がってくる対話のほうが望ましいことになります。

ここまでくると、「お話しするように書けばいいのよ」という指導の違和感の正体が見えてきます。内なる気持ちを率直に文字化するだけでは、書くことにはなりません。書くことは、何かとの出会いを言葉という回路で表現するために、心に棲まわせた異質な他者とゴツゴツとぶつかりながら水脈を探すかのように探索し続けることなのです。それは、子どもにとってたいへんな格闘ではありますが、それを通してはじめて、子どもは自分の書き言葉の獲得・専有＝appropriation（村瀬、二〇〇六）を実現します。

この点に関わり広瀬（二〇一五）は、第二言語としての日本語学習者が「共感と反駁が入り混じる仲間のことばに触れ、そのことばとの距離をはかり、自分が立とうとする位置を探し続け」ながら文章を書いていく姿を描き出し、それを「省察的対話」と呼びました。これはまさに日本語を母語とする子どもにも同じことが言えるでしょう。

6 公教育の展望

本稿冒頭に述べた書くことの格差とは、異質な他者との対話経験の格差です。現代社会は、日常生活もネット空間も、一方向でぶつからない会話ばかりが氾濫しています。公教育には、すべての子に省察的な対話を保障することで、心の中に他者を棲まわせられる、柔軟で開かれた学び手を育てる責任があります。

【参考文献】

倉澤栄吉（一九五四）「文章表現指導上の基本問題：作文教育の本質」．日本作文の会編『作文と教育』第二五号、百合出版．（『倉澤栄吉国語教育全集4言語機能に基づく作文指導』角川書店、1989年に所収）

広瀬和佳子（二〇一五）『相互行為としての読み書きを支える授業デザイン：日本語学習者の推敲過程にみる省察的対話の意義』（日本語教育学の新潮流11）ココ出版

村瀬公胤（二〇〇六）「アプロプリエーション」森敏昭・秋田喜代美編『教育心理学キーワード』有斐閣双書

デジタル教科書から始めるコミュニケーション能力の育成

光村図書出版株式会社教育開発研究センター長 森下《もりした》耕《こう》治《じ》

日本の国語科デジタル教科書の開発に尽力する第一人者。おびただしい実践場面の観察を経て制作されたデジタル国語教科書は、世界的にも完成度が高い。

1 デジタル教科書がもたらす学びの変化

デジタル教科書が登場したのは二〇〇五年のことだった。すでに二〇年近くの時間を経たことになる。当時学校現場では、電子黒板の導入と相まって、指導者用デジタル教科書の導入が促進されていた。教室に電子黒板で大きく映し出される教科書は、教師の指導を視覚的に支える道具として、特に低学年の教室で効果を発揮していた。読むことの教材の場合、本文にマーキングすることで、指導内容を「焦点化して伝えることができる」という点が評価された。このほかにも、筆順のアニメーションや朗読音声、資料動画などが搭載されており、「わかりやすい授業」を展開できるツールとして着実に学校現場に浸透した。小中学校の英語科においては、音声や映像をわかりやすく伝えることができるため、指導者用デジタル教科書が、ほとんどの学校で導入されている。

また、二〇一九年四月から「学校教育法等の一部を改正する法律」等関係法令が施行され、紙の教科書に加えてデジタル教科書の使用が認められるようになった。そのため、二〇二〇年度の教科書改訂に伴って、多くの出版社が学習者用デジタル教科書を発行した。学習者が自分でデジタル教科書を操作することを前提に、UIや背景色、文字の大きさ、操作ボタンの位置など、それぞれの特性に応じて使えるように機能を拡張し続けている。紙の教科書の文章を読めない子どもたちが、デジタル教科書であれば読めるようになったという報告をいくつも耳にした。国語科で顕著に表れたもう一つの効果は、読解活動において、個別の思考を促すこととそれを可視化することである。例えば、本文に線を引く活動は紙の教科書でも行うことがあるが、デジタル教科書では、一瞬で書き込みを消すことができるので、何度も修正を繰り返しながら、自分で見つけたことや考えたことを教科書に表すことができる。教師が、発問を繰り返しながら知識を伝達するのではなく、学習者自身が課題に応じた読解活動を、デジタル教科書上に表現できる。しかも、簡便に操作できるため、全員が書き込みを行ったり、文章抜き出し機能を使って要点や構成を表したりする。教師の発問に対して考えを作り、全員が挙手している状態になるのである。その後は、ペアやグループで、それぞれが見つけた要点や構成を共有し検討する。教科書の上に考えが載っている状態なので、比較しやすく、考えの根拠を説明しやすい。デジタル教科書を使って「走れメロス」のジグソー学習を行った教諭からも、「説明しやすいのでスムーズにエキスパート班の情報が伝わった」と報告があった。

2 共有ツールの活用による授業の活性化

一人一台端末の活用に欠かせない情報共有ツールによって、これまでの教室での話し合い活動が大きく変化している。一つはチャット機能を使った話し合いである。音声での発言と異なり、一斉に書きこみができるため、きわめて短時間で全員の意見を集めることができる。しかも集めた意見を全員で読むことができるため、考えを分類したり整理したりすることが容易になる。もう一つは、デジタル教科書上に作成した書き込みなども反映できるため、作りかけ（プロセス）の画面を共有することも可能になる。この制作途中の考えが見える画面の共有は、途中であるがゆえに、考えが定まっていない状態での交流となる。自分の考えを作り上げるため、話し合いは活性化し、書きこんだ画面を修正したり、中には友達の画面に書き込みをしたりする者がでてくる。文学の読解では、登場人物の行動から心情を読みとる際に、友達の考えから触発されることも多く見られる。音声のみの話し合いの場合、少人数の発言で進行していくことがよくあるが、共有ツールを使用した話し合いでは、自分の課題を達成するために活発な話し合い活動が行われている。このようなＩＣＴを活用した交流活動では、集合知を作ることも難しくない。「走れメロス」の映画を作るとして、その予告編をグループで制作したショートムービーや、「海の命」の主人公の成長と自分たちの現在の意識を比較した討論会など、デジタル教科書と共有ツールを活用した授業においては、教師の想定をはるかに超えた成果を出した事例がいくつもある。

3 生成AIの登場

生成ＡＩが与えた衝撃は、あらゆる機関で使用するためのガイドラインが作成されたことをみても、その大きさを測ることができる。大規模言語モデルを使って、あたかも人間と対話しているかのように、使用者が入力した問い（プロンプト）に対して答えを出してくる。この技術は今後も進化を続けると考えられており、言語の種類を問わず、情報量が増えるほど答えの正確性は高くなり、ますます人間の生活に入り込んでくるだろうといわれている。

さて、国語教育という立場から考えると、この技術の仕組みを理解したところで、使いこなせる能力が育つわけではない。実践については別の筆者にお任せするとして、言語の教育の面から、求められる点を二つ挙げておきたいと思う。一つは文脈の理解を深めることが必要になるということである。生成ＡＩのエンジンは、世界中の文章に表れている文脈である。日本語は文脈依存性の高い（ハイコンテクスト）言語と言われているためか、小中学校の学習指導要領の指導内容に「文脈」の項目はない。文脈の習得は、日常の言語活動において十分に身につくと、指導者も学習者も無意識的に捉えている。このような背景があるものの、文章（テキスト）と文脈（コンテクスト）の違いを明確に理解することは、生成ＡＩとのコミュニケーションを行う上では重要なことなのではないだろうか。

もう一つは、「言語が多様化する速さ」に対する理解である。国内外を問わず、日々新たな言葉が生まれている。言葉の意味を無意識のうちに更新していることもよくある。ジェンダーフリー等の社会的な理解の広がりから、意味や用法が変化する場合もある。数か月に一回更新される生成ＡＩのエンジンを使いこなすためにも、これらの変化に、一層敏感になることが必要である。

4 多様なコミュニケーションに必要な言語能力

デジタル教科書によって、国語科の授業では、学習者が自分で考えを持ち、考えを交流し、学びを進めたり深めたり振り返ったりすることが容易になった。東京都小平市立小平第三小学校のあるクラスでは、三年間学習者用デジタル教科書を活用し続け、標準学力検査（ＣＲＴ）による評価を行った。「知識・理解」と「思考・判断・表現」の両面の検査を年度ごとに分析したところ、初年度は学力差にばらつきがあり、Ｃ評価の児童も存在したが、三年目には皆無であった。しかも、二年目には「思考・判断・表現」の力が伸びて、三年目に「知識・理解」が伸びるという順で力がついた。この現象は、学習者が自分で考え、友達との交流を進めていく中で、知らなければならない事項に気づき、自らの学び方を構築したのではないかと推測できる。その根拠であるが、このクラスでは、話し合いや協働的な制作活動を、「楽しみながら課題を達成する手段」という意識で授業を行っている。そのため、個別の学習活動は家庭学習にして、未完成でも考えを作る。その上で授業は、話し合い活動と発表を中心に、反転学習のような形態で行っている。「学習者用デジタル教科書を活用した授業では、これが自然な流れだ」と担任の谷川航教諭は述べている。

生成ＡＩを活用した授業では、例えば、初発の感想を整理分類して、学習課題をつくるヒントとして利用するなど、授業を支援するもう一人の教師のような活用方法がある。

将来的には、個別の学習支援を行える情報源として活用されることであろう。そうなると、まさに機械と対話する能力が必要となる。

変化の激しい時代においては、世代間で学び方や情報源も異なるため、使用する言語に違いが現れてくる。Ｗｅｂによって、地理的空間も狭くなるため、国外の人や情報源とのコミュニケーションが増える。しかも、外国語を使わなくても可能になる。日常的にＷｅｂやＡＩとの対話を行い、仕事でも生活でもこれまで以上に幅広い言語を使う時代になる。誰と、何とコミュニケーションしたとしても、その関係の中に価値が生まれるようにすることが、コミュニケーションのあるべき姿である。多様な言葉を使う時代に向かって、多様な学習ツールを使って、多様な場面で言葉を使うことを意識的に行うことこそ、国語力の育成として重要な視点ではないだろうか。デジタル教科書は、学び方の習得を含め、それを始めるために適したツールである。

「書くこと」の充足と、他者の言葉への感受性

文教大学教授　森《もり》田《た》香《か》緒《お》里《り》

「書くこと」の学びを多方面から追究する研究者。前職の宇都宮大学では他大学との連携カリキュラム開発などに尽力。イギリスとの比較教育にも造詣が深い。

1 「フルーツポンチ」と作文

これまで、多くの子ども（小中高の児童生徒）に作文を書いてもらい、彼らの文章表現の形式や表現意識等について分析してきた。調査のために教室に出向き作文を書いてもらうことを子どもに告げると、たいてい不満げな表情をされるが、それでもほとんどの子が真面目に取り組んでくれる。しかし中には、どれだけ時間をかけてもほとんど書けない子が必ず数名いた。書きたくなくて放棄しているのではない。何かしら書こうと紙に向き合っているのだが、一向に進まないのだ。

こうした子は、どの学級で調査をさせていただいても一定の割合で存在していた。そこで時々、書けなかった子と話をしたり、担当教諭に話を聞いたりして、彼らの背景を探ろうと試みた。そこでわかった彼らの共通点は、最後まで書いた経験がほぼないこと、そして書いて役に立ったり喜ばれたりした経験をしていないということであった。

「書きたい」という意欲を子どもに持たせること、そして書く内容を明確にすることは、日本の作文指導において従来から最も重要視されてきた。書きたいことがあれば、自ずとそれを書き表すために必要な表現形式等の知識を学び、書く技能を習得していくと考えられてきたのである。もちろんそれは学習指導の理想的な形ではあるのだが、書きたいことが見つけられず、また書くべきことがあっても

それを書き切ることができない、達成感や充足感を持てないまま書けなくなっていく子どもには、まず「書くことによる充足」を実感させるべきではないだろうか。

長女が小学四年生の頃、「クッキングクラブ」に入ったと嬉しそうに帰ってきた。小学校の特別活動の一環で、月に一〜二回、調理をするらしい。長女は楽しみにしていたが、家庭科もまだ学習していないのに、限られた時間で調理や片付けができるのだろうかと思っていた。

迎えた調理初日、メニューはフルーツポンチだった。缶詰のフルーツを切ってサイダーを注ぐだけの簡単なおやつである。それでも長女はとても満足していた。初めてのフルーツポンチ作りがうまくできたこと、とてもおいしかったことを嬉しそうに話してくれた。

次に作ったのは、フルーツパフェだった。やはり缶詰のフルーツを切って盛り付けるのだが、生クリームをホイップして飾るという点でステップアップしていた。その後はクレープ、カップケーキとだんだん難易度が上がっていき、最終日になってようやく自分たちの食べたいものを作った。何を作りたいか皆で話し合い、必要な材料や作り方を調べ、分担して調理したそうである。このようにクッキングクラブでは、まず最初に簡単に作れるもので「できた」実感を持たせ、徐々にできることを増やしつつ、毎回「作り上げて楽しく食べる」までを経験させていた。小学校の先生方の工夫と力量を見た思いだった。

作文も調理に似たところがあるように思う。日本の作文指導は従前より、文章作成の流れに即した「主題」「取材」「構想」「記述」「推敲」という五段階の指導過程が設定されている。作文単元では「何を書くか（作るか）」を明確に定めるところから始まり、順を追って五段階全ての過程を経ることになる。しかし、「何を作るか」が明確であったとしても、材料を集めたり調理したりすることが難しければ、「できた」「楽しい」を実感する前に頓挫してしまう。

そこで筆者は、「フルーツポンチ」のようにまず書き上げる経験と充足を優先させた作文指導法を構想し、教員養成課程において実践を重ねてきた。[注] 最初は断片的な情報を一編の文章に組み込む練習から始め、「全体を仕上げる」感覚を先に捉えさせる。そして徐々に作文技術の難易度を上げながら、他者の言説を取捨選択して意図的・操作的に自分の文章に組み込み、一編の文章にまとめあげていくというカリキュラムである。書き上げる実感だけでなく、どの作文技術を段階的に身につけているかが明確であることも、書くことの学びの充足につながると受講生の姿から実感している。

2 ICT活用と生成AI

二〇一九年以降の「GIGAスクール構想」による一人一台端末の普及、そして二〇二二年以降の生成AIの登場は、書くことの学習指導を大きく変えようとしている。授業におけるICT活用が進み、紙に鉛筆で手書きするだけが「書く」ではなくなり、タブレット等にキーボード入力して「書く」活動も広がりつつある。文字の美醜を気にせず書くことができ、また容易に修正できる点は、子どもにとって大きな負担軽減のようだ。また、目的に応じて必要なグラフや写真等を検索して文章に挿入することができ、わかりやすく伝わりやすい表現を自由に追求することができるようになった。教室での個人の書く営みはデジタル化され、即時共有される開かれたテクストとして変質していくことになる。

そして現在、生成AIといかに向き合い利用していくかについての議論が活発化している。自分の書きたいことが漠然としていても、プロンプト（指示文）さえ入れれば瞬時にAIが文章化してくれる。感想文の書き方がわからない子どもにとって、どのような書き出しでどのようなことを書けば感想文になるのかがわかることは、一つの学びとなるだろう。また、先述の「主題」「取材」「構想」「記述」「推敲」の五段階の多くを言わばAIに「外注」することにより、求められている文章を一定のレベルで整えて書き上げることができる。

もちろんこれらのことは、書くことの学習指導における教師の存在意義に関わってくる問題になる。そして生成AIに「文章を書かせることができる」ことと、「文章が書ける」ようになることとの違いをどう捉えるかについては、書くことの学習の本質と目標に関わる重要な論点である。ただその一方で、書く行為が容易になったこと、そして文章を書き上げるまでの過程が（擬似的にでも）縮まり、ある程度の達成感を得られるようになった事実が、書けない子にとってどのような意味を持つのかも、合わせて議論しなければならないだろう。子どもにとっての「書くことの充足」の問題は、何を使ってどのように書くのかにかかわらず、書くことの学習指導の根幹であるべきである。

3 他者の言葉への感受性

書く過程が「外注」されることに関わる問題点は多々あると思われるが、ここでは特に、他者の言葉への感受性の問題を挙げたい。ＡＩが提示する文章は統計的な平均値としての内容であり形式である。言わば最大公約数のような穏当な文章である。しかし人の書く文章には本来、その言葉を選んだ書き手の経験や考え、個性などが含まれている。出来が今ひとつの手料理であっても、我々はそれも含めて味わう。なぜなら、そこに作り手の気持ちや背景を想像し価値を見出すからである。平均値から外れたり偏ったり、足りなかったりする表現に、人が書く文章の付加価値があるのだ。

こうした他者の言葉の使い方に意図や価値を見出し、関心を示したり尊重したりするような感受性を、これからの国語教育では中心的に育むべきだと考える。手元の端末に集まる大量の他者の言説や、学級で行き交う友達の声を、「何となく良さそう」「何となく嫌だ」で直感的に眺めるのではなく、言葉の選択意図とともに批評的・分析的に受け止める態度を養うのである。

筆者はこれまで、日本と海外の子どもを対象に作文調査を行い、子どもが相手（読み手）に応じた配慮を文章中でどのように表出するかについて分析してきた。一見拙く不十分な文章であっても、手持ちの限られたコミュニケーション方略を使って相手への配慮を示そうとする子どもの姿が強く印象に残っている。書くことが本来こうした意図的で人格に関わる選択行為であると理解することが、「一億総発信時代」と呼ばれる現代において、自律し充足した読み書きを行っていく上で重要なことだと考える。

〈注〉香西秀信・中嶋香緒里（二〇〇四）『レトリック式作文練習法』明治図書（中嶋は森田の旧姓。この書で提案している作文指導法は古典修辞学を援用したものだが、筆者がさらにこれを段階的に援用し、「フルーツポンチ式」として試行している。）

言語研究は国語教育にどう役立つか
―あまんきみこ「白いぼうし」を例に―

早稲田大学教授　森山卓郎《もりやまたくろう》

京都教育大学を経て現職。日本語学関連学会の屋台骨を担う研究者であるとともに、教科書編集や国語教育研究会の指導にも携わるマルチタレント。

1 はじめに

言語研究は国語教育にどう役立つか――これに答えることは易しく難しい。「言語」は「言葉による見方・考え方」ということの根本であり、その研究は当然不可欠である。従来も、「言語事項」「（伝統的言語文化と）国語に関する事項」が、「話す・聞く、書く、読む」などの活動の根本を支える知識・技能として位置づけられてきた。そのことからもわかるように言語研究は国語教育を支えるものとして非常に多様な側面で「役立つ」ことは明らかである。

だが、その関わる部分は大変大きく複雑でもある。「どう」の部分を具体的に考えようとすると難しい側面もある。

そこで、言語研究と国語教育の関わりを考えるために、具体例に応じて領域ごとに「どう役立つか」を考えていきたい。言語は、基本的にはその単位にも関わらせつつ、文字・表記論、音声論、語彙論、文法論、文章・文体論といった領域に分割されることが多い。ただし、紙幅の関係で文字・表記論には触れないでおく。

ここでは具体例として「白いぼうし」（あまんきみこ）を取り上げる。小学校四年生の教材として、光村図書、学校図書、三省堂などの教科書に掲載された作品である（初掲載は一九七一年、執筆時現在も光村図書の教科書に掲載されている）。タクシー運転手の「松井さん」の視点で語られる作品で、ファンタジーとして読めるようになっている。

2　音声と音読

音声論とは発音の仕組みについての研究である。ここで焦点を当てたいのは、音読とイントネーションの関係である。イントネーションとは文のレベルで意味に応じて調整される音の高さである。イントネーションによって文の意味は大きく変わってくるのであり、このことは、読解にも深く関連している。

例として挙げる「白いぼうし」は、次のような話である。落ちていた（と思った）白い帽子を松井さんがつまみあげるともんしろうちょうが舞い上がる。昨日母から届いた夏みかんを、代わりに帽子の中に置いて車に戻る。すると後ろのシートに女の子が座っていて、出発を急かす。たんぽぽとクローバーの小さな野原でふと気づくと、女の子は居ない。そして、次のような場面となる。

「その上を、おどるように飛んでいるちょうをぼんやり見ているうち、松井さんには、こんな声が聞こえてきました。／「よかったね。」／「よかったよ。」／「よかったね。」／「よかったよ。」／それはシャボン玉のはじけるような、小さな小さな声でした。（／は改行部分）

女の子はちょうだったと想像させるのだが、この会話部分は、帰ってきたちょうを迎える他のちょうとのやりとりとして解釈できる。注意したいのは「よ」の部分の読み方である。子どもの音読を聞くと、「〜よ」を上げて発音する読み方をする場合も少なくない。「よかったよ。」という文字列だけを読めば「よ」を上げる読みがふつうに想定されるからである。しかし、「よかったよ。」の「よ」を上げて読むと、相手が知らないことを教えるといった用法として解釈される。そうすると危機一髪で帰ってきたもんしろちょうの言葉としてはちょっと他人行儀で、何か別のことがよかったと報告するかのようである。迎える方の言葉として考えても明らかに不自然である。一方、下げて読むと、無事帰れてよかったということを実感を込めて強く言うような意味で解釈できる。迎えるちょう達の発話と考えた場合も、心配していたことがよくわかる音調となる。音読は場面や作品全体の解釈に関わる。ちなみにこの音について作者のあまん氏に確認したことがあるが、下げて読むとのことであった。

3 そして文法、語彙

こうした「よ」「ね」の用法などは文法の問題でもある。終助詞の意味を取り上げることは極めて難しいので、教育現場で正面から取り上げるべきだとは思わない。が、個々の表現をしっかり検討し、言葉として表現されたものを、きちんと表現されたままに理解することは重要である。

その点では、文型の問題も重要である。例えば、ぼうしを見つけるところでは、「おや、車道のあんなすぐそばに、小さなぼうしが落ちているぞ」というように、「落ちている」となっているが、続く、地の文では「かわいい白いぼうしが、ちょこんとおいてあります」となっている。この後には「ははあ、わざわざここにおいたんだな」という松井さんの言葉が続く。ここでの「〜てある」という表現は何らかの意図があっての動きの結果を表すが、地の文でこうした表現が使ってあることには注意が必要であろう。「ちょこんと」も意志を感じさせる副詞である。

文法と関連して、語彙への着目も重要である。語がわからないと学習の根本の部分でのつまずきになる。また、一つ一つの語の意味や用法をきちんと把握することは読解の基本でもある。「白いぼうし」の例で言えば、ぼうしをつまみ上げてちょうが逃げた後の、「小さなぼうしをつかんで、ため息をついている松井さんの横を、太ったおまわりさんが、じろじろ見ながら通りすぎました。」という一文では、「ため息をつく」という語を選ぶことによる「松井さん」の心情の理解、「じろじろ」という言葉を使うことでの「おまわりさん」の気持ちやそこでの状況などを読み取る必要がある。文章全体の読解には一つ一つの語の的確な理解が必要なのである。ちなみに「ため息をつく」の「つく」は今はふつうの動詞としては使わないが、「うそをつく」などの表現にある。すでに有している語彙とも関連させて、子どもたちの語彙力を拡げていきたい。

4 文章・文体論との関わり

文章・文体論は、文章としてのまとまりのあり方やそのスタイルを取り上げる分野であり、ここまで取り上げてきたことは文章・文体論としても位置づけられる。

狭い意味での文体という観点では、この「白いぼうし」

は敬体で「～ました」のような語りとなっている点にも注意したい。小学校国語の教材となっている多くの物語文では敬体が使われているが、敬体は「読者（聞き手）」を意識するものであり、年少者向けに語りかけつつ物語世界を構築していくこととなっている。語りのあり方という点では、例えば「モチモチの木」で常体が使われている点なども注意したい。冒頭で、「全く、豆太ほどおくびょうなやつはない」というように豆太を外側から語っていくが、「豆太は、なきなき走った。いたくて、寒くて、こわかったからなぁ」のように、豆太の感覚を述べつつ、語り手の感慨の「なぁ」が出現しているように、語り手は透明にはなっていないのである。これは、民話を語るようなスタイルとも関わっている。

5 おわりに

以上、言語の研究が国語教育にいかにつながるかを、「白いぼうし」の読解を例に見てみた。もちろん言葉ばかりを取り上げる「詳細な読解」をすべきだと主張したいわけではない。要所要所で言語表現に着目することも、深い学びのために有意義ではないかと言いたいだけである。ただ、どこをどう分析するのかは意外に難しく、そこに言語研究の観点が多少なりとも役立つように思われる。

さらに、ここでは述べられなかったが、書くことの教育にも言葉を取り上げることは重要である。読むことと連動して表現に立ち止まるということも有益であろう。もちろん、話すこと・聞くことや、コミュニケーションの全般にも、言語表現は重要であり、言語研究は深く関わる。

今後、国語教育の実践、国語教育の研究と、日本語研究とがしっかり連携していくことは、それぞれの領域・分野をより豊かで確かなものにしていくことになるはずである。国語科とは言葉を基盤とした教科だからである。

【参考文献】

達富洋二（二〇二三）『ここからはじまる国語教育』ひつじ書房

森山卓郎（二〇一六）（編）『コンパクトに書く　国語科授業モデル』明治図書

森山卓郎（二〇二二）「文法的文体論にむけて」『国語と国文学』99-5東京大学国語国文学会　31-44

森山卓郎（二〇二三）「意見文の表現と言語への習熟」『日本語習熟論研究』日本語習熟論学会

森山卓郎・達富洋二（二〇一〇）『国語教育の新常識』明治図書

アスリートと指導者のあいだを取り持つ言葉の力

スピードスケート金メダリストの清水宏保、小平奈緒の指導者。小平奈緒が絶大な信頼をおき、彼女を心身ともに育て上げた。選手、学生をこよなく愛する。

信州大学学術研究院教授　結城《ゆうき》匡啓《まさひろ》

1 金メダリスト小平奈緒の言語化能力

二〇一八年平昌五輪・スピードスケートで金メダルを獲得した小平奈緒選手を、大学入学時から一八年間指導した。小平の発する言葉が、高い評価をいただいているようだ。「失敗しても成功してもすべて『正解』」。「与えられるものは有限。求めるものは無限」。頂点を極めるまでに長い年月を費やしたアスリートの哲学をシンプルに語っているからであろう。二〇一四年ソチ五輪でメダルを逃した小平は、その後の二年間、単身でオランダを拠点に活動した。二年目のシーズンは不振に苦しんだが、オランダから帰国した翌年のシーズンから、なんと足掛け四年間負けなしの国内外三七連勝を記録した。連勝もさることながら、帰国した小平の日本語が豊かになっていることに驚いた。

オランダに渡り半年あまりで日常のオランダ語をほとんど聞き取れるようになった。現地の日本人による週一回のオランダ語講習。チームメイト全員が「先生」となる毎食ごとのオランダ語勉強会。連勝中には、スケートの盛んなオランダのテレビ局の勝利者インタビューにオランダ語で応じ、オランダ語の早口言葉を披露して人気者となった。本人に聞くと、むこうでは日本語の書物やネットなどには、それほど多く触れてはいなかったそうだ。ここからは想像となるが、オランダ語を学ぶうちに、異国人であるオランダ人のモノの考え方や捉え方を探るようになり、言葉一つ一つの概念を深く捉えるようになったのではないか。

「自分の人生は自分の時間。自分が選んだ道であれば、たとえその選択が失敗したとしてもすべて正解」という覚悟。「他人から与えられる練習環境には限りがあるが、自分から求め、作り出す環境は無限である」という考え方。そのことは、「知」についても同様で、「自らが不思議に思うことを自分で探し求め、学ぼうとさえすれば知ることの可能性は無限に広がる」という。異国の地での孤独な経験を通して自立したアスリートの哲学がこれらの表現となった。表現が磨かれていくのと同時に、言語化能力も洗練されていったのだろう。

2 スポーツコーチングにおける言葉の役割

スポーツにおけるコーチングは「コツの大衆化」であるといわれる。スポーツのコツとは、「こうやるとうまくできる」という身体感覚のことで、身体知とよばれる。身体知は、言葉で表現しにくいことが多く、暗黙知ともいわれている。また、多くの人が知っていることはコツとは言わず、その意味でコツには秘密性が伴う。したがって、「コツの大衆化」とは、つかんだ人だけが知っている秘密の身体知を指導者と選手で共有することであると言い換えることができる。

小平を含むチーム全員が参加する練習メニューの一環として、『技術討論会』という座学に取り組んできた。選手が自分でつかんだコツを言語化し、チームメイトの前でプレゼンさせ、それをチームで共有しようとする、年に一回の勉強会である。選手のほとんどが、将来教員になることを志して入学してきた教育学部の学生であったこともあり、選手として大成することも大事だが、将来、指導者になったときのために、言葉の力をつけたいと考えたからだ。なぜなら、スポーツの指導力とは、言葉の力であると信じてきたからだ。

『技術討論会』では、二シーズン前のコツ（ビフォー）と一シーズン前のコツ（アフター）とを比較し、どのコツが自分のパフォーマンスの伸びにつながったのかを分析させる。自分のコツを言葉で説明することを求めると、最初はなかなか言葉にすることができない選手が多い。

いきなり『技術討論会』でのプレゼンとなるとハードルが高すぎるので、前段階となる二つのステップを用意している。一つめは、私の専門領域のバイオメカニクス的手法により明らかとなっている、スケートを速く滑るための理論体系的な講義（〝結城理論〟と名付けてきた）。ここでは、身体動作の解剖学的な定義や、力学的な合理性についてエビデンスをもとに理論的に説明する。選手には、新しく発見があった内容を「！マーク」、疑問に思ったことやよく理解できなかった内容を「？マーク」でレポートさせる。

次に、チーム全員の「!」と「?」を資料にまとめて共有し、「?」についてはもう一度説明を加える。選手はチームメイトの「?」や「!」を知ることで、さらに理解を深めていくようだ。

二つめは、『技術カルテ』という練習日誌の提出。氷上練習の前に、選手が意識していることを黒文字、声がけされたことを青文字、発見したコツを赤文字で記述してもらう。この作業を通じて、徐々にもっとも適する表現を探すようになり、身体知の明確化が進む。このようなステップを踏むことで、言葉にしにくい身体知をチームメイト共通の、わざ言語で交わし合うことができるようになってくる。それが『技術討論会』だ。

ここでの指導者の役割は、チームの中に言葉を通じた知の流れが自然発生するのを見守ること。加えて、この討論会によって誰一人として混乱したまま会を終えないよう助言するということだ。理論的な学びにより言葉は定義されていても、選手の感覚は一人一人の過去の運動経験によって支えられており、そのベースが異なると他人の感覚に共感できないこともある。一人一人の感覚に共鳴し、どのような運動経験が欠けていて共感できないのかについて想像し、寄り添うことが求められる。選手が他人の優れたコツに共感できるとき、その感動は、早く試してみたい!という強烈なモチベーションに繋がっていく。

3 言葉の学びに必要な身体的経験

ここまで述べてきたように、筆者は、スピードスケートという教育手段を通して、学生（選手）たちに、言葉の学びを仕掛けてきた。具体的に例を示しながら辿ってみたい。スピードスケートは、幅1㎜のブレードの上に片足で立ち、時速60㎞にも達するスピードで滑走するスポーツである。そのような高速滑走では、トップ選手でも片脚でバランスをとることは容易ではなく、転倒がつきものだ。結城理論の講義では、安定して片脚立ちするためのコツとして、「（氷の）10㎝下を押す」という、わざ言語を提示している。立位で靴下を履こうとするとバランスがとれずにフラつくものだが、支えている方の脚で（床の表面ではなく）「（床の）10㎝下を押す」意識で立つと安定する。バイオメカニクス的にいえば、力という概念は、大きさと方向をもつベクトルであるため、力の方向（床の下）と大きさ（10㎝）の両方を明確化して伝えているに過ぎない。また、そのように意識することで支持脚の伸展筋群の筋放電が大きくなることも確認されている。

選手はこのわざ言語に接したことにより、理論から「そうらしい」と推論し、いったん「わかった」ような気持になる。氷上でこれを試すうちに、最初はうまくいかなくても、ある時、高速での安定感を経験し、理論（わざ言語）と実践（身体知）がいきなりリンクする。このときの「できた」という経験を通して、真の「わかる」という身体知に落とし込むことができる。その身体知（コツ）は、技術カルテにはおそらく赤文字で記述されることになり、いつでも、何度でも自分の感覚を再現できる言葉となる。

あるとき「10cm下を押す」感覚が片方の脚ではできるのだが、反対側の脚ではうまくできないという選手がいた。その選手は苦労の末、うまくできない方の脚で「氷の20cm下を押す」と安定するというコツを体得した。このことは、『技術討論会』で共有され、チームの中で大衆化された。さらに「30cm下を押す」ことを意識する選手が現れ、このようにして、チーム全体でもっとも適切な表現を探すうちに、まるで言葉遊びのような学びが発生したのだ。

もし、チャットGPTに代表される生成AIが『技術討論会』に指導者として参加したらどうなるだろうか。生成AIは、知識が豊富なので理論の説明や知の体系的な供給には優れている。しかし、指導言語に関しては、人間の感覚を模倣した表現はあるとしても、身体的な経験による新たな表現は生み出せなかろう。生の人間の身体感覚は、その人にしか体験されないものであるからこそ、修正を加えながら身体知として精度を上げ、時には新たな感覚として、積み上がっていく。だからこそ、指導者が理解している身体知は、選手の何が理解できないのかに対して視座を与えることができるのだ。生成AIの指導言語では、選手一人一人の異なる身体感覚を照らし合わせ、他人のコツへの共感を手助けすることはできまい。

アスリートの思考力と言語化能力には密接な関係があるように思えてならない。人間は、モノを考えるとき、言葉で考えるからだ。自分の身体感覚に向き合い、感覚を言葉にする訓練を経て、自分の想いを人に伝える表現力に磨きがかかっていくのだろう。そのように考えると、自分の想いや感情に気づき、身体の感覚に向き合い、言葉にして表現する訓練や経験を積むことが、子どもたちの言葉の学びにとって重要なのではないだろうか。

日本人の識字率再考
―一九四八年調査が決定づけた「常識」を問い直す―

現職の傍ら東京大学大学院客員教授も務める。社会言語学の専門家。日本教育工学会、社会言語科学会等で優秀論文賞受賞。「言語資源」という用語の生みの親。

国立国語研究所教授　横山《よこやま》詔一《しょういち》

男女共学、六三制、教育委員会、ＰＴＡなど現代日本の教育制度の骨格は、第二次世界大戦後の連合国軍による占領政策のもと、昭和二一（一九四六）年三月にＧＨＱが示した『米国教育使節団報告書』の勧告に基づいて作られた。この報告書の第二章「国語の改革」は、漢字を廃止し、ローマ字化するのが望ましいと提案している。

『米国教育使節団報告書』による勧告の二年後、一九四八年夏に、世界的に見ても前例のないリテラシー調査が実施された。全国規模で本格的なランダムサンプリング調査が行われた日本の初例だと言われている。全国二七〇地点四〇五会場で一五～六四歳（数え年）の男女一万六八二〇人から、九〇問の読み書き能力テストのデータが収集された。その科学的方法論は、現在の大学入試センターが実施する大規模共通テストや計量的社会調査の出発点ともなった。調査には柴田武、金田一春彦、林知己夫（統計学）、肥田野直（心理学）など、後に学界をリードすることになる若手研究者が多数参加した。

調査の結果は『日本人の読み書き能力』（読み書き能力調査委員会 一九五一、以下、「報告書」とする）にまとめられ、東京大学出版部（東京大学出版会の前身）から公刊された。

報告された結果のなかで、特によく知られているのが一・七％または二・一％とされている非識字率（原文では文盲率）の低さである。一・七％は「かなさえ正しく読み書きできない者」で九〇問全体がゼロ点だった人の比率、二・一％は「かなはどうにか読み書きできるが、漢字はまったく読み書きできない者」つまり漢字の読み書きを問う六八問がゼロ点だった人を加えた比率である（報告書、三三五頁）。この結果が、日本人の識字率やリテラシーに関する科学的な証拠として諸学会で重視され、その後の世間一般における『常識』形成の土台になったと言われている。

報告書の巻末には大量の数表が掲載されているが、その大部分はグラフ化も十分な分析もされていない。そのため、たとえば生年と非識字率の関係といった基本的な問題さえ謎のままであった。しかし、最近、オープンサイエンスの流れのなかで一九四八年調査をめぐる資料がデジタル画像化されてオープンデータになり、だれでもネットで閲覧できる環境が整備された。そのおかげで、報告書を新たな視点から分析する研究が登場し、これまでの通説とは異なる知見が次々と提示されている。

たとえば、横山・相澤・久野・高田・前田（二〇二二：https://doi.org/10.32281/jasbel.60_11）は、報告書について以下のような疑問を投げかけている。

①報告書は「日本の非識字率は世界の各国にくらべておそらく極めてひくい」と述べている。しかし、非識字率を数値化する手法は多様であり、テストで測る際も難易度をそろえることは困難である。よって、一九四八年調査の非識字率を世界の各国と比べることはそもそもできないのではないか？

②報告書に掲載された実際の問題を確認すると、アラビア数字や漢数字の簡単な問題も出題されていたことや、問題の七割以上が選択式問題なので当て推量で一点以上取れる確率が高い状況にあったことなどが分かる。これらのことから、読み書き能力があるとは言えない人でもゼロ点にはならない可能性が十分にあったと考えるのが自然ではないか？　つまり、ゼロ点ではない低得点者にも非識字者が含まれていた可能性が大いにある。このことから、実際の非識字率は報告書に示された数値より高いと推測できる。

③報告書に明記されているのに、ほとんど知られていない事実もある。たとえば、ゼロ点だった人はどのような解答パターンだったかという点である。報告書によると、得点ゼロの人は二九三人で、そのうちの九割近い二六二

人が白紙解答の人たちであった。リテラシーがあったとしてもGHQに対する反発などから全問解答拒否をした人がいたとすれば、非識字者をゼロ点の人と定義するのは正しくないのではないか？

④もう一つ見逃せない事実がある。報告書はリテラシーを持つ人を「九〇点満点の人」と定義し、報告書の結論として「提案」を明記している。その要点は「非識字者の割合は極めて少ない。しかし、リテラシーを持つと見なせる識字者の割合は四・四％でしかない。不注意などによる失点を考慮して割合を補正したとしても六・二％にすぎない。正常な社会生活を営むのにどうしても必要な文字言語を理解する能力は決して高いとはいえない」というものである。「日本人の読み書き能力は極めて高く世界トップクラス」という「常識」の科学的根拠だと考えられてきた報告書には「常識」とはかけ離れた結論が示されているのだ。

さらに、この研究は、一九四八年調査の専門委員として作問や調査実施に従事した金田一春彦の記述にも誤りがあることを指摘している。金田一は岩波新書『日本語 新版（下）』（一九八八）の冒頭部で、満点は一〇〇点、ある人が「はる」という選択肢を選んで正解した、第一問は平仮名が読めるか、第二問はカタカナが読めるかであった等と書いている。しかし、報告書のデジタル画像を確認すると、満点は九〇点、選択肢に「はる」は存在しない。問題（一）の最初の四問がひらがなで、次の四問がカタカナであり、いずれも書き取り問題であったという事実が分かる。

この「常識」については、そろそろ科学的に再検討する必要があるように思う。その際は、報告書ならびにその関連史料を世界中の研究者がいつでも簡単に閲覧できるようにする環境整備が必要である。すなわち、オープンサイエンスの推進が重要だと考える。

そのほか、日本人の識字率が実はさほど高くなかったという意識が当時の社会に広がっていたとすれば、戦後の文化にどんな影響があったかについても、政治学、社会学、歴史学などの研究者と協力しながら考察していくべきであろう。

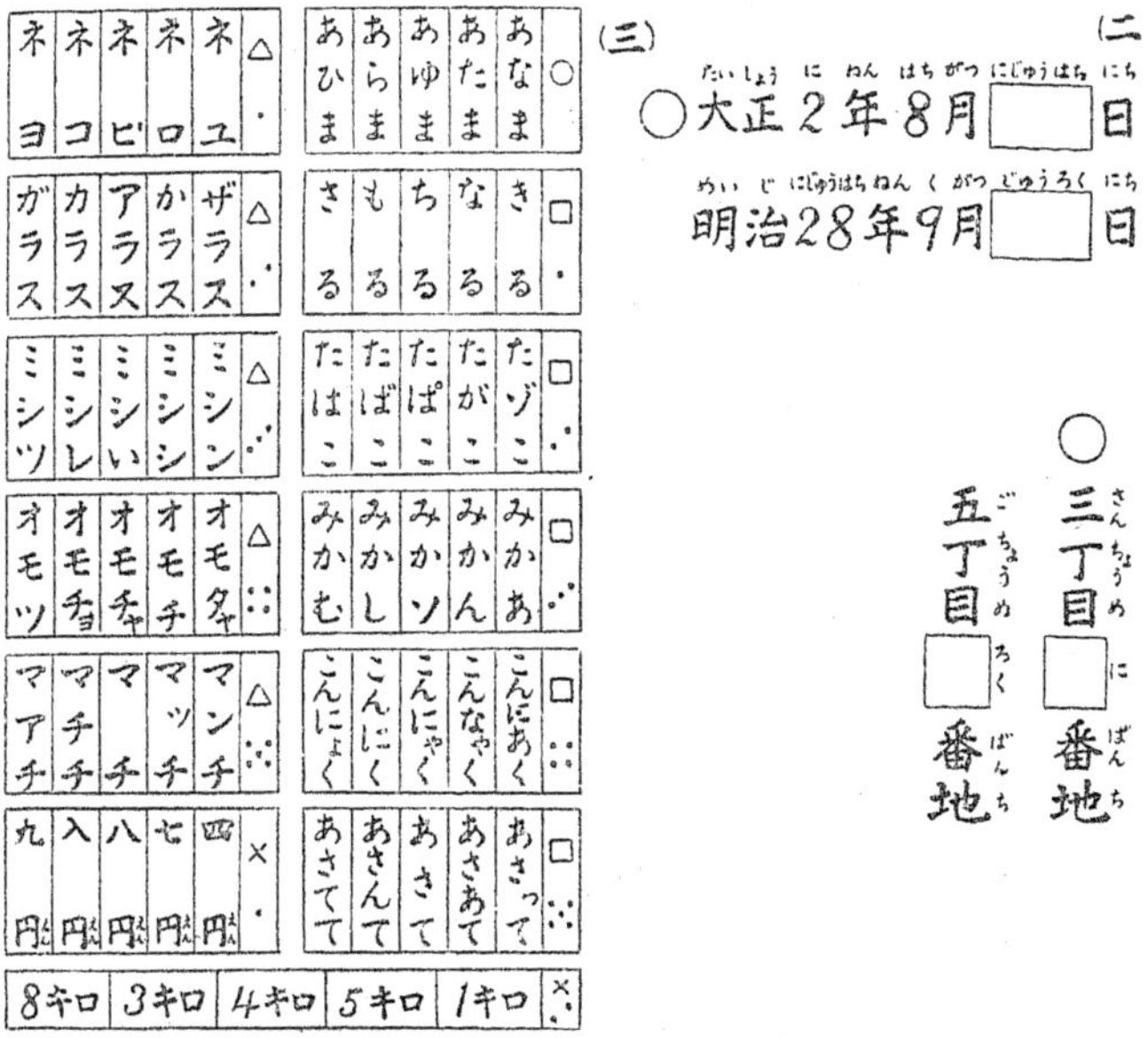

資料１　問題の例：左が選択式、右は書き取り式

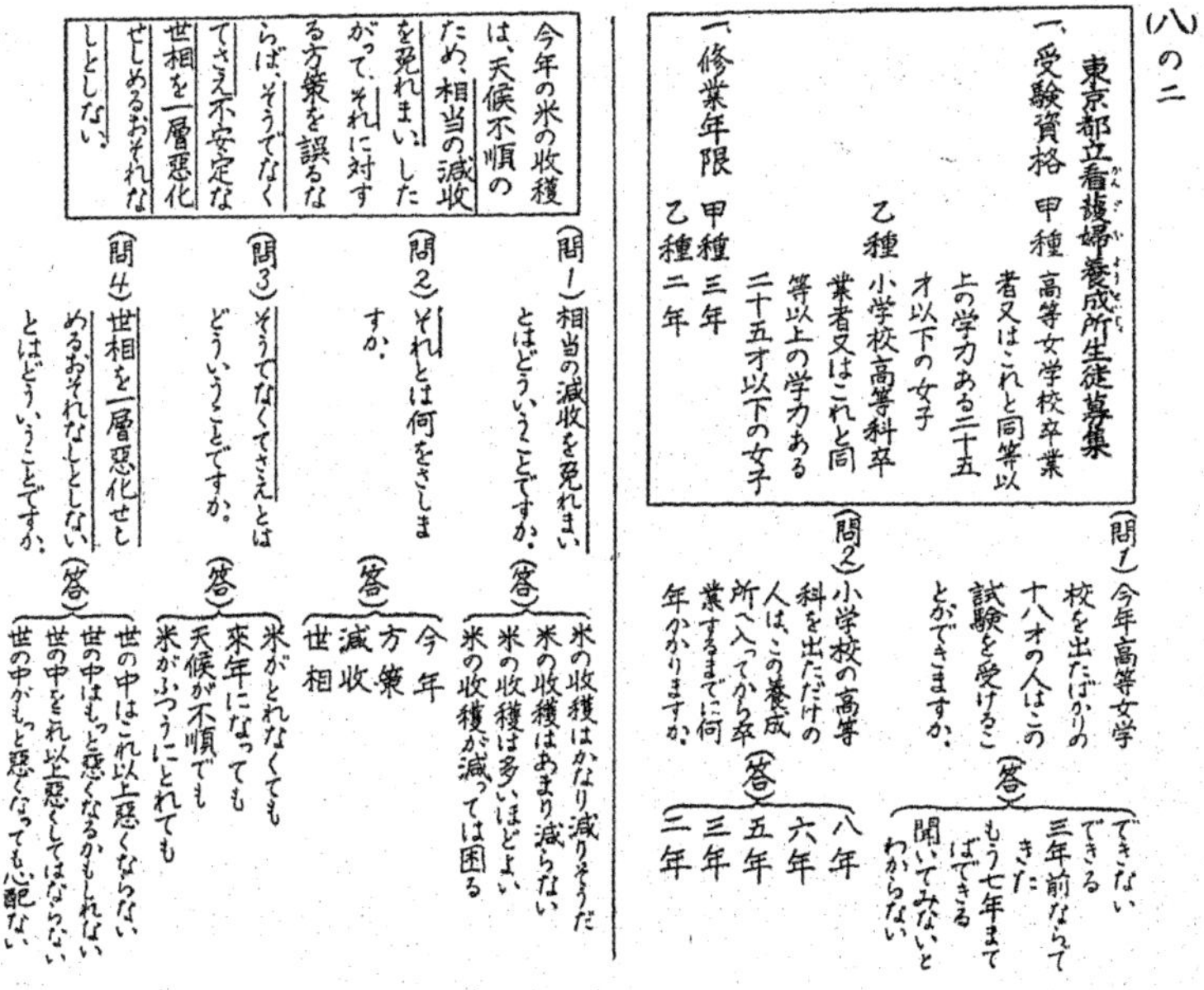

資料２　問題の例：読解問題

生成ＡＩと共生する国語教育の未来

千葉県の中学校教員を経て現職。ＩＣＴ教育にＡＩを活用した最先端の授業実践で注目を浴びている。国語教育のデジタル化について十年先を走る実践家。

お茶の水女子大学附属中学校教諭
渡邉《わたなべ》光輝《こうき》

1 生成ＡＩと共生する社会の到来

国語教育は、社会生活、言語生活が変容するにつれて、常に変わり続けるものだ。狩猟・農耕社会から工業社会、そして情報社会へと、私たちの生活は大きく変化し、今では新しい時代、すなわち生成ＡＩと共生する時代の入口に立っている。私たちはスマートフォンを常に持ち歩き、ＳＮＳでニュースに触れ、コミュニケーションアプリで他者と繋がり合っている。このようにテクノロジーの進化によって日々の生活は急速に変化し続けている。学校でも、ＧＩＧＡスクール構想により一人ひとりがタブレットやパソコンを使う学習環境が広がり、急速に教室の風景が変わりつつある。

二〇二三年は、ChatGPTのような生成ＡＩが一気に進歩した年であった。この生成ＡＩは、スマートフォンやパソコンと同じように、これからの社会のあらゆる領域で欠かせない存在になっていくことは確実だ。

国語教育もこのような新しい時代の流れを受け入れ、ＡＩとどう共生していくか考えなければならない。テクノロジーが言葉やその学びにどのような影響を与えるのか、注意深く見守り、それに対応していく必要がある。

本稿では、生成ＡＩに焦点を当て、その黎明期である二〇二三年に中学二年生で取り組んだ実践例を基に、国語教育の未来がどう変わるのか私見を述べる。

2 生成ＡＩを活かした授業実践例

実践1　生成ＡＩとともに読む「春よ、来い」

松任谷由実「春よ、来い」の歌詞を学習材として「君」がどのような人物なのか各自で類推し、その後、ChatGPTにも同様の課題を与え、ＡＩの解釈を生徒に紹介した。

生徒は、自らの解釈とＡＩの解釈を比較し、参考になった視点や自分の解釈との違い、疑問に思う点などについて議論した。人間の解釈は個々の知識、経験、価値観に影響されることが多いが、生成ＡＩは膨大なデータに基づいて解釈のパターンを抽出したり、計量言語学的な手法で厳密に文脈から解釈を導き出す傾向がある。生徒は、ＡＩが歌詞の細部に着目して文脈を適切に捉えて解釈を展開していることに衝撃を受けていた。この授業では、詩の解釈において生成ＡＩは様々な支援を行っていた。学習者に異なる視点を提示したり、広い知識を提供したり、学習者に批判的に検討することを促すことなどである。

実践2　生成ＡＩと競演！『枕草子』うつくしきもの

授業では、まず「枕草子」の一節を読み、清少納言の感性や表現方法について議論した。続いて、生徒は自分たちでも「うつくしきもの（かわいらしいもの）」の随筆を書き、その後ChatGPTにも同様の課題を与え、随筆を書かせた。生徒は自らの随筆と比較し、ＡＩがどのように「かわいらしいもの」を捉えているかを分析した。最後に、ChatGPTの発想法も参考にしながら、自らの随筆を更に磨き上げた。

ChatGPTによる「かわいらしいもの」の表現は、世間一般的な、「かわいい」のイメージに基づいている。これに対し、生徒の表現はより個人的な経験や感情に基づいていた。生徒はＡＩと自分たちの随筆を比較することで、ＡＩは一般的な「かわいい」を表現する傾向があるが、人間は個々の思い入れや経験に基づいて「かわいい」ものを選択することを学んだ。ＡＩの表現に出合うことで、生徒は、ＡＩに持ち得ない作者独自の視点や自分だけが捉えた感性や感情を大切にすることの価値を認識することとなった。

実践3　画像生成ＡＩで描く「漢詩の風景」

画像生成ＡＩを活用した漢詩の鑑賞の学習である。この授業の目的は、漢詩の情景を深く理解し、それを適切に言語化することにある。生徒は漢詩を味わったあとで、思い描いたイメージを言語化し、それを生成ＡＩに画像にして描き出させる。ここで重要なのは、プロンプト（指示文）の明確さである。具体的でない指示ではＡＩは適切な画像を生成しない。人はどんな姿勢で、どんな表情をしているのか、外には何がどのように映り込んでいるのかなど、一つ一つを的確に指示することができると、ＡＩはそのとおりにイメージを生成する。（下写真）

生徒は何度もプロンプトを試行錯誤するなかで、漢詩の理解を深め、ＡＩの特性を理解し、イメージ通りの画像を生成するコツを掴んでいった。この授業は、作品への理解を深めると同時に、テクノロジーとの相互作用を通じて学習者の創造性を刺激するものとなった。

春暁　孟浩然
春眠暁を覚えず
処処啼鳥を聞く
夜来風雨の声
花落つること知る多少

実践４　生成ＡＩと模擬ディベート

本授業では、ディベート対戦をするための参謀役として生成ＡＩを活用した。生徒はまず、生成ＡＩに資料収集を依頼し、集めた情報を基に立論を構築し、生成ＡＩに対戦相手になってもらい、討論の練習を行った。

生成ＡＩは生徒が構築した立論に対して即時に反論を提示することができる。さらには、生徒と反論や質問のやり取りを何度も繰り返すことも可能だ。この学習を通じて、生徒は生成ＡＩの即時フィードバックにより、生徒同士のディベート大会を想定した練習をすることができ、自らの主張を深め、強化する方法を学ぶことができた。

3　生成ＡＩが国語教育に与える変化とは

生成ＡＩが国語教育に与える影響は二つあるといえる。一つは、生成ＡＩが作ったコンテンツが国語の学習材、教具として活用されるようになるということである。実践１や実践４のように、生成ＡＩは、生徒の解釈に代案やアドバイスなどのフィードバックを提供することができる。実践2のように、人間とは異なる発想を持つＡＩに学習モデルを作らせることもできる。実践3のように、生成ＡＩを活用することで、詩歌などで読み取ったイメージを、他の表現様式（画像など）へと変換するツールにもなる。

もう一つは、生成ＡＩの登場により、国語教育の目標や内容に変革をもたらす可能性があるという点である。

まず、批判的思考の重視が挙げられる。ＡＩは人間と異なる発想をもち、生成するコンテンツには誤りや偏見が含まれることもある。さらに、生成ＡＩ技術を悪用してフェイクニュースがはびこる問題も生まれている。学習者は生成ＡＩの仕組みや特性を理解するとともに、このようなリスクを認識することが求められる。また、生成ＡＩが発する情報の真偽を見極め、批判的に分析する姿勢や能力が必要となる。

次に、学習者の個性を引き出す学びの重視が挙げられる。生成ＡＩは膨大なデータを基にパターンを組み合わせてコンテンツを生成する。それ故に、その結果はしばしば常識的なもの、凡庸なものに留まる。生成ＡＩの登場により、生成ＡＩでは表現できないような、一人ひとりの独自の感性や経験に基づいた言葉を引き出すような学びがより一層価値をもつこととなる。

さらに、編集力が脚光を浴びることとなるだろう。生成ＡＩは国語教育においては「思考、判断、表現」のうち特に「表現」を支援する強力なツールになる。生成ＡＩを活用した表現活動では、ＡＩを操る際に、学習者自身がどのような意図で、どんな材料を選び、どう作品を形作っていきたいかという編集力が常に問われる。作品の制作プロセスを俯瞰し、そのディレクションを行う編集力こそ、ＡＩを効果的に活用するための鍵である。

生成ＡＩとの共生は、人間とＡＩが互いに補完し合いながら成長することを意味する。ＡＩとともに国語を学び合うことで、学習者は個性を深め、批判的思考力が引き出され、編集力が伸びていく。生成ＡＩ到来の時代を迎えた今、このように、人間らしさを保ちつつ、ＡＩの可能性を最大限に引き出す国語教育の方策を模索していきたい。

古典教育の歴史が示す未来の国語科教育像

高校教師、沖縄国際大学教授、高知大学教授を歴任。古典教育の歴史的展開について精通し、古典を素材に授業を活性化する実践理論の構築に打ち込む。

高知大学名誉教授　渡辺《わたなべ》春《はる》美《み》

1 はじめに

戦後における古典（古文）教育実践史の展開を踏まえて、未来の国語科教育像の一端を考えてみたい。実践史の史的把握の方法については、古典教育の活性化に焦点をあてたい。古典を嫌う学習者はなお多く、生き生きとした古典の授業づくりは、切実な課題である。活性化の歴史をたどり、その成果に学ぶことが、古典の授業の創造につながると考えた。それは、また、求めるべき未来の国語科教育に示唆をもたらすものとなるにちがいない。

資料１　古典教育実践の展開イメージ図

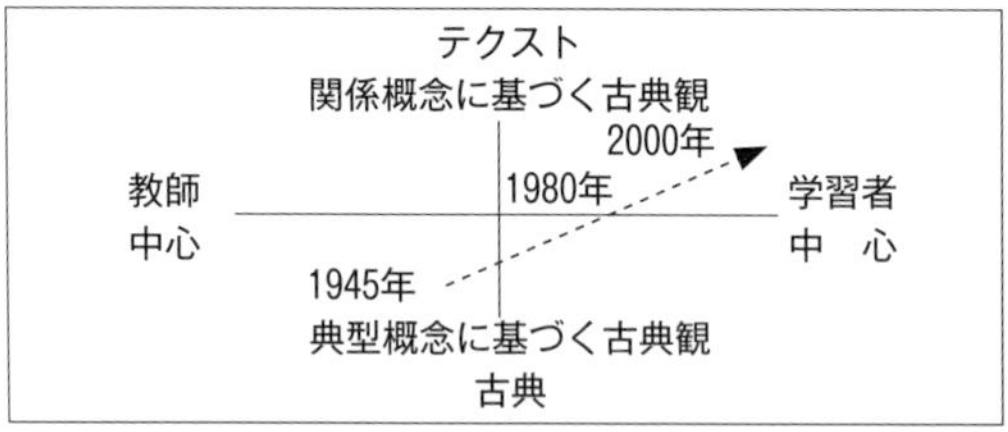

2 戦後古典教育実践史の展開

1　古典教育実践史の概要

活性化から見た戦後古典教育実践史は、おおよそ資料1のように展開した。すなわち、典型概念に基づく古典観により教師が中心となって古典教材の価値を教える授業から、一九八〇年代を境として、関係概念に基づく古典観により学習者が古典テクストの価値を主体的・創造的に見出して内化し、生きる力としていく授業へと展開したととらえられる。ここでいう「典型概念に基づく古典観」とは、古典は後代文化の源泉・範型であり、人間形成に資する先験的な価値を持つとする古典観である。一方、「関係概念に基づく古典観」は、学習者が古典を読み、意味付け、価値を見出すことをとおして古典テクストとの間に価値ある関係性が築かれた時、古典は初めて豊かに生きる力となるとする古典観である。二つの古典観の特徴については、資料2に示した。古典教育実践の活性化は、よって立つ古典観をも変えながら展開していった。

資料2　「古典観」比較表

概念	「典型概念」に基づく古典観	「関係概念」に基づく古典観
特性	永遠性・規範性・価値性	関係性・機能性
意義	伝統の継承・発展、人間形成	現代の課題克服、人間形成
解釈	正確な読み・価値の受容	構成的な読み・創造的価値発見
授業	指導者中心・指導的	学習者中心・支援的

2　戦後古典教育実践史の展開

戦後初期の古典教育は、アメリカから輸入された経験主義の影響が見られた。一九五一（昭和二六）年には、「中学校高等学校学習指導要領　国語科編（試案）」が告示された。それを受けて、独自に教材を開発し、学習者の主体的活動を生かし、感動とともに人生の意味を考える古典学習指導が行われた。また、学習者の主体的読みによる文学体験を重視し、古典文学の人間変革の機能に期待する学習指導が見られた。五〇年代後半に入ると学力低下への批判が起こり、経験主義による教育は急速に終息に向かい、能力主義に基づく一九五五年版学習指導要領が告示されるに至った。古典教育は、読解力の育成を図る語法と注釈中心の実践への傾斜を強めた。一九六〇（昭和三五）年には、新時代に対処すべき国家および社会の有為な形成者の育成を求めて学習指導要領が改訂された。この時期、古典教育は、読解、鑑賞を通して認識を深め心情を豊かにするための方法の追求に特色が見える。課題学習も開発された。課題は、学習者の問題意識と作品の真実との接点とされたが、指導者が系統的に課題を作成するに至って形骸化することになる。

一九七〇（昭和四五）年には、高等学校学習指導要領が改訂され、高度経済成長によるナショナリズムを背景に古典教育の充実が打ち出され、古典教育実践は、多様化し活発になる。しかし、一方に、環境破壊、人間疎外、主体喪失などの社会問題、落ちこぼれ、校内暴力などの教育問題が生じ、学校教育も問い直された。古典教育においても人間を追求し、人間性への認識を深める実践が多様に展開された。また、沖縄の古典を教材化した実践など、地方においても実践が活発化していった。

一九七八（昭和五三）年には学習指導要領が改訂され、八〇年代を方向付けた。古典は現代文と統合され、理解と表現の関連指導が行われた。この時期、教育においては深刻な問題が多発し、従来の伝達型・詰め込み型の教育では対応できないことが認識され、主体的学びに導く単元学習が注目されるに至った。古典教育実践は、主題単元学習を試み、主体的な学習を促し、時代・社会状況と関連させ、学習者の変容、人間性の回復、人間の可能性の発見を求めるとともに、古典を読む力の育成を図ったところに特色がある。優れた実践が見出されるが、この時期の古典観は、典型概念から関係概念に基づく古典観への移行期にあった。

一九八九（平成元）年に、生きる力を重視し、学習者の興味・関心・意欲とともに、思考力・判断力・表現力を重視する新学力観に基づく学習指導要領が告示された。教育においては、なお深刻な状況が続いていた。一九九〇年代には、活性化された古典教育の多くが、主題単元学習として実践された。学習者の興味・関心は主題に統合され、主題に基づき教材が組織された。学習は、主題を軸に展開し、指導過程を基本（一斉・モデル学習）→応用（グループ学習）→発展（個別学習）と段階化し、言語活動をとおして読みを深め、人間を見つめさせるとともに、読み方の指導、読む力の育成が行われた。

二〇〇〇年代に向けて一九九九年に学習指導要領が改訂された。古典教育は、言語文化に親しみ、文化と伝統を尊重し、生涯にわたって古典に親しむ態度の育成を求めた。言語活動をとおした指導が古典教育においても重視されたところに本学習指導要領の特色がある。二〇〇七年の小・中、二〇〇八年の高等学校学習指導要領の改訂によって、古典に「伝統的な言語文化」としての言語・言語生活・芸能などの学習指導が加えられた。指導対象も小学校一年からとなり、言語活動を通した指導が求められた。それは、戦後の古典概念を拡大させるものであった。二〇一七年改訂学習指導要領では、言語活動によるコンピテンシーの育成が目指された。古典教育においても言語活動を通して主体的・対話的で深い学びが求められ、古典に創造的に価値を見出す、実質的に関係概念に基づく学びが展開された。

3 古典教育実践史の示す未来の国語科教育像

先の「関係概念に基づく古典観」による古典教育は、国語科において、学習者が自らの既成の知識・経験を賦活し、主体的・構成的に学び、価値づけ、内化していく学びに重なる。未来の国語科教育は、内化に至る学びを重視したい。

多くの実践で教材の開発・編成が行われてきた。未来の国語科は、価値ある主題を核に学習者の興味・関心に配慮し、教科、教科横断の枠を超え、マルチ・モーダルな学習材を開発・編成することになろう。学習材は、個に応じて開発・編成され、学習者によっても開発される。用いられた学習材は検証を経てデータ化され、効果的に用いられる。その蓄積が学習者主体の学習材史を形成する。

実践史には主題単元学習として、指導過程を基本→応用→発展と段階的にした実践が見えた。未来の国語科においても、興味・関心を高め、学び方を指導する基本学習、学び方を身につけ、交流しつつ学ぶためのグループによる応用学習、学習者一人一人が学び方を用いて個に合わせて学びを深める個別学習という段階的な指導過程を取りたい。

段階的指導過程は、最終的には、学び方を身につけた学習者が個別に学びを展開することが目指されている。未来の国語科では、学び方と必要な学力を身につけつつ、協働で、あるいは個で学習者自身が学びを展開することになろう。その場合、柔軟な個のカリキュラムが必要になる。

古典教育において、学力育成を目標に掲げる実践は多い。しかし、付けるべき学力の措定は十分ではない。未来の国語科教育においては、求めるべき社会と人間のヴィジョンを描きながら、豊かに生きるための学力措定が必要になる。

4 おわりに

以上、古典教育実践史を略述し、その成果を基に、未来の国語科教育像の一端について、主体的・構成的学び、学習材の開発・編成、段階的指導過程、個の学びのカリキュラム、求めるべき学力、という点から言及した。なお、古典教育実践史は、活性化を求めて授業の改善に取り組んだ多数の教員によって展開した。未来の国語科教育の豊かさは、そのような教員の養成にかかっているともいえよう。

【参考文献】
渡辺春美『戦後古典教育実践史の研究―古典（古文）教材の授業活性化の展開―』（二〇二二年　渓水社）

編著者紹介

藤森裕治　文教大学教授

信州出身。都立高等学校教師を経て、信州大学教育学部で小・中・高等学校教員養成に携わった後、現職。博士（教育学）。人文科教育学会編集委員、全国大学国語教育学会常任理事、日本国語教育学会研究部長、日本読書学会会長などを歴任。

【専門領域】

国語科教育学　幼児教育学　日本民俗学

【研究テーマ・研究活動】

幼児教育と学校教育とを円滑に接続する方法論を研究。特に、サークルタイムのような輪になる活動に注目し、国内外の幼稚園・保育所・小学校を訪問して調査研究を進めている。また、教科や領域を横断した汎用的な言語能力についても研究。

【著書】

『授業づくりの知恵60』明治図書出版二〇一五年、『学力観を問い直す：国語科の資質・能力と見方・考え方』明治図書出版二〇一八年、『読書教育の未来』ひつじ書房二〇一九年、『高等学校新学習指導要領をふまえた授業づくり実践編：資質能力を育成する14事例』明治書院二〇一九年、『高等学校学習指導要領解説「国語編」』文部科学省二〇一九年、『発達と教育』北樹出版、二〇二四年、など多数

【社会的活動】

光村図書出版・大修館書店の国語教科書編集委員、佐久市いじめ問題対策連絡協議会会長、Eテレ高校講座「現代の国語」の監修講師、NHKラジオ第2で「文学国語」担当

これからの国語科教育はどうあるべきか

2024（令和6）年3月 3 日　初版第1刷発行
2024（令和6）年6月21日　初版第2刷発行

編著者：藤森裕治
発行者：錦織圭之介
発行所：株式会社　東洋館出版社
〒101-0054　東京都千代田区神田錦町2丁目9番1号
コンフォール安田ビル2階
代　表　電話03-6778-4343
営業部　電話03-6778-7278
振　替　00180-7-96823
URL　https://www.toyokan.co.jp

装　幀　水戸部 功
本文デザイン・組版　株式会社明昌堂
印刷・製本　株式会社シナノ

ISBN978-4-491-05383-7　Printed in Japan